吉阪隆正 パノラみる

新訂版

YOSIZAKA TAKAMASA
Panorama World:
from life-size to the earth

編著：アルキテクト ＋ 北田英治

Echelle-1

一生かかってやりたい仕事、否
一生で足りなければ子に受けついでもやりたい仕事、

それは何か。
　　　　世界中の人間が、お互いに相手の異なった立場を
　　　　理解し合へる様な状態に結びつけることである。
　　　　その時　ほんとの平和が到り、
　　　　人類は眞に幸福に天極を地上に招くことが出来る。

その手段は。
　　　　皆が頭の内に地球の縮図を懐き得、
　　　　且つ各地点を指さされた時にはたちまち、その地点の中心に、
　　　　そこの世界に自分を見出し得る様な精神状態にあらしめることである。

　　　　自分の前後左右の世界程親しいものはない。
　　　　別離の哀情もそれに基く。
　　　　然らば世界中のどこをも自分の前後左右に感じ得られるとしたら、
　　　　世界中は自分と親しいものである。
　　　　親しいとはいはずして理解することである。
　　　　理解する所に争が生じ得られようか。

1944年12月28日

一生かかってやりたい仕事　吉阪隆正

交通機関を発達させることは
世界を縮めることになるだろう。
大衆を教育することは目を
高く廣くすることになり、
世界を身近かにならしめることであろう。
多くの人に知られてゐない世界を踏破して
人々に知らせることは
それだけ身近な世界を増すことにならう。
民を豊かにして旅行できるようにしてやることは
お互いを理解させる因とならう。

我々が営んでゐる日常の業務は
皆それに結びつけられるだろう。
併し問題は皆にそれを
結びつけさせることにある。
如何にして結びつけるか。
それには皆に地球の縮図が
如何に貴い物であるかを教える必要がある。
Dupuy先生の心が漸くわかった様な気がする。
唯手段はいろいろあろう。

私はそれを建築の研究を通じて
やりたいのである。

肉体と共に精神の生活、
その生活の研究、整理、説明によって
これを地図の上に表はしたいのである。

歴史と地理と、それだけではまだ平面的である。
それにそこの生活の動きを
Z軸方向にとって描きたいのである。

さうして描いた地球を皆に示してやりたい。
その地球の上に、ここにお前は
存在するのだと説明してやりたい。
馬車馬の目かくしを取外すことによって、
世の中を明るくしてやりたい。
出来れば頭の後にまで
目をつけてやりたいのだが。

1942年（昭和17年）召集令状を受け、姫路の砲兵隊から、佳木斯へ、それから保定の幹部候補生隊へ。ふたたび佳木斯に戻った後、満州飛行機の監督官となって、当時の奉天、新京、そして公主嶺へ。1944年には中隊長教育というので習志野に戻され、ふたたび公主嶺経由、南鮮の光州へ。そして終戦へ（「わが住まいの変遷史」より）。

吉阪は「山日記」に日々の記録をのこしている。1944年12月28日新京で書かれたのが、「一生かかってやりたい仕事」の一文であった。
第一次世界大戦が終わって、国際連盟設立時に家族で滞在した幼少期にスイス、ジュネーヴ・エコール・アンテルナショナルで受けた、国境のない地図を描くデュプイ先生の授業に大きく影響を受けた。

吉阪隆正 パノラみる 新訂版 ｜ 目次

＊｜は吉江 俊、解説執筆

はじめに──出発点から、有形学へ　齊藤祐子

　吉阪隆正は、1917年に東京で生まれ、建築家として、教育者として、登山家、探検家として、文明批評家として、地球を駆け巡るその行動は多岐にわたる。建築作品と共に膨大な著作とスケッチ、日記などの記録と、世界中から収集した石から彫像まで様々な物が遺されている。

　幼少期にスイスで育ち、大学時代には今和次郎[1]に師事して中国大陸で生活学、住居学の調査研究を行う。戦後はパリのル・コルビュジエ[2]のアトリエで設計をし、建築家としての活動をスタートする。40代はアフリカ、北米と探検隊を組織し、アルゼンチンで教鞭をとった。そして、アジア、中国との文化交流に力を注ぎ、20世紀後半を疾風のように駆け抜ける。1980年63歳で急逝してからも、その風を肌に感じながら、吉阪の言葉や眼差しをたどる機会をつくってきた。

　1970年代の吉阪は、生き急ぐかのように、書籍を著した。〈わが住まいの変遷史〉[3]には、生い立ちから幼少期のスイスの住居、終戦で引き上げてからのバラック、そして自邸の建設と、住まいの歴史と共に自らの生涯を振り返っている。また、建築家としての師ル・コルビュジエの作品集[4]を1977年から2年をかけて、翻訳した。

　1977年、吉阪は「住民時代──君は21世紀に何をしているか」[5]と題する対談の中で、40年後の未来へと、日本の近代工業化社会の目標達成観に大きな疑問を投げかけた。

　「果たしてそうだろうかというのが私の疑い。地球規模でもそういえるのか。工業化のメリットと共に、そちらへ傾斜したことによって見失った宝のことが浮かび上がる。新しい次の世界への未解決なものとして大問題ではないのか」

　過去と未来のメビウスの輪のよじれ目としての〈いま〉、21世紀を迎えた現在の状況で、吉阪隆正のことばと形姿に触れて〈いま〉を見直し考える、大きな課題である。

　そして、生前出版の準備をしていながら実現しなかった書籍〈かんそうなめくじ〉と題する2冊の本の原稿が遺されていた。1冊は『乾燥贏──生い立ちの記』[6]として1982年に出版。1冊は集印帖の形式『かんそうなめくじ　1945‒1975』を2004年の展覧会[7]にあわせて出版した。そこには、戦時中の軍事郵便とあわせて大陸との出会いが綴られ、中国との国交回復と再会を記していた。

　そして今、遺された資料の中から、27歳の吉阪が応召の地で日記に記した平和への決意へと辿り着く。第一次世界大戦のロシア革命の年に生まれ、戦後の平和教育をスイスで受ける。そして第二次世界大戦では大陸へと応召され、終戦後のパリで建築を学ぶ。2度の世界大戦と戦後の世界中から人が集ま

るヨーロッパ社会での生活が吉阪思想の骨格となる。

何よりも幼少期にスイスで受けた平和教育の「国境のない地図を描く授業」は、世界平和への相互理解のために建築をこころざし、1950年『住居学汎論』（相模書房）、1955年『環境と造形』（河出書房）を出版し、その後〈有形学〉を提唱する原点である。出発点を辿る吉阪の謎解きの旅といえる。

書籍の出版と合わせて、吉阪は人を育てることに力を注いだ。住居も建築も都市も専門家だけのものではない。住居の設計は都市の計画であり、同時に行政の都市計画に対して、人がつくる地域計画を〈まちつくり〉と位置づけた。「人つくりがまちつくり」と、全国をそして世界中を飛び歩いたことを忘れてはならない。

本書では、吉阪の生涯の活動を「吉阪隆正 パノラみる」[8]と題して、等身大のスケールの指輪やメダル、住居から、建築、都市、地球へと俯瞰することを試みる。吉阪の世界を組み立てた。『吉阪隆正集』[9]の構成から「生活論（人間と住居）」「造形論（環境と造形）」「集住論（集住とすがた）」「游行論（行動と思索）」の4群に捉え、時間軸を重ねながら、7章に構成した。

吉阪の分身として、高度経済成長期の真只中の1966年に登場した[10]〈かんそうなめくじ〉は、経済最優先の社会への批判と警鐘を語り続けた。半世紀後の現在こそ、吉阪の声が響く。

世界各地で起こる災害とコロナウィルス感染拡大による社会生活への影響、そしてウクライナへの軍事侵攻の現実を前に、ピラミッド型の社会構造を批判して吉阪が提唱した〈不連続統一体〉の組織論。一つの視点では捉えることができない世界を象徴する〈メビウスの輪〉。そして山岳人として自然の地形と向き合う設計姿勢。環境と住まい、暮らしを知ることで、地球規模の相互理解から世界平和へ。吉阪のことばと形の〈有形学〉を出発点から辿る試みであるこの書籍との出会いが、心に届くことを何よりも願っている。

1　1888～1973年。東京美術学校図案科卒業後、早稲田大学で教鞭をとり、1920～59年早稲田大学教授。民家の調査を行い、〈バラック装飾社〉〈考現学〉〈日本生活学会〉などの活動。

2　1887～1965年。モダニズム建築の巨匠。スイスで生まれ、フランスで活躍した。前川國男、坂倉準三、吉阪がアトリエで学び、多大な影響を与える。2016年一連の建築作品が世界文化遺産に登録。

3　『ニューハウス』1979年1月～12月

4　『ル・コルビュジエ全作品集　全8巻』A.D.A. EDITA Tokyo、1979年

5　『住民時代君は——21世紀に何をしているか』新建築社、1979年

6　『乾燥類　生い立ちの記』相模書房、1982年

7　「吉阪隆正展　頭と手」建築会館・日本建築学会建築博物館ギャラリー、2004年

8　『パノラみる展』新宿、小田急HALC、1975年。吉阪が『パノラみる』とタイトルを提案した「U研究室・吉阪研究室」の展覧会。

9　『吉阪隆正集　全17巻』勁草書房、1986年

10　『新建築』1966年3月

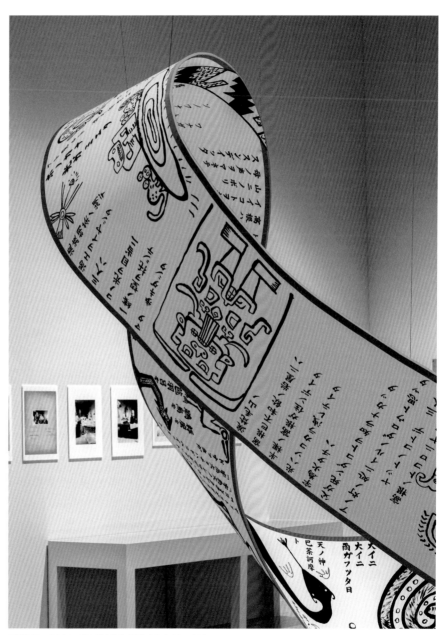

展示会場　メビウスの輪に描かれた〈宇為火タチノオハナシ〉

「過去、現在、未来というのはどういうことか。「いま」というときは、メビウスの輪のよじれ目のようなものか。その点の前後で過去と未来が表裏反対にかわるところだが、所詮は一つの面であるような」と、吉阪はメビウスの輪にたとえて、時間や空間、人間関係、社会の組立などを、ことばやダイアグラムとして多数図形化している。農村公園には、メビウスの遊具も設計した。

ここでは、吉阪がアルゼンチンから帰国後、アンデスの神話を絵本にした「宇為火タチノオハナシ」をメビウスの輪として立体的にしている。

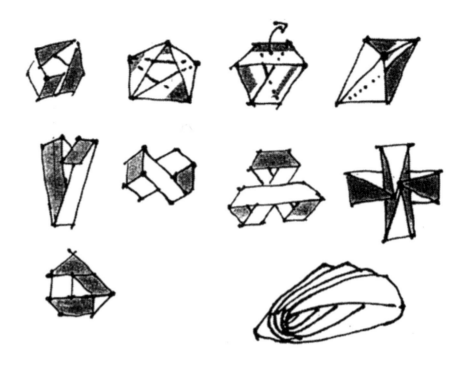

メビウスの輪

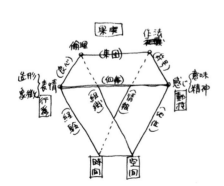

メビウスの輪というのをご存知だろうか。

帯状の紙をひとひねりして輪になるようにつないでできた形を考えて頂ければよい。

この輪は表と裏の境界がない。よじれているため、内側を辿っていくうちいつの間にか外側に出てしまう。

この輪をたてに切って二つの輪にしようとすると切れたと思ったとたんに大きな一つの輪になってしまう。切っても切れない輪だ。

こうしたメビウスの輪のもつ性格が面白くて、大小さまざまの輪をつくってみたり、これを平たくたたんでみたり、立体的に彫刻につくりあげたりしてみると、何か人生を教えられるような気がする。

——一九七八年九月〈FM東京の放送原稿〉

吉阪隆正は形、理論、社会、
ヒトの一生などを
メビウスの輪であらわした。
メビウスの中に入ると
時空が変わる、表は裏に、
はじまりは終わりに。
そしてまた、はじまる。
あなたもじっくり見て、
中に入りこんでください。
あなたもきっと変異するよ。
コロナのこの時、
変わるべきはヒト、
巨大都市、ヒト社会、
もう一度自分を見つめてみよう。
きっと変わるよ、チャンスだ。
　　　——樋口裕康『メビウスの輪』

11

私はその他大勢である──吉阪隆正

樋口裕康

「やはり愛ですよ。どんな技術論よりも、その街を愛する一人の人間が必要です。」 吉阪は人を愛し、人に愛されることを愛した。

1954年早稲田大学建築学科吉阪研究室に、5人が集まる。大竹十一、滝沢健児、松崎義徳、城内哲彦、そして吉阪隆正、後に戸沼幸市、鈴木恂が加わる。あくが強く、わがまゝ。個なくして群は成り立たない。せまい研究室が密な人間関係をつくってゆく。吉阪自邸、浦邸、ヴェニス・ビエンナーレ日本館、海星学園、江津市庁舎、呉羽中学校と建築が立て続けに出来上がる。形以前に、「住居とは何か」、「市庁舎は誰のもの」、建築の根元的な問に答えてゆく。場所が建築を生む。形が異なるのは当然だ。江津市庁舎、1階は広場に、そこには市民が一番必要とする課を配置する。呉羽中学校、広場をとりかこみ、1階から4階までテラスが張り出す。朝礼、校長が1階で話す。生徒達はテスリにもたれ話を聞く。ここはオペラハウス。

サンパウロ・ビエンナーレ・コンペ（1954年）教授と学生の混成チーム。言葉がひらめく。直感である。「不連続統一体」、絶対矛盾的自己同一、わかったような、わからないような、それでいて自分達の構想が出来たような錯覚に包まれた。細胞が集まって有機体をつくるような。原子が結合して一定の物質をつくるような。宇宙の運行、地球、形世界、ヒト社会にも、この方則が成り立たないだろうか。この理論はレオポルドビル文化センター（1959年）でより明解になり、自由と平和をうたいあげる。

先ず、ナンデモカンデモバラバラが良いのだ。 ゆるやかなルールが出来てくる。好きなことをやる。個人は同格である。常に白紙から。初源にもどる。

図で示すこと、言葉だけは認めない。現物、現場を大切にすること。

吉阪は水を得た魚だ。仲間がいる。登山、旅、学術会議と地球をとびまわる。地球が研究室だ。登山。道中が楽しい。多様な、辺疆の村々、人々、環境、暮らし、地球はおどろきに満ちあふれている。手紙が届く、アイデアの図と言葉がびっしりつまっている。参加しつづけないとグループからはずされる。

1964年、U研究室。 新宿区百人町、吉阪自邸の一角に設計事務所として移転。当時、建設現場で見かけるプレファブ小屋。屋根、壁はトタンとベニヤ1枚、床もベニア、人が動くとゆれ動く。夏、屋根にホースで水をかける。冬、かじかんだ手をセーターに入れて図面を描く。なんたって庭がある。大地は万人のもの。雑草だらけ。四季の移ろい。雨はバラバラ音を立て、風はガタガタ窓をゆらす。雷がひびく。体、感覚がよみがえる。4mをこえる宇宙科学館の模型も庭でつくった。広くなり人間も増える。活動が活発になる。大島元町計画。夜中に、早大産業専修学校の生徒がつめかける。消防夫、クリーニング屋、大工、土建屋社長。多少じゃまくさいが、大勢は楽しい。

1964年、大学セミナー・ハウス油土模型。 敷地は多摩丘陵の一角、周辺では大団地計画が進行している。緑を残し、育てる。地勢を残す。建物はバラバラに配置する。自ずと異なった形が生まれるだろう。全員の無言の意志。山好きの吉阪は何度も敷地を訪れスケッチをくりかえす。距離、斜度、広がりを体にしみこませる。

一番造成の少ない所は基幹道路。建物がわりの油

土のかたまりをゴロゴロころがしてみる。吉阪は夜中に帰ってきて、かたまりの位置、方向を変え、先のとがった竹ペンで道を深々と堀込む。だが次の日消え去っていることも度々だ。

　形がそれぞれの場所に落ちつく。残ったのはピラミッド型のセミナー館、どうも気分がのらない。へんに理屈っぽい。誰かがヒョイとひっくりかえす。逆ピラミッドの本館だ。

　「あるアイデアが、これはいけそうだ、という充実した気持をグループ各人にもたらす時は理屈ではなく、体全体がうけとめられる時だ」

　「私一人で覗きみたものではない。大勢で肩を組んで覗いているのである」

好奇心から探究心へ。ディーテイルから宇宙へ。原寸まで描くのはその為だ。形の世界は果てしなく広がる。Ｊおゝたけが本館の眼玉の原寸図を描いている。「オレは今でも見つづけているぞ」

　松崎はバッサリ切り込む。硬いエンピツの線と力強いマジックの線。「これでどうだ」と図面が語る。「オイオイ、マッツァン、これ答になってねぇぞ」。「コンプランパッ、8時だ、帰ろうっと」。

　セミナー・ハウスはその後、1966年シェル屋根の講堂、図書館。1968年、正方形を組み合わせた平面の長期館。2016年、地元大工、在来工法による木造の食堂棟と次々と増築をくりかえしてゆく。

　時、人、場所が生んだ個性的な建築群は、深い緑の中で、その他大勢の人々と共に、世界の雑多な人々の交流の場として生き生きと活動している。

　1970年、「21世紀の日本列島像」を総理府から依頼される。吉阪、戸沼幸市の10年以上の研究テーマだ。

　日本列島をひっくりかえす。日本海側に血が流れる。日本海がつなぐ周辺諸国、地域との友交。ピラミッドから網の目へ。首都移転、東京中心の権力、都市のピラミッド構造から脱却し、各々の都市が個性を持ち、網の目のような関係を築く。

　Ｊおゝたけ、富田、樋口は津軽海峡の村々を歩きまわる。「限界集落」昔からの知恵を生かし山と海を守る小さな農村、漁村。これを希望という。

　「有形学」を立ち上げる。人類が自由に平和に暮らせるようにとの願いだ。個の自由と平和、自分勝手に生きて、「その他」と仲よくしようというのだ。大いなる制約なしに、大いなる自由も、平和も有りえない。これ以上の矛盾があろうか。迷路に入りこむのは百も承知。大竹十一は推理小説を好んだ。クロフツの「樽」、クリスティーの「オリエント急行」、探偵となって真理を求める。皆、いきつもどりつ、右往左往。初源にもどって現実を見直す。東京は制御不能の「限界都市」だ。巨大建築、超高層は粗大ゴミよりたちが悪い。コロナ襲来はヒトに対する警告だ。変わるべきはヒト社会、ヒトの暮らし、なによりも個人そのものである。日本も、地球も大きく舵をとる時が来た。チャンスを逃すな。「有形学」が必要だ。多様な形、環境の中にこそ、「道しるべ」があるのではないか。自然界を見ならえ。「有形学」はまだ見ぬ世界に向かって、つっぱしる。なにもわからないのだから、やってみるしかない。

建築は自由と平和をめざす。
生身で世界を見直せ、ということだ。
建築家はいらない。心せよ。

ナメクジはなぜ干からびたのか　藤森照信

吉阪隆正の日頃の言動について私が知るのは重村力を通してが多く、その一つに、

　「研究室に今さんが入ってくると、吉阪先生は直立し、帰られるまでそのままだった。」

吉阪の建築造形の核心に外から影響を与えたのは、ル・コルビュジエではなく今和次郎だったにちがいない。

二人は、自分自身のことを、今はカタツムリに、吉阪はナメクジに例えていた。

今は、関東大震災後、被災者たちが焼けたトタンや丸太を集めて自力建設したバラック建築に心惹かれる自分について、

　「湿地ばかり選んで匍い歩くカタツブリに妙なアンテナが発達し……それを静かにいつも振り廻している運命にまで所謂進化する自然の法則とでもいう奴に出会わしたのかも知れないのです。陽当りに闊歩している読者はどうか私のようなみっともない運命に堕ちないように」(『郊外住居工芸』1926年)

と述べ、続いてすぐバラック装飾社の活動を始め、以後、「立派な公認文化」(同前)を避けて歩き続けている。

若き日の今がカタツムリに自分を例えたのを30歳近くも若い吉阪が知っていたとも思えないが、戦後のある時期から吉阪は自分を「**乾燥ナメクジ**」に例えるようになり、絵にも描いている。しかし事情がまるで分からない。絵は数本の脚と数本の触手(今のいうアンテナか)を持つキリギリスのような節足動物の姿をしているし、乾燥したナメクジとは何を意味するのか意味不明。漢方薬にも見当たらないし。

この謎が解けたのは2016年に国立近現代建築資料館で開かれた吉阪隆正展の時で、齊藤祐子から吉阪の二部構成の私家版画文集の重要性を教えてもらった。戦後、日中交回復後の1975年に中国を訪れた時に書いた文(漢文と和文の併記)と絵からなり、二部構成第一部の『1945　かんそうなめくじ　ふるさとを求めて』には次のように書かれている。

「[学生時代に初めて中国を訪れた1941年]当時の私は、まだ水々しかった。だが、またベトベトしていて、人に嫌われもした。それ以来、ひたすら一次元の世界を直進したいと思ったが、軌道は曲がっていた。いろいろな風土に耐えているうちに、いつの間にか私は、乾燥ナメクジになっていることを、去年[1975年]発見して驚いた。(中略)それから[1941年から]三十年の間[34年間]、その地[中国]と断続させられ、地球上を放浪の旅に出た。まずは、小さいころに育ったヨーロッパに、昔の夢を求めて戻って見た[ル・コルビュジエのアトリエ留学]。廿世紀の文明の根源を生んだふるさとだ。」([ ]内は筆者註)

以後、文明を生んだ力の根源を求めて中近東、インド、アフリカなど地球上を探訪した、と述べた後、

「三十年間さまよっている間に、私はいつしか塩にも溶けない乾燥ナメクジの姿になっていた。この時、禁断の大陸(中国)への道が再び開かれたのだった。(中略)好きな水にもう一度

巡り会えた私は、体内に力の漲っていくのを感じる。」

第二部『1975年　かんそうなめくじふるさとを発見す』の中で、

「大学の卒業論文に、住宅調査に出かけたのが、私と大陸との最初のふれ合いだった。」

と、1941年の中国行きは、早稲田大学の卒業論文を書くためだった、と明かす。

この画文集に従えば、吉阪の半生は次のように流れたことになる。

1917年に東京に生まれたが、幼き日より外交官の父に従ってジュネーブの国際学校に学び、帰国して早稲田大学建築学科に入って今和次郎の教えを受け、卒業論文のため日中戦争下の中国に住宅調査に出かける。そのころは水々しい生のナメクジであった。戦後すぐパリに留学してル・コルビュジエに学び、帰国後、早稲田で教えたり作ったりするかたわら、文明を生んだ力の源を求めて世界中を歴訪した。しかし世間と建築界の曲がりくねった道を歩んでいるうちに、いつしかナメクジも干からびていた。そして日中国交回復後、再び中国を訪れ干からびた体に水気が漲ってくるのを感ずる、と書いているが、しかし戦後の中国は、乾燥ナメクジを元に戻してはくれなかった。

1941年、生ナメクジは中国大陸で何を目撃したのか。吉阪は中国再訪4年前の1971年、次のように書いている。

「まだ大学生だったころに、蒙彊（中国、内モンゴル自治区）のほうへ旅したことがある。そこの草原の緩やかな起伏を前にして、私は思わずウォーと叫んで走り出した。同行者は私が野生に戻ったのかと心配したそうだが、私はその時、孫悟空の話はこの風景の中から生まれたと直感したのだった。（中略）その草原の入口の包頭（パオトー）の郊外、まさに町と草原とが接しているあたりに一軒の小さな家があった。それは燕がつくる巣のような印象で、ただ人間が出入りできるくらいの大きさになっているだけだった。入口とおぼしきところに真っ直ぐでない細い木の幹を立て、それに屋根も、手摺り状に一部を削った泥の壁がからみついて一体となっていた。（中略）普通ならみすぼらしい小舎として、見捨てられそうなこの民家は私を釘付けにするほど強い印象を残した。巧まずにして、あそこまでまとめられた姿をつくりたいものだという気持ちが生じた、あるいは、幼児の絵に感激する類であったのかもしれない。意識をのりこえて、あの姿を作り上げるのにはどうしたら至れるのだろうかというのが、その後いつまでも私の心をとらえた。」（『コンクリートの家』1971年）

日中戦争の時期に生ナメクジが大陸で目撃した泥の住宅こそ、戦後の吉阪の方向を決め、「意識をのりこえてあの姿を作り上げるにはどうしたら至れるのだろう」と心に秘めて戦後モダニズムの道を歩いてゆくことになる。

今和次郎は、「湿地ばかり選んで匍い歩くカタツブリ」の道を貫くべく「立派な公認文化」を旨とする建築界から身を引いてしまうが、ナメクジはどう

したか。

ナメクジの匍い跡を、具体的にはル・コルビュジエの許から帰ってからスタートさせた建築設計の内容をたどると、吉阪の回想するように「直進したいと思ったが、軌道は曲がっていた」ことが明らかになる。

若き日の吉阪は土の家の中に「自力建設」と「土の造形感覚」の二つを感取していた、と考え、この視点から吉阪建築を分析すると、吉阪ならではの質を濃く含むものと、そうでないものに分かれ、前者としては、〈吉阪自邸〉（1955年）、〈ヴィラ・クゥクゥ〉（1956年）、〈呉羽中学校〉の中庭（1958年）、〈大学セミナー・ハウス〉（1963年）、〈箱根国際観光センターコンペ案〉（1970年）、〈三澤邸〉（1974年）がある。

いずれも鉄筋コンクリート造に限られ、鉄筋コンクリート造打ち放しこそ、とりあえず生ナメクジの心にかなう作りだった。

世界の打ち放しは、1923年ペレ〈ル・ランシーの教会〉に始まり、1925年レーモンド〈レーモンド邸〉、1932年ル・コルビュジエ〈スイス学生会館〉と続き、レーモンドは鉄筋コンクリートを"現代の岩"と明言している。

ル・コルビュジエは明言していないが〈スイス学生会館〉で打ち放しを大理石や自然石の乱石と組で使っていることから推察して、レーモンドと同じように現代の岩と見ていたにちがいない。

しかし吉阪は『コンクリートの家』と題した本の中で、若き日の泥の家の体験を吐露しているから、鉄筋コンクリートの中に現代の土を感じ取っていた。

とすると、ル・コルビュジエと吉阪の鉄筋コンクリート打ち放し観の間には、岩なのか土なのかをいう狭いが深い溝があったとみていいのではないか。

推測を重ねつつここまで書いてきて、最後の問い
が顔を出す。果たして吉阪は「意識を乗り越えて、
あの姿」に至れたのかどうか。先にあげた吉阪のい
くつもの名作は、「あの姿」に至る過程の作であった。
なぜなら、土の造形に習いながら土ではなく岩とし
ての打ち放しになっているからだ。

　吉阪自身、土にはいまだ至っていないと考えてい
たのではないか。だから「直進したいと思ったが、
軌道は曲」がり「いつしか塩にも溶けない乾燥ナメ
クジの姿になっていた」と書いたし、中国を再訪し
ても水気は戻らなかったし、1980年の逝去の年に
人生と造形のあり方を図示した「生命の曼陀羅」の
中で、渦巻形の最後に「問題点の拡散」さらに「ど
うにもならない不満」と記し、図を「雲散霧消」さ
せてしまったのは、そう自覚していたからだろう。

　世界のモダニズム建築家の中で、ル・コルビュジ
エの「意識」だらけの"岩"の先に「意識を乗り越える」
というか意識を吸い取る働きをする"土"を看取して
いたのは吉阪一人であり（メキシコの最晩年のオゴルマ
ンも加えるべきか）、たとえ「意識をのりこえて、あの
姿」に至れなかったとしても、そのような建築家が
20世紀後半に存在したことを21世紀は忘れない。

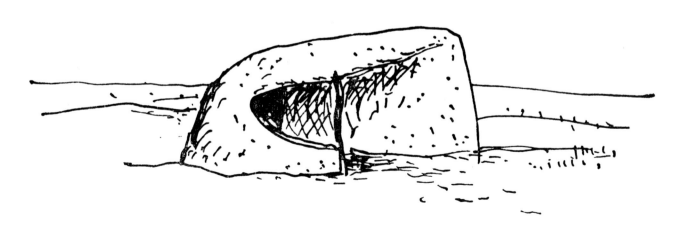

吉阪隆正の謎かけ

内藤 廣

吉阪先生が亡くなられて40年、自分が生きてきた年数の半分以上になる。歳も先生が亡くなられた年数を10年近くも越えた。若い頃、先生の歳になればそれなりに近い心境になれるかも知れないと思っていたが、一向にそうはならない。師匠というのは常に越えがたい存在としてある。

学部長を務めたり学会長を務めたり、わたしが接した時期の吉阪は多忙を極めていた。研究室に在籍していた二年間、面と向かってちゃんと話したのは総計二時間にも満たなかった。それでもわたしの人生をいろいろな意味で決定的に変えてしまったのだから、たいへんな教育者だったのだと思う。

実は、この歳月、常に師匠と共に生きてきた。必ずしも言いつけを守ったわけではないが、生きていく上で大切な決断をするときには、いつも相談するようにしている。そして、用はなくとも週に一度はなにかと顔を出してくる。だから、吉阪隆正という人に対して冷静に何事かを書くことはできない。したがって、ここから書くことはきわめて個人的な印象を書くことになるのをお断りしておきたい。

脳裏に残るいくつかの言葉を残して先生は逝かれた。生きておられればそれに対する問い掛けをすることも可能だし、真意をたずねることもできる。そして、それを修正することも可能だが、当人がいなくなってしまったのだから困ったことに変更がきかない。インストールされた言霊は弟子の脳裏を駆け巡り、無数に反芻され、それはいまだに続いている。その一端をご紹介したい。

「君の考えには死が足りない。反対側に死を置いたとき、生の意味がはっきりするはずだ。」

大学の卒業設計の相談に行ったときに言われた言葉だ。「生」の意味、それを支える建築の意味を問うような意気込みで臨んでいた。わたしの頭の中は混迷を極めていたが、それに対する答えだった。以後、「死」から「生」を逆照射する視点は、今に至るまでテーマとして持ち続けている。住宅を考えるときも公共建築や都市を考えるときも、依頼主も行政の人も、いずれみんな年老いていなくなる、と一度は思い浮かべる、もちろんわたし自身も。その上で、今の時点で何をすべきかを行動の指針にするようにしている。

その相談の時、人は人を殺せるものか、と質問した。ベトナム戦争が最終局面を迎えつつあった。天井を見上げて長い長い沈黙、そして「何か媒介物があればできると思う」というのが答えだった。おそらく戦争体験を踏まえた一言だったに違いない。だからこそ、どうしたらそれを避けることができるかが人間にとって根源的なテーマなのだ、ということを示唆したのだと理解した。

「思ってもいないようなことを書いてはいけない。」

学生の頃、ずいぶん観念的な文章を書いていた。今読み返してみると、必死さは伝わって来るが頭だけ先走った借り物の思考の組み合わせに過ぎない悪文だ。自慢ではないが文章を書くのはかなり速かったと思う。しかし、わたしの魂胆を見透かしたかのようなこの一言を言われてから筆が止まった。自分の頭で考えると、そう要領よくは書けない。あれ以来、今でもちゃんとした文章を書くときは七転八倒の苦しみを味わい続けている。

「よく考えて本当に感じたことなら、世間がなんと言おうと恥じることはない。」

カッコイイ言葉だ。雑誌社から月ごとに発表される建築作品を批評する月評を書いてみないか、と依頼があった。まだ大学院の一年生だった。著名な建築家に混じって学生の身分で月評を書くなど、前例のないことだった。そんな生意気なこと、と周囲は大反対だった。その相談に行ったときの答えがこの言葉だった。たぶん生意気な若者にはよい試練だ、と思ったのだろう。その時、「出る杭は打たれる。だったら出てみたらいいじゃないか。」とも言われた。なかなかイキな計らいだと思った。

「迷った時は自分の心の中にある良心の声を聞きなさい。」

なんと面倒くさい言葉をわたしの脳裏に刻み込んでくれたのだろう、とよく思う。この言葉を言い放った当人は、とうの昔にこの世にいない。その意味を問いただすこともできない。だから、今でも生きる上で大きな枷になっている。建築を造る上では、誠実になればなるほど迷いの連続になる。その都度、良心の声とやらに耳を澄まさねばならない。この言葉に出会わなければ、もう少し気楽に生きられたし陽気に建築に臨めたのではないか、設計を楽しめたのではないか、とも思う。

新国立競技場の騒動に巻き込まれた時、心ならずも火中の栗を拾うことになったが、よくこの言葉を思い出した。思うようにならないことばかりだったが、良心の声に従って、与えられた立場でやれることをやり、権謀術策が入り乱れる中でも人を裏切ら

ず、わたしなりの筋は通せたのではないかと思っている。

「人々の暮らしから考えることは絶対に間違っていない。」

研究テーマなどを議論し合う研究室会議というのが定期的にあった。当時は、路地の研究や集落の研究といったフィールドサーベイばかりが俎上に載せられていた。わたしにはなんとなく研究全体がフィールドに逃げているような気がして不満だった。国策や都市政策といった上位計画のメジャーコードに対して、研究対象がマイナーであまりに脆弱ではないか、と生意気な発言をした。その時に上記の言葉を強い口調で言われた。

その通りだ。今は分かるが、大きな施策ほど場当たり的で無責任なことが多い。それを批評する視座は、切実な暮らしの風景の中にしか見出し得ない。しかし、この歳になっていろいろな計画に関わるようになると、どちらも必要なことが分かる。二つの次元を行き来する柔軟な視座が必要なのだと思う。

「これからは無形学をやろうと思っているんだよ。」

亡くなる数日前、病院に見舞いに行ったときに聞いた言葉だ。吉阪さんは「有形学」なるものを標榜していた。世界の人と人との相互理解には、言葉では限界がある。それに対して形は直感的にメッセージを伝えることができる。だから、形の学問をやってはどうか、ということだった。グローバルな理想主義と人間に対するロマン主義的な見方が重なり

合った吉阪さんらしいテーマの掲げ方だった。それがいきなり「無形学」という謎掛けである。死に向かうに際して、有形から無形へ、ということだったのか。

　取り扱いに注意が必要な謎の言葉をたくさん残して逝った師匠だった。ときたまジョークで「巳年はつかまえにくいんだよ。」と笑いながら言っていた。先生は巳年生まれだ。いまだにこの蛇は、わたしの頭の中を正体不明のまま蠢いている。

吉阪隆正との対話、特に有形学をめぐって
中谷礼仁

——吉阪先生でしょうか？

「私を呼ぶのは誰ですか？」

——はじめまして、中谷礼仁と申します。私が先生を知った頃、先生は私が訪れることのできない世界にすでに旅立たれてしまった矢先でした。そう言うわけで、これまで一度もお話ししたことがなく、なんとも気持ちがおぼつきません。そこでこの特別な通信の機会を設けさせていただいた次第です。

「なるほど。なにせ、はじめての通信方法だからうまくいくかわからないけれども、考えてみれば私も同じようなことを、頭の中でたくさんしてきました。とにかく進めてみましょう。」

——ありがとうございます。まず、たくさん書き残された文章を拝見する限り、先生は筋金入りの平和主義者だと思うのですが、単純にそうとも言えないところがあります。特に先生は平和が、対立や緊張関係のなかの貴重な均衡状態であることを繰り返し述べています。

「それは私の子供の頃の経験が大きく関係している。やっとカタコトの日本語で話がまとまりはじめた年に、父の仕事の関係上でスイスの幼稚園に入れられ、すべてはフランス語から垣間見る世界になった。その後また日本の小学校に入れられたので、日本語をまた初めから覚えなければいけなかったのです。なんとか習得した12歳に、またスイスに行かなければならず、ほとんど記憶から消えてしまっていたフランス語で再び中学教科を

学ぶ羽目になった。感情は言葉を通して生まれるのだから、この経験はカオスです。おまけにギリシャ、ラテン、英、独語を、フランス語を通じて教わった！ その後、また日本に帰ってきて大学試験となった。ここで初めて本格的に漢文もやりはじめた。でもその時はもうそれぞれの言葉の引出しが頭にできていたので、割り切って中国文化にも触れることができました。」

——それは私には想像もできない、混沌とした頭の中の世界です。

「言葉はそれぞれに神を持っている。若い頃の私の頭は、幾つもの絶対神が同居する矛盾にみちたアパートだった。それらが喧嘩をしないように気を配らなければ、私自身の精神も持たなかったのです。このような奇妙な同居状態を通じて、自分の心の内と周囲の世界をどうやって結び合わせるか、いってみれば異なる文化が平和裡に共存するありようを探ることが私の青春の大目的になってしまった。」

——先生の子供時代は、国際連盟発足に基づき大役を担われたお父上の活動に否応なく付き合わせられた。それはまさに第一次世界大戦の後で構想された世界を均衡させる活動を、否応なく体験しなくてはいけなかったということですね。で、そこで見つけ出したのが「かたち」であると。

「そのとおり！ 実際、複数の言葉に含まれる文化を統一させることは不可能に近いが、数学や造形の授業はそれを飛び越えていた。特に「かたち」

は、様々な人間の関係が具体的に刻み込まれた結果なのだということがはっきりわかったのです。それに関する思い出話は私の人生譚のほとんどになってしまうから割愛しますが、それを学として生み出そうと思ったのが有形学というわけです。」

──「有形学」、今でも魅力的な言葉です。この言葉が提出された1962年周辺には、形に関する重要な著作が複数出ています。一つはジョージ・クブラーの『時のかたち（Shape of Time）』（1962年）で、これは相当厳密な有形学として読むことができます。クブラーの師がフランスのアンリ・フォシオンですから、先生の異母兄弟のような趣があります。そして1964年には、形の生成を集合論とダイアグラム作成で解こうとしたクリストファー・アレグザンダー『形の合成に関するノート（Notes on Synthesis of Form）』が、そしてモダニズムでは作り出せない各地の建築造形カタログをバーナード・ルドフスキーが『建築家なしの建築（Architecture without Architects）』として世に問うています。私は、有形学はこれらの世界的傾向との比較なしには語れないと思っているのですが、残念ながら先生とはこれらについて一言も論じ合うことができませんでした。

「人間の命は有限なのだから、あなたとお会いできなかったのは仕方がない。ルドフスキーの著作については私も有形学の数少ない参考文献としてあげておいた。でも、せっかくの機会だから、有形学の参考に、別のもう一人によるキーワードをあげておく。それはワールドリネス（Worldliness）という言葉です。これは私より一世代年上で、まあ私と同じような、剃刀の刃の上の平和を考えた

ハンナ・アレントという偉い女史が使った言葉です（こっちの世界では退屈にしておられるが……）。ハンナは、「俗事」を意味するこの言葉を、他の動物が行わない人間特有の活動の中心に置いた。その代表例がなんと言語と記念的建築なのです。それらは活動を記録したいという人間独自の衝動に基づいている。つまり「残したい」という時間感覚が入り込んでいる。だからハンナの観点から言えば、建築とは人類の記録のための形なのです。つまり有形学は人間特有活動の根底にある造形作用なのです。」

──なぜそんな記録としての造形活動が人間には必要だったのですか？

「それがもっとも大事な点です。つまり流動的な対立や抗争で忙しい人間たちの中に、平和という均衡を生み出すのはほとんど奇跡に近かったでしょう。それは一瞬生まれたかと思うと、すぐに消え去ってしまうのだから。それではその平和を幾ばくかでも残すような抵抗はできないだろうか？ある。それがワールドリネス（人間特有の記録作業）としての有形なのです。有形とは抽象を具体に変えることのできる力です。例えば私たちは、約2300年前の世界最古の法典であるハンムラビ法典を読むことができます。それを可能にしたのは、人間が法典誕生の奇跡の一瞬を、形や記録として残す方法を発明したからです。これが文明というもの。ちなみにハンムラビ法典は玄武岩に楔形文字で刻まれていたと記憶していますが、楔形文字はその昔シュメール人が茎を筆にして粘土板に記号を形として押しつけるところから始まったので

す。粘土板は大地から人間がそれを取り出し整形した結果としての有形そのものでした。有形学の始まりはそこからかもしれない。」

——とても大切なヒントをいただきました。

「さらに言葉を有形として考える場合、オノマトペは言葉における有形なのではないかと思っています。というのも、オノマトペはまるで具体的な形が伝わるようにあらゆる言葉に内在し、伝わっていくからです。以前私は「ス」という音について検討したことがある。スという音には何か清々しい（スがスがしい）イメージがある。気持ちがスーッとするというのはまさにそれです。それは風が通ったからであり、それを建築部材で言うとスノコ、スダレがあげられるでしょう。つまり色々なものが混濁した大地からスッとうかび、スーッと風通しよく床をはったのが、住む（スむ）ことの根源なのです。その結果、人間の考えも整理され、澄（ス）んでいく。私が有形学でつむいだ言葉やイメージも是非こんな連想風に活用してくれたらと思っています。」

——最後に不満を。先生の言葉を学問として研究するときに困るのは、先生がその出典引用を明らかにしてくれなかったことです。

「確かに学術論文は先人の蓄積に基づいて書かれることで、その内容が社会により正確に伝わります。私はその努力を怠ったかもしれない。私にとって、むしろ書く動機とは、先も説明したように自分の頭の中の劇をなんとか社会に伝えて安定させることにあったのです。しかし一方で思うのですが、神話や市井の人々の言葉に引用出典が付いていることはないでしょう？　私の文章はその音（オノマトペ）に、より気をつかっていただけると、その読書は面白くなるだろうと思っています。それではまた有形を通してお会いしましょう。」

『宇宙船ビーグル号の冒険』は、米国作家、A・E・ヴァン・ヴォークト（1912–2000年）によるSF小説だ。原著は1950年の発行で、日本語訳も1964年以来、版を変えながら繰り返し出版されている。ストーリーは1,000人もの科学者と軍人を乗せた巨大な宇宙船を舞台に、さまざまな宇宙生命体との出会いを描くというものだ。学者たちは、考古学、数学、物理学、化学、天文学、地質学、生物学、心理学、社会学など、それぞれの分野の専門家なのだが、主人公のエリオット・グローヴナーはネクシャリズム（「総合科学」の訳語が与えられている）という架空の学問のエキスパートとされている。それぞれに発展したがゆえにバラバラになってしまった諸分野の学問を結びつけることによって、宇宙船が出くわす難敵に対応していく。これを読んだのは自分が高校生の時だったが、総合学者に憧れをもった。そしてのちに吉阪隆正が提唱した「有形学（ユーケオロジー）」のことを知った時、ネクシャリズムのことを思い出していた。

「有形学」とは何か。大は都市から小は道具のようなものまで、人工的につくられた形について、これをあらしめるための学問とされる。人類史を振り返ると、まずは狩猟採集の時代があり、農業の発展があって、その後に工業が広まるが、それぞれに対応するのが、政治学、経済学、そして有形学であると言う。1963年以来、吉阪はいろいろな言い換えを用いながら、ことあるごとにこの新たな学問について説明してきたが、その意味を理解するのは、正直言って難しい。しかし、なぜこの学問が必要なのかは、最後の著作となった『生活とかたち』（1980年）の中にわかりやすく説明されている。

「複雑になった世界をのりこえるため、いろいろな専門別の学問がつくられた。今や迷宮のように網が張りめぐらされつつある（中略）バラバラに分岐してしまった各専門分野を、もう一度総合してとらえるためには、そして人間居住としてどのように歓びのある生活をつくり上げるかを発見するためには、物の姿を通じて生活との絡み合いを知る必要が生じて、有形学をつくらせる。」

目指すところは、やはり総合の学、ネクシャリズムに近いようである。

総合をそれぞれに目指した学者たち

総合を志向した学問については、1960年代から70年代にかけて、吉阪以外にもいくつかのアプローチが見られる。

例えば文化人類学者の梅棹忠夫は、生態学者で霊長類の社会構造を研究した今西錦司の門下から民族学へと研究を広げ、古今東西を網羅するその学問の体系は文明学とも称された。今西と梅棹は登山家としても知られ、同じ京都大学の山岳部出身には、『フランス百科全書の研究』を記した桑原武夫や、情報整理のKJ法を生み出した川喜田二郎もいる。吉阪も登山家であった。知の総合への志向が、登山の経験と結びついている可能性も示唆して興味深い。梅棹忠夫は1967年に、SF作家の小松左京、社会学者の加藤秀俊、建築評論家の川添登らと日本未来学会も設立。異なる分野の研究者が集って未来を総合的に予見する未来学も主導した。

1972年には、日本未来学会の設立者らによって日本生活学会も設立されている。生活学もまた人間の営みを学際的に研究する学問として始まったもの

宇宙船ビーグル号の建築家　磯達雄

だった。中心メンバーの川添は今和次郎の弟子で、その意味では吉阪とは兄弟の関係にあたる。日本生活学会の会長は初代が今、2代目が吉阪であった。

　海外にも、似たような関心をもっていた人物がいる。例えば、米国の人類学者エドワード・T・ホールは『かくれた次元』（原著1966年）を刊行。人間を含む生物同士の関係を、距離に着目してトータルに解き明かしたものだった。本書について吉阪は「これは先手を打たれたというくやしい気持ち」と明かしている（「見えない領域から見える領域へ」1971年）。

　また米国の建築家で評論家でもあるバーナード・ルドフスキーは、世界各地で建てられてきた土着的な住居の魅力を報告した『建築家なしの建築』（原著1964年）や、衣服について人類史的なパースペクティブで考察した『みっともない人体』（原著1971年）などを執筆した。吉阪はこれらの著作を、『生活とかたち』で参考文献として挙げている。

異なるもの同士を結ぶ「かたち」

　この時代に興ったいくつもの総合的学問の追求のなかで、吉阪隆正による有形学は、どんな点に特徴があったのか。それはやはり、「かたち」に特別な重要性を与えていたところだろう。総合はまず何よりも「かたち」として現れる、ととらえたのである。「まとまった形だと認識したとき、それを美しいとみる」、「安心できるのは総合されたものだ」（『生活とかたち』）といった文章から、その考えがうかがえる。

　「かたち」の重視は、吉阪が建築家だからという面もある。機能主義の御旗の下、合理性ばかりを追い求めた建築があふれる世の中で、一方では直感的に美しさが伝わる建築が確実にある。放っておけば離れていきそうな両者を、もう一度、結びつけるた

めの理論がほしかったのだ。

　しかし「かたち」への強い関心は、建築家になる前から、吉阪が抱いていたとも想像できる。国際機関の駐在員だった父親とともにスイスへと渡った幼少期の吉阪は、国際連盟のインターナショナル・スクールで、世界各国から来た子供たちと一緒に学んだ。そこで経験した地図を描く授業のことを、吉阪は忘れ得ぬ思い出として書き記しているが（「大学と国際交流　個人的体験を通じて」）、言葉も文化も異なるもの同士が通じ合うために、何よりも頼りになったのは「かたち」だった。そんな体験が、のちに有形学の構想を育んだのではないか。

　宇宙船ビーグル号でグローヴナーがネクシャリズムを使って闘ったように、吉阪は「かたち」をもって世界の総合を目指した。有形学について書かれた数々の文章は、そんな冒険の記録として読まれるべきである。

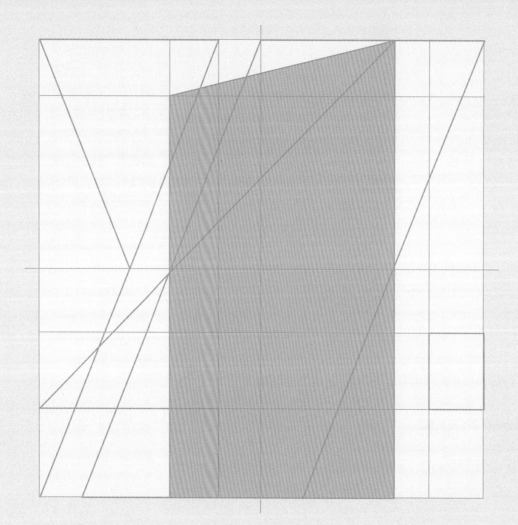

Chapter 1

出発点

Beginnings

本章では吉阪隆正の誕生から、幼少期にスイスで受けた平和教育、今和次郎に師事した学生時代の大陸との出会い、ル・コルビュジエとの師弟関係などを、年表を軸として紹介します。

吉阪隆正は1917年、内務官僚であった吉阪俊蔵と、動物学者・箕作佳吉の次女、花子の長男として東京小石川区に生まれました。1920年〜32年までに家族と共に二度のスイス生活とイギリス留学を経験し、欧州での国際的な平和教育を受け、語学力を身に着けて帰国。早稲田大学高等学院、早稲田大学に進学しました。第二次世界大戦中に応召を受けて赴いた中国大陸では、「相互理解と平和のために建築に取り組む」と将来への決意の言葉を記しています。終戦後は、焼け野原となっていた新宿区百人町の自宅跡地に自らバラックを建て、復興へと踏み出します。フランスへの留学を経て、教育者として早稲田大学で教鞭を執り、並行して執筆活動や建築設計、そして地域計画へと活動の幅を広げていきました。40歳からはアフリカ大陸横断、北米大陸横断、2年間のアルゼンチン赴任、インドや中国との国境を越えた交流を行いました。その地球を巡るダイナミックな活動の軌跡を辿ります。

フランス留学、アルゼンチン赴任、大陸との出会いと、吉阪は節目ごとに私家版の書籍を出版しています。ここでは、アルゼンチンの神話を描いた《宇為火タチノオハナシ》を吉阪の世界観をあらわすメビウスの輪として表現しています。

This chapter presents a chronology of the life of YOSIZAKA Takamasa, from his birth to the peace education he received in Geneva, Switzerland as a child, his encounters with various regions of Japan and the Eurasian continent as a student at Waseda University under architect KON Wajiro, and his master-student relationship with Le Corbusier, a paramount modernist pioneer.

Born in the Bunkyo (formerly Koishikawa) district of downtown Tokyo in 1917, Yosizaka was the eldest son of YOSIZAKA Shunzo, a bureaucrat in the Ministry of Home Affairs, and his wife, Hanako, the second daughter of YOSHIKICHI Minosaku, a zoologist. Between the years 1920 to 1932, Yosizaka lived with his family in Switzerland on two occasions. From there, he continued with studies in England, returning to Japan after obtaining an international peace education and acquiring proficiency in European languages. Subsequently, he went on to study at Waseda University Senior High School, after which he obtained a higher education at Waseda University.

During World War II, Yosizaka was drafted to military service in mainland China, where he penned a resolution for his future: *I will work on architecture for the sake of mutual understanding and peace.* After the war, in a town in the district of Shinjuku, Tokyo, 'Hyakunin-cho,' Yosizaka built barracks on the site of his former home that had been burnt to the ground and took up the task of reconstruction.

On a scholarship grant from the French government, Yosizaka went on to study in France, serving as an apprentice at the atelier of Le Corbusier. He then returned to Japan for an appointment at Waseda University as a professor of architecture, and expanded his activities to writing, architectural design, and regional planning.

In his 40s, Yosizaka again ventured out into the world, traversing the continents of Africa and North America, serving on assignment in Argentina for two years, and subsequently participating in cross-border exchanges with India and China. Here, we trace his dynamic activities around the globe.

At each milestone of his life, Yosizaka's published private editions of books covering his studies abroad in France, his assignment in Argentina, and his encounters with the continents. For this exhibit, we present *Uika-tachi no Ohanashi ('The Tale of Uikas')*, his depiction of Argentine myths as a Möbius loop, expressing his worldview.

私はどこにいくのか？この疑問こそすべての出発点だ。

自分たちの美しいものを手にいれたとき
ひとびとはこころにほこりをもつ
ひげから国士まで、それをもとめたい
発見のための視点と視野
実現のための手段と工夫
どれがいいのか
それをみんなでみつけよう

〈パノラみる展〉1975年

私はこの旅行をを通して、
先生の横顔の写真数枚を撮ったが、
何もスケッチするときの
平和な横顔なのであった。
吉阪先生の横顔はいい。
〈北京頤和園での吉阪横顔〉撮影：鈴木恂　1976年

28

電子顕微鏡の極小世界から
星雲の巨大な宇宙の間に
人間は中間的な存在として
大小の拠点を散りばめる。
『生活とかたち』1980年

吉阪隆正を巡る旅

The Panoramic wonder world According to YOSIZAKA TAKAMASA

ひげから地球へ パノラみる

10のべき乗で表されたスケールは時間と距離に共通
時間の単位は【年】、距離の単位は【メートル】

吉阪隆正は、生涯パラシュタと呼ぶ蒐集印帖を片手に、地球を駆け巡り、思索の旅をつづけた。
吉阪の有形無限な宇宙スケールの旅と思想を探索すべく
生命の誕生から、現在という、私たちが生きる今日という時間、
遠い宇宙から吉阪のひげ、身近な数センチメートルの指先への眺景まで
吉阪隆正や周りの人たちによるさまざまな、関連する図像を散りばめる。
遥かな時間と空間のアルキテクト（歩きテクスト）になって
吉阪パノラマワールドを冒険しよう。

イタリアの天文学者 ドナティが発見した彗星 1858年

主な参考文献：
『かくれた次元』エドワード・ホール　みすず書房　1970
『人間以後論』戸沼幸市　彰国社　1978
『パワーズ・オブ・テン』チャールズ&おはなしレイ・イームズ文編　日経サイエンス社　1983
『SD：象設計集団 象の宇宙 スケールをめぐる150の旅　鹿島出版会　1985
『DISCONT不連続統一体 アルキテクト編　丸善　1998
『好奇心ことはやらずにはいられない アルキテクト編　建築技術　2015
『ランドスケープの夢』勝の宇宙誌　高野ランドスケーププランニング編　建築資料研究社　2020

シベリア原住民が描く「空の地図」

旅行のススメ

ときどき旅行をすることをすすめます。

金も暇もいらない魂の旅行をすることを。

この肉体の中ばかりをうろうろとしている魂に、

ときどきは肉体から飛び出して、

人の肉体の中に入ってみたり、

あるいは空高く舞い上がって

宇宙全体が見とおせるような所まで

遊びに行くことです。

銀河も、あらゆる他の星座も

小さな一つの魂に見える所まで行って、

またもとの肉体にもどってくるんです。

そしてわが胸のぬくもりの中に

静かに旅の思い出にふけっていらんなさい。

顔におのずとほほえみを覚えるでしょう。

心が楽しい時、すべてのものは美しく、

生き生きとして感じられます。

いやな事があっても

それを克服する道が見えてきます。

楽しそうにしていると

周囲の人までつりこられて

愉快にならずにおれません。

そのような世の中になったら

どんなに幸福でしょうか。

日本女子大学通信教育部《住居学概論》1967年

宇為火タチノオハナシ　1961年

天ノ神　巴荼詞摩ト
地ノ神　巴荼姥媽ト
ムスビレタ

男ト女ガウマレタ
双児ガウマレタ
二人ハ宇為火ト名付ケラレタ

竹富宇宙マンダラ　スケッチ：丸山欣也　樋口裕康　1975年

吾等は野を、空を、星を、
野の花を、大地を、火を、水を、
昔海を、
一切の大自然と生命を観るに、
その背後に、生命の円想を観、
その生命を敬し、愛し、
いささかも浪費せざらん事を期す。
《竹富町信仰会則》

この地球に生きるすべての細胞は
みな天体ではないのか……。

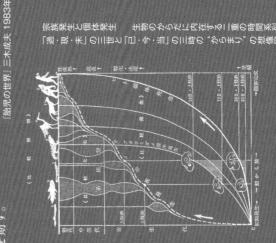

『胎児の世界』三木成夫　1983年
宗族発生と個体発生　生物のからだに内在する三重の時間系列
「過・現・未」の三世と「己・今・当」の三時の"からまり"の想像図

吉阪には多数の「わたし」がいた。
吉阪は、太古からの群であった。
人類だけでなく、カンブリア紀から続く
生物の遺伝子が様々つりあっていた。
〈始祖鳥蘇る〉樋口裕康　2015年

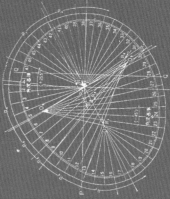

10⁹

10^9

宇宙　神話　欲望
生命の出現、大発展

生身で世界を見直せということだったのだ。
北をという抽象概念に引きずり回されず、
大きく見える太陽をもとにしろということだ。

〈新建築〉1976年

生駒山宇宙科学館大屋根伏上端図

定規とコンパスを持つ伏羲と女媧　唐代

生駒山宇宙科学館大屋根鉄骨架伏図

187面体の半球ドーム天井
〈栃木県立博物館設計競技応募案〉1979年

中国の最初の男女、伏羲と女媧。
二人の結合は世界の創造をもたらす。
伏羲は易の八卦の創造者、女媧は人間の創造主。

天地をつなぐ螺旋の柱
男女のラチスが左右から支える。
これを天から見下ろすと八楼星となる。

〈栃木県立博物館設計競技：天体観測塔〉1979年

天体観測塔

世界の創造と形成、両極への分解

大宇宙を含む大自然を、
人間はどう受けとめるのか？
現在の自然と人間との関係には
希望とともに一種の危機感が
混在していることに、
このような問いを発するだろうか。
ひそんではいないだろうか。

〈箱根国際観光センター・コンペ応募案〉1970年

地球上
益々強くなってくる。
月に巨大な宇宙ステーションを築くか？
地球都市のグランドデザインに折り込まれてしまっている。
人間を離れて、
火星に人を送り込むか。
人類は宇宙へ飛び立ちはじめる。
創造も破壊もやって、
破壊の問題は益々範囲を広げ、

今一度、人間と空間とを通して、
ゆかねばならない。
二度、いい秩序を
根本的に見つけるための
方法はもう存在しない
ものではないか。
新しい秩序を、
人間と空間の世界に

〈国際建築〉1964年

MOON 240,000 MILES
EXOSPHERE 500 MILES
IONOSPHERE 200-300 MILES
STRATOSPHERE 20 MILES
TROPOSPHERE 7 MILES

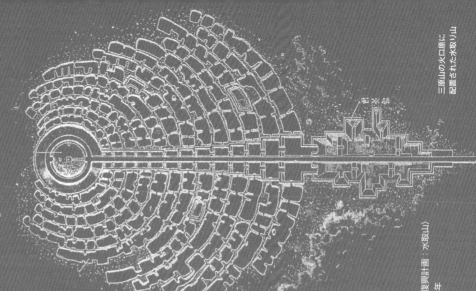

三原山の火口原に
配置された水取り山

大宇宙の中の1点たる地球の
その表面のある1点に存在する私。
そこで何年かを過ごして死んでいく私。
先祖代々がそうして来た
その中での1個としての私。
大勢の他の人々も同じように
うごめいている中の1人としての私。
そんな小さな存在の私ではあるが
私にとってそれは世界一の大問題なのだ。

《住居学汎論》1950年

この大気の中の
水をつかまえる三葉虫
生物が生きはじめた
初源をつくろう。

《大島復興計画：水取山》
1965年

両極をもつ宇宙のシンボル、中国の陰陽図

伏犠によって発見された先天八卦図。
女性的な力（陰）から
男性的な力（陽）への
循環的な変化を象徴している。
原初の卵の形に身をかがめたトラは
もう一つの陰陽シンボルである。

古往今来を宙と謂い
四方上下を宇と謂う

頭を球面に削られた大きな楔は、
人工であって人工をこえる叫びなのだ。
光が闇の中をつらぬくように、すべてはそこからはじまるのだ。

《箱根国際観光センター・コンペ応募案》1970年

総合ホール《箱根国際観光センター・コンペ》1970年

地球尺　大気圏・水圏・地圏
世界平和　国際交流
巨大大陸移動

世界を三分するTO図

海洋世界地図

サイコロ世界地図

「サイコロ世界地図」
これは球体である地球の全図を立方体に置き
かえて展開するもので、立方体の方向性に惑
わされないように、両極を立方体の頂点や面
の中心から外して、赤道が斜めに表われるよ
うにつくる。これによって、地球は分割法に
近く面積が正確に表され、かつ扱いやすい図
形になるとともに同一の時間を共有する同経
度帯の地域間の関係、すなわちアジアとオセ
アニア、北と南のアメリカ、ヨーロッパとア
フリカのような東西関係が正確に表わされ、
北半球中心の東西両関係に拘束されないで、地
球を考えることができる。
〈吉阪隆正集5 解説 環境—生活—形姿という構図〉
重村力　1986年

地表は果たして球面だろうか

かつて私たちの住む土地は、あるいは島だったり、
円盤だったり、T字型の海を囲む陸だったりしたのに、
今では球面ということになっている。
一体どれが正しいのか。

いつでも世界を平均に、
しかも立体的に見れるように、
且つ平面として広げてもよい。

〈生活とかたち〉1980年

「都市住宅 特集・発見的方法」1975年

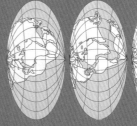
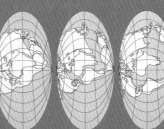

現在の馬とアラビアサウルス〈生活とかたち〉1980年

今 平等に見るにふさわしい所は南極である。南極から見れば
風土の厳しさが人間をもう一度素直にさせている。
さて海洋も大西洋も インド洋も 別れ別れではない。
世界をひとつとみるために
どこの大陸からも離れていなければならない
さらにどこの偏見の作用も受けない
そういう空間的空地にいなければならない
そこにこの大陸の中心に南極がある。
海洋の地理的 空間的位置というものは
人間の考え方に大きく作用するものである。

〈生活とかたち〉1980年

「海洋世界地図」
これは陸地を中心にした世界地図の認識法の
拘束を解放して、海洋を切り離せない一体の
閉じた図形として地図をトポロジカルに反転
する。南極大陸を中心とした三つの大洋が、陸地
を分割した図法によって一体一の図形となる。
国連移転論はこの図を中心にさせた。
〈吉阪隆正集5 解説 環境—生活—形姿という構図〉
重村力　1986年

何故大陸移動説を思いついたかといえば
もともと一枚の紙であった証拠になるのではないか
断面同士が裂け目でつながるのではないか

「大陸と海洋の起源」アルフレート・ヴェーゲナー 1915年

「有形学」を考えた動機は
人類が平和に暮らせるようにとの願いだ。

有形学は正にそこに足がかりと見通しを与えるために
人間対環境の相互関係の中に生じる現象の法則を求め
その表現における文法を確立しようというものだ。

〈国際建築〉1964年

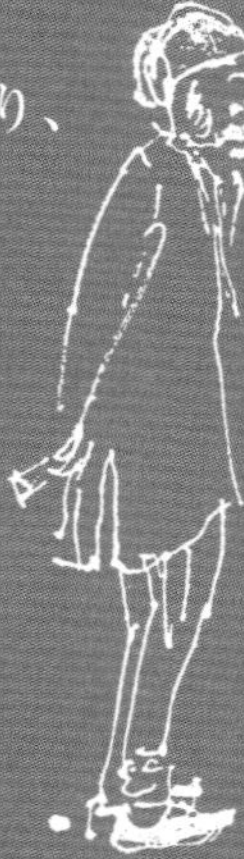

ここでいう環境とは、
人間を中心として見たときに、
その人間を、とりまく世界のことであり、
それは、宇宙のなかの
無数にある恒星・惑星中の地球、
それらその表面という
薄い球面の僅かな層だが、
光がきらきらと輝く世界である。

〈環境と造形〉1955年

原子力を自由に
果たして造物主の力を
だが造物主の智慧をも
わがものとした今日の人間は
わがものとし得るものだろうか。

〈環境と造形〉1955年

集めることと弘めること
独立を損なわずに
統一を与えること
停滞に陥らない安定性
不安に導かれない可動性
この二つの矛盾した力
それをそのまま認めつつ
しかも協調を見出すこと
ここに20世紀後半の
課題を解く鍵がある。

〈コンゴ・レオポルドビル文化センター計画国際競技設計〉1959年

不連続統一体

各地から集まってくる人びとは、
ここでの催しに参加して、
各自それぞれに知恵や思想を得て
持ち帰るといったことがなされる。
この集めることと弘めることは、
建築的にそこの平面にも姿にも
表現されている。

〈建築〉1961年

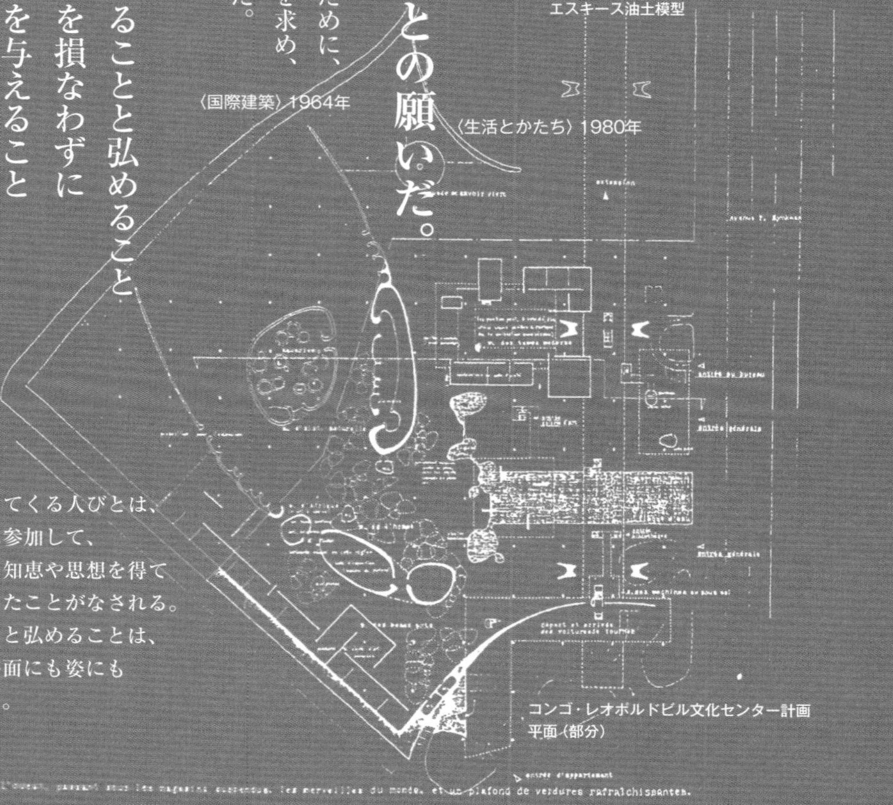

コンゴ・レオポルドビル文化センター計画
エスキース油土模型
〈生活とかたち〉1980年

コンゴ・レオポルドビル文化センター計画
平面(部分)

時間スケール［1000万年］
距離スケール［1万5千キロメートル］

中国大陸　黒潮世界
アフリカ横断1万キロ
原始境から文明境へ

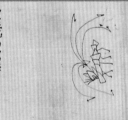

張楽口東寨村穴居

人類が平和に暮らせるためには、お互いの生活を理解することが重要だとの考えから、大学の卒業論文が住宅調査になったのが私との最初の出会いだった。不幸な30余年の離別がやっと解かれたことは、何と嬉しいことだろう。

〈かんそうなめくじふるさとを発見す〉1975年

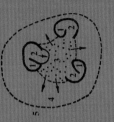

辺疆の旅で出会った住居の原型ともいえる泥の家
（都市住宅）地井昭夫　1975年

日本海　北海道
東京
小笠原
中国
東シナ海　那覇
台湾
太平洋
フィリピン
インドネシア
オーストラリア

沖縄魚眼地図

発見的方法とは
〈いまだ隠された世界〉
〈いまだ存在せざる世界〉を探し出し
きわめて人間的な認識の体系である。
それは〈私たちによって
作り変えられるべき世界〉ではなく
全く逆に〈私たちひとりひとりが
それによって支えられている世界〉を
見出すことなのだ。

〈かんそうなめくじふるさとを求めて〉
1945年応召の地満州で嫁を迎え、一週間後に終郷を迎える。満28歳。
〈かんそうなめくじふるさとを発見す〉1975　満58歳。
1974年6月第一回訪中中国を率いて中国を訪ね、日中建築技術交流会を起こし、
続けて亡くなるまでに四度の交流使節団長を勤め、中国に没る。
両起点は、出発点であり到着点であり、回帰点であり再生点であるだろう。
永遠の運動体としての吉阪思想が、この両極の夫婦に流れている。
《かんそうなめくじ》備忘録》2004年

1945　かんそうなめくじ ふるさとを求めて
かんそうなめくじふるさとを求めて
1945年

1975　かんそうなめくじ ふるさとを発見す
かんそうなめくじふるさとを発見す
1975年

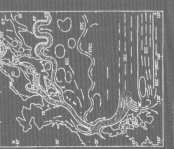

北京パノラマ（部分）

黒潮系海流図

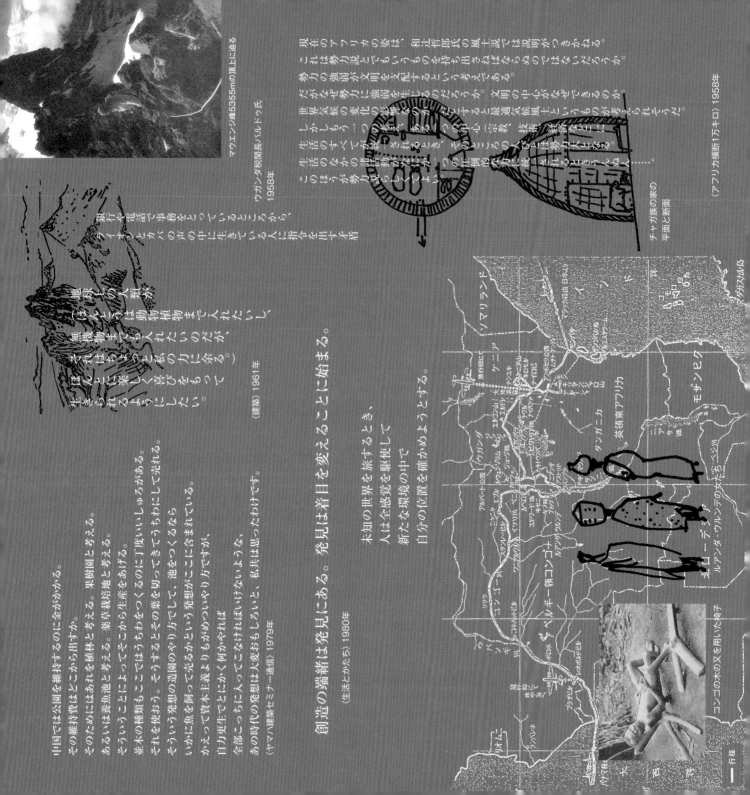

現在のアフリカの変化は、和辻哲郎氏の風土説では説明がつきかねる。

これは勢力というものを持ち出さねばならぬのではないだろうか。

勢力の強弱が文明を支配するという考えである。

なぜ勢力に強弱を生じるのだろうか。文明の中心がなぜ移るのか。

気候風土というものも考えられそうだ。

だがもうひとつのものが考えられる。

しかし世界の気候の変化の後を追うと最適気候というものの中心が移動する。

生活のほうが教育の中心（宗教・技術・経済……）

生活のすべてで……

勢力の統一されることで人々……

マウエンジ峰5335mの頂上に迫る

ウガンダ税関長バルドゥ氏
1958年

銀行で電話で事務をとっているというから
ラジオの声の中に生きている人に指令を出す矛盾

チャガ族の家の
平面と断面

（アフリカ横断1万キロ）1958年

地上の人類は（ほとんど）
それはもちろん無機物まで入れたい
動植物まで入れたし
そこに生まれたものはたのしく
喜びをもって
生きているようにしたいのだ。
（それは私の力に余る。）

《建築》1961年

中国では公園を維持するのに金がかかる。

その維持費はどこから出すか。

そのためにはあれを植林と考える。果樹園と考える。

あるいは養魚池と考える。薬草栽培地と考える。

そういうことによってここから生産をあげる。

並木の種類もここではうるわをつくるのに丁度いいしゅうがある。

それを使おう。そうするとそこの葉を切ってきてうらわにして売れる。

そういう発想の造園のやり方でして、池をつくるなら

いかに魚を飼って売るかという発想がここには含まれている。

かえって資本主義よりもがめついやり方ですが。

自力更生で、とにかく何かやれば

全部こっちに入ってこなければいけないような、私共は思ったわけです。

あの時代の発生は大変おもしろいと、

《ヤマハ建築セミナー通信》1979年

創造の端緒は発見にある。発見は着目を変えることに始まる。

《生活とかたち》1980年

未知の世界を旅するとき、
人は全感覚を駆使して
新たな環境の中で
自分の位置を確かめようとする。

北ローデシア
ルアンダ・ウルンデの女たち

コンゴの木の又を用いた椅子

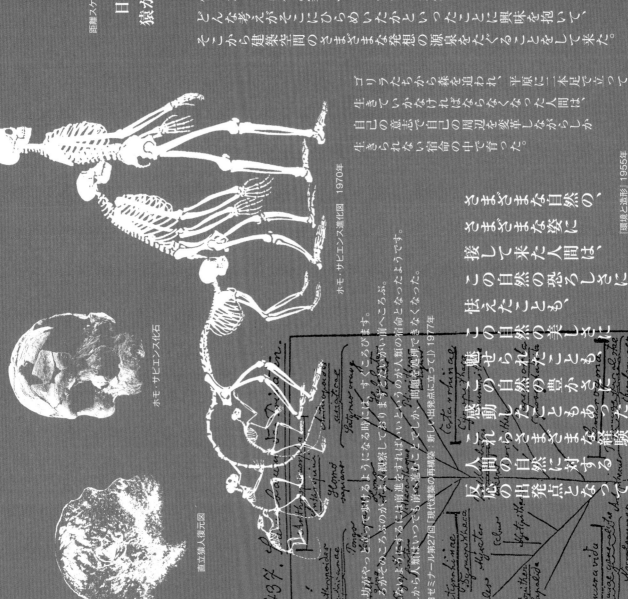

時間スケール [100万年]
距離スケール [1000キロメートル]

日本列島　日本
猿から原人、人へ

ゴリラに追われて食料豊富な密林から追い出された猿・原人
マンモスのうしろについて食料のある場所をさまよった原人
貝の存在に海浜に定着した原始人
等々と人類の歴史の中で
人々が地球上のそちらこちらに定住をはじめた時
何を考え そこにひらめいたかといったことに興味を抱いて
どんな家をつくっていったか
そこから建築空間のさまざまな発想の源泉をたぐることをして来た。

《西洋造園変遷史序》1977年

コリラたちから森を追われ、平原に二本足で立って
生きていかなければならなくなった人間は
自己の意志で自己の周辺を変革しながらしか
生きられない宿命の中で育っていった。

《朝日セミナール第27回「現代建築の再構築：新しい出発点に立って」》1977年

ホモ・サピエンス進化図 1970年

ホモ・サピエンス化石

直立猿人復元図

さまざまな自然の、
さまざまな姿に接して来た人間は
この自然の恐ろしさに
この自然の美しさに
この自然の豊かさに

[環境と造形] 1955年

ヘッケル自筆の系統図

反応の出発点となった
人間の自然に対する
感動したこともあった
さまざまな経験がいう
自然の

《朝日セミナール第27回「現代建築の再構築：新しい出発点に立って」》1977年

38

変わる日本列島　1970年

1 一点充血・東京が下にあるためか？
過疎過密時代（1960年代）

2 充血が太平洋メガロポリスに及んで
日本列島に逆転が起こる。
メガロポリス最盛時代（1970〜80年代）

3 新しいネットワークにささえられて
新しい血が地方に生まれる。
ネットワーク時代（2000年代）

どんでんがえし

「逆転日本地図」

これは従来の南を下にした日本地図や、太平洋を下にした日本地図が、中央集権的発想や、東海道偏重の考え方と深く結びついていることを批判し、日本海を下にした日本地図をつくる〈みかた〉を提案している。逆地と中央という視力（みかた）や太平洋と要日本という視力に拘束されない、新しい自由な日本列島の視力、それぞれの地域のもつ固有の可能性がこの地図によって発見できる。
（吉阪隆正集第5解説　環境−生活−形・姿という構図）
重村力　1986年

日本が世界の中に生きる意味があるとしたら、世界に対し日本が何かを貢献し得るからだと思う。その貢献し得るものは、世界の人々に対し世界の共通の悩みの解決

新しい美しさを創造して見せるということにある筈だ。
（早稲田学報）1956年

北を上にした日本列島の描かれ方を常識として眺めていると、人間は潜在的に重力の重さの働きを感じ、メガロポリスの東海道に人が集中して溜まるのを当然と考えてしまう。私たちは、そのことから生じる不具合を感じ、その常識を疑って見なおしをしてもらうために、日本海を手前に、太平洋を上にして、水平線の彼方から日の出を見る地図として眺めた。こうすると東海道、瀬戸内海、北九州に荷がかかり過ぎ、東北、北海道が軽すぎて不安定さを感じる。そこで日方の重い首都をこちらに移すことで、まず少しばかり平衡が取り戻せないかと考えた。
（生活とかたち）1980年

[逆さ地図]
イメージの鮮烈な、シルエットだけの逆さ地図。富山市を中心とした同心円を記した環日本海諸国図をつくっている。中世以前の日本人の意識からすればまさにこの通りの世界観である。
（建築）1971年

10^5

時間スケール［10万年］
距離スケール［100キロメートル］

沖縄本島　山岳
地方　関心圏(情報圏)
魚眼マップ　人間尺

潜在資源の発掘

〈計画〉が地域の新たに生きるべき姿を探ることなのだとしたら、
その答えは地域の外からは得られない。土地や海の物的資源と人的資源を
どう生かしていくかという設問のみから答えは得られるであろう。
潜在資源の発見と自覚は、郷土・風土の復権である。

アラスカ、マッキンレーの
カルトナ氷河　1960年

沖縄と逆格差論

沖縄は、断固として日本の〈地方〉ではなかった。
それどころか、むしろ長い歴史にわたって、
日本を〈きびしく〉見つづけてきた地域であったといえよう。
そして〈遅れている〉どころか、反対に日本の行く先を
きわめて暗示的に先取りしてきた地域社会であるともいえるのだ。
要するに、今日の時間的距離の観念や
これと表裏一体となった経済格差思想などでは、
沖縄をとうてい理解することができないばかりか、日本人自身が
出口のない袋小路へ入ってしまうであろうことを教えてくれるのが、
今日の沖縄の空間であり人びとの生活であるといえよう。
〈建築文化〉象グループ・沖縄の仕事　1977年

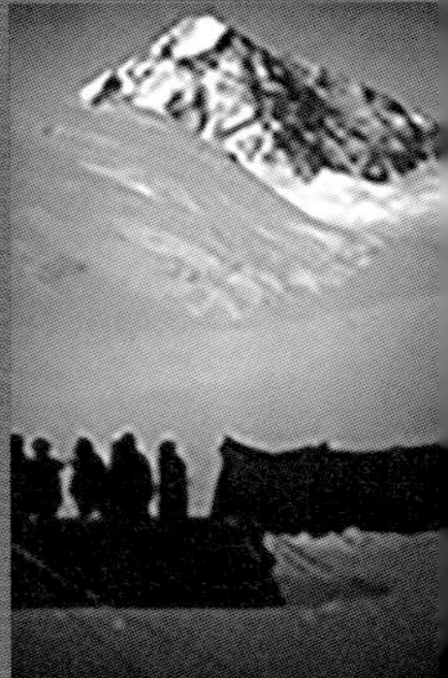

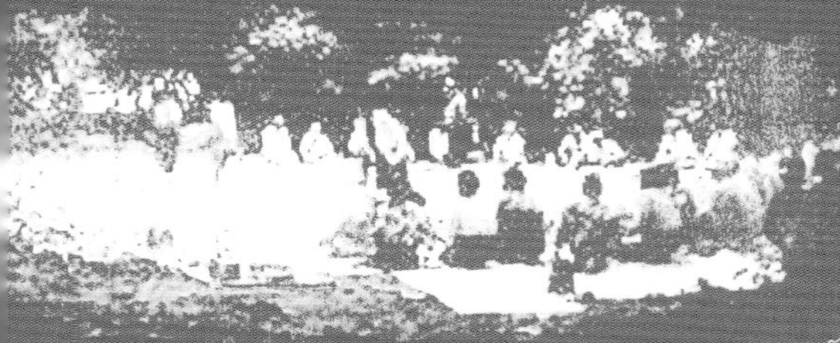

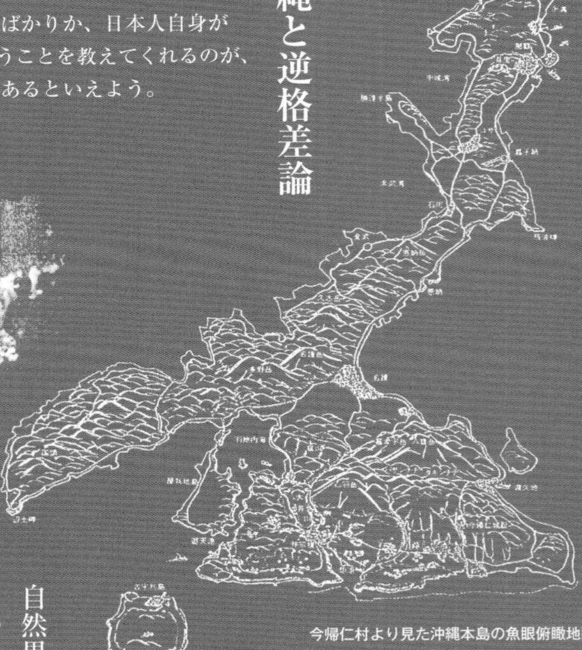

今帰仁村より見た沖縄本島の魚眼俯瞰地図

山の無言の教えがまた私の良心を育てる。
美的感覚を、詩情を養うと共に、
そこでの困難を乗り切るための
正確な技術を習得していった。
するとますます山に戻ることが、
私の良心をたてなおす機会になっていく。
〈私、海が好きじゃない〉1973年

自然界は
もっともっと厳しい
人間にいわせると
厳しい世界なのだ。
情け無用なのだ。
その中へ友愛などと
持ち込もうと
いうのだから、
これこそ人間が
人工的につくれる
最大の難事かもしれない
〈新建築〉1976年

スイス・アルプス　1970年

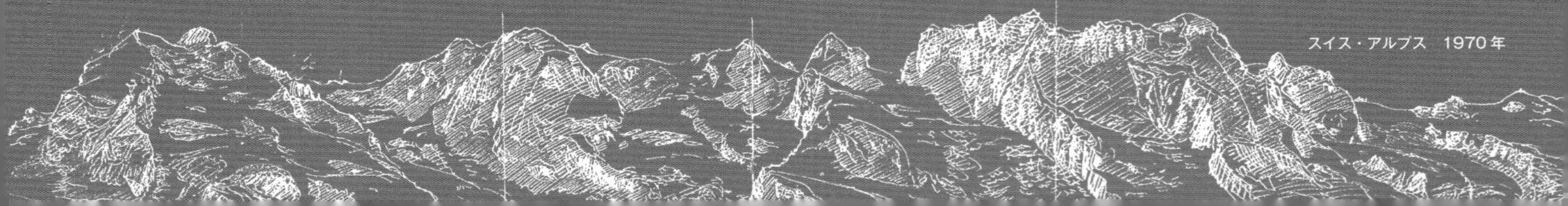

見晴らし先の説明をした銅板を
四方の景色を薄肉彫りにして
展望台などにときどき見かける。

それはもっとも人間の尺度に
合わせた地図である。
人間の目による直接の認識を
そのまま素直に表現しているからだ。

魚眼レンズで写した地図は
記憶の中に残った姿として描かれ
その中に心の印象をとどめている。

自分の周囲についての認識は、
地図を描くことで確かめられる。
その描かれ方で世界観が示されるし、
その表現は芸術ともなり得る。
そこに記録されることは思い出であり、
蓄積された業績を示す。
そして地図の枠は、
人に視点と視野を変えさせ、
寸法の取り方によっては
価値観の相違に影響する。

魚眼レンズの世界把握

［魚眼マップ］
ある街に住む人々の、狭いが濃密な視覚を理
解するための提案。これはある点を中心にし
てメルカトール図法を放物面に転写し、その
歪みを平面に投影して作成する。ちょうど魚
眼レンズで眺める視覚のように、身の回りは
濃く詳しく、遠ざかるにつれて急速に薄く疎
くなる。生活者の環境への関心、郷土観とい
うものが地図に浮かび上がる。

10⁴

時間スケール［1万年］
距離スケール［10キロメートル］

都市　焼け跡（行動圏）
社会距離（行動圏）
家長的世界　道具

東京に大震災の来る周期は近づいているようだ。
それを避ける手段は今のところない。
大変な犠牲の出ることだろう。
その被害者のことを考えるとためらわざるを得ないが、
今のところ東京を新しいシステムに切りかえるためには、
その災害を待つほかないだろうか。

〈技術と人間〉1973年

震災の夜の印象

焼け跡の記憶

新宿百人町の焼け跡。吉阪のスケッチ

天は二度まで火を以って東京の人々を驚告したのに
この人々はまだ目覚めない。
海の水が来るまでだめなのだろうか。
水害が都心を埋める時だろうか。
世界の人々の組み立てしまう
やり方や古い処理方式では根底から変わったのだ
もうどうにも処理できない時に来ているのだ
その時には新しい器が必要なのだ
新しい思い出をつくるという
建設的な活動がいるのだ
これを希望という

〈ある住居──一つの試み〉1960年

山手線内を緑にする方策や手順については
いろいろ考えられるところだが、
21世紀へ向ける巨大市街地再建築として
この森林化作業は是非とも必要なことである。
週末を山手の森で過ごすなど
悪くない楽しみだと思うのである。

〈21世紀の日本・下　ピラミッドから網の目へ〉1972年

山手線内蔵化

東京緑図 2001年　1972年

東京にキメを

東京キメ計画。昭和の森。海上公園

昭和の森計画（山手線内緑化）

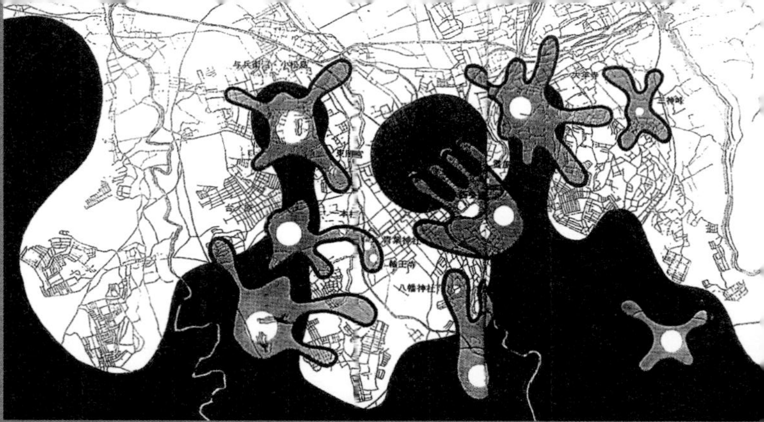

仙台計画「緑の手」
青葉山を掌にして、広瀬通り、青葉通りなどの指が市街地にのびる。

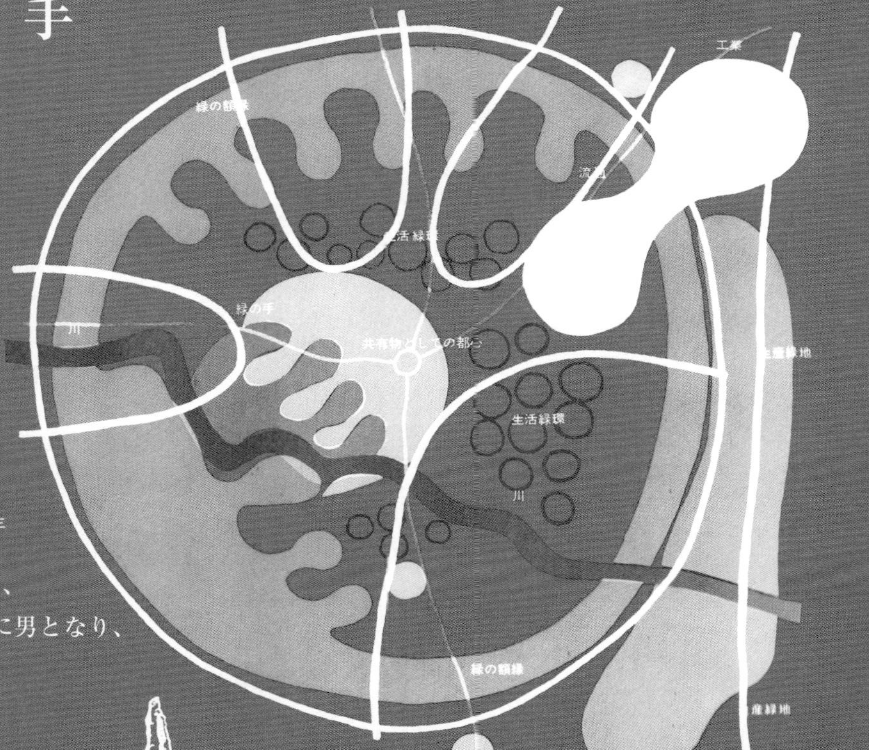

仙台の組み立て（構想）1973年
環状道路と緑の最縁に囲まれる。
中央の共有体を「緑の手」がつかむ。

いろいろな動物の巣（住居学汎論）

緑の手

杜の都にふさわしく、緑地で描く。
すなわち、都市全体をくるむ〈緑の額縁〉、
住宅地内をつなぐ〈緑環〉、こうした
緑の鎖で都市を国土を区切って、
その中にいる限り自分の住む町を目で確かめられ、
緑環を歩いて公共施設に行くことで
足で測り、肌身に感じさせることだ。
〈杜の都・仙台のすがた その将来像を提案する〉1973年

何万年も前に生み出された住居は、
今日から見れば幼稚だったかもしれない。
しかし、その形を生み出した構想力においては、
如何にも幼稚であり原始的であり、
いわゆる文明人のそれに比して、
かなり劣っているならとしても、
今日もなお一歩も進んでいないのを
発見することが多いのである。 
〈探検 第一巻第二号〉1942年

80万年前の人類誕生の頃から今日までを眺めて見ると、
4万年ほど前石斧がはじめて作られた頃から次第に男と女となり、
1万年位前から家長となって支配しはじめ
今日への文明や文化のみちを歩んで来たといえよう。
その結果がこゝ百年程に急速な発展を示し出し、
自己分解を来たしつつあるといえる。
小さいところではこうした生成発展崩壊は何度も繰り返された。
だが今日は全面的な動きだ。
〈国際建築〉1964年

オオヨシキリの巣

43

10³

時間スケール[1000年]
距離スケール[1キロメートル]

大島・元町計画　まちづくり

個体距離(居住圏)

集落　山原

文明　ギルガメッシュの神話

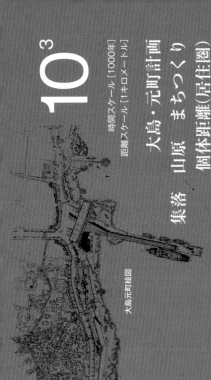

大島元町絵図

裏喜屋集落の図

〈建築文化〉重村力 1977年

村づくりの最大の原動力となるべきものは集落のコミュニティである。

最も感銘深いものは、集落の完結性とその美しさであった。

集落配置が山ひだの水系や浜の分布と一致する北部(山原)では、その明快さは顕著である。

さらに、さまざまな人会い的・自給的なストックと、地域とは

生活を通じての共同性が人々の生活を支えており、実態である。

人と環境との、人と人との緑目として組み立てられた

イエとは小さなムラであり、ムラとは大きなイエである

発見的方法

〈都市住宅 特集：発見的方法〉1975年

地井昭夫 1974年

下北半島の村

ムラの内部に目を向けると相手と結び合う「手」(港)、

これに連続する相手を迎え入れる

「ふところ」(作業場、ミチ、広場、神社の境内など)をもっている。

人が集まり住むところは、必ず「手」と「ふところ」をもつものである。

これらの小さなムラにあっても大きな比重を占めている、

生活全般にわたっても大きな比重を占めている。

〈日本の未来設計：21世紀の日本列島像〉大竹康市 1970年

〈発見的方法〉1975年

大島でのまちづくりは、自分たちの問題であると気がついた。

大火による焼失と区画整理による住宅復興という2つの出来事は、都市計画や将来計画といったものが住民に大きな動揺を与えると同時に、自分たちの住むまちの中にひそんだ大地やエネルギーからたくましい条件や火山の中地を生き生きと活かし、海に生き抜いてきた住民という火と水の問題でも大きな方向を与えてくれた。

ヨーロッパ人が、ヨーロッパの歴史の話をする時に
エジプトからギリシャ、ローマといって、
それで中世はちょっとはしょってルネサンスへいってという、
そういう筋書きをしていることが、
なんか嘘くさいというような感じがしていました。

ギルガメッシュレリーフ
杉の森の怪物フンババ

古代中国では円くて角い造形を生み出した時、
統一へつながっていったのではないでしょうか。
それが饕餮（トウテツ）の姿でもあるのです。
欲張りのこの怪獣は両者を含んでしまった姿をしています。
要は自分らの昔からこだわっているもの、
それは自分からの生命と考えるものなのでしょう。

〈朝日ゼミナール第27回
「現代建築の再構築：新しい出発点に立って」〉1977年

饕餮食人卣

生活の営みの過程で、人々は無数のなにげない地形に
さまざまな想いをこめ、意味をこめて暮らしている。
方言地名は、特定の集団が共有している
よそものには意味を理解できない地名と、
その土地・地形・景観に着目することにより、
生活者にとっての地域空間像を捉えようとする試みである。

〈都市住宅〉平井秀一 1975年

ギルガメッシュ叙事詩

紀元前2000年頃のギルガメッシュ叙事詩を読んでみますと、
文明とはなんぞやとか、
男と女とはなんぞやとか、野蛮と文明、
秩序と混沌とはなんぞやという
おもしろく物語にしているような気がいたします。

〈朝日ゼミナール第27回
「現代建築の再構築：新しい出発点に立って」〉
1977年

まさにギルガメッシュにも
生きるとは死ぬ時になって気がつく
文明でもなし死んでもなし
野蛮でもなし
私が残したものは
最後に生命の名残を
残すものなのだという
それを解釈して
おるわけであります。

『ギルガメッシュ叙事詩』粘土板

〈朝日ゼミナール第27回
「現代建築の再構築：新しい出発点に立って」〉1977年

文明論的視点

私たちは今までの、先進とされていた文明の摂取に追われていたので
本当は違和感をもっていたというところでしょうか。
これに日本本来のものを含ませることが今から進むみちではないでしょうか。

〈朝日ゼミナール第27回
「現代建築の再構築：新しい出発点に立って」〉
1977年

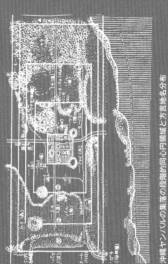

沖縄ヤンバルの集落の段階的同心円領域と方言地名分布

10²

時間スケール [100年]
距離スケール [100メートル]

ある学校　都市の隙間　歩行尺　建築家
道　日常生活圏
家系　人生

海星学園　南側グランドより　1958年

光を必要とする所
風を必要とする所
眺めを必要とする所

それをそれぞれが一番端的におこなうような
それぞれが独立して一番よく果たされるように

垂直の交通　水平の活動　静的空間　物を置く所

それぞれに適した形にすればよい。

姿にしたらよいではないか。

〈近代建築〉1959年

建築の設計は、世界観、人生観にはじまる。
それを形を姿あるもので表現しなければならぬ。
通常の平面、立面、断面では表現しきれない。
最後には肌でふれる材質と、
そのすがたに頼るほかがあるまい。
〈ハラみる居〉1975年

カニアルキ　スケッチ：樋口裕康
カニアルキ基本動作 one-Two
one.Two とニラむ

〈吉阪隆正集16付録〉樋口裕康 1985年

楽しい歩き方に、
これはどっちや先生の発明らしい。
街の立面がよくみえるというのが
メリットらしい。

街を歩く。
新宿で飲み、
百人町のある住居まで歩く。
吉阪先生を先頭に
十五人ぐらいが並ぶ。
街をみるというのでは
ない。お祭り騒ぎである。
多い時には
横一列になって、
カニ歩きがあった。

アルキテクト（歩きテク人）

都市の隙間

都市の隙間は、泡と泡、泡と器、
器と器の間の矛盾と出場、
平衡感のネガティヴな空間の
様態の仕組みである。
〈都市住宅特集：発見的方法〉1975年

新宿盛場街路網分布図

歩くことによって
まちの断面を、生活を
肌で感ずることができる
〈都市住宅特集：発見的方法〉1975年

都市の隙間群のパターン

道は自然の廊下
松嶋義憲

品川一雷門の実験　80〜130メートルがあきない距離
500メートルが歩いてつかれない距離
〈都市住宅特集：発見的方法〉1975年

かいわい

界隈とは、
街のにぎみは、都市の像であり
人々の心の像として
また人々の心の欠かせぬ部分としてあり
日夜、そのすがたを生々変わらせている

まだ半分残っている
もう半分しかないや
私はいつも、同じ状況でも
これに対する心の持ち方で
異なった情況を呈することを、
そして私はこのニコニコした
男の絵のようであると見て来ました。
男の説に従いたいと思います。

学部長告示（告示録）1969年

「まだ半分のこっているよ」「もう半分しかないや」1969年

メビウスの輪

表裏一面はまったく平等の
二元論的対立からの脱却

メビウスの輪というものをご存知だろうか。
帯状の紙をひとひねりして輪になるようにつないで
できた形を考えていただければよい。
この輪は表と裏の境界がない。
よじれているため、内側にか外側に出てしまう。
いつの間に表と裏を辿っていくうち
何か人生を教えられるような気がする。

〈FM東京の放送原稿〉1978年

矛盾の中に生きて
その矛盾の克服を求めることが
案外人生なのかもしれない。

〈アルプスの村と街〉1973年

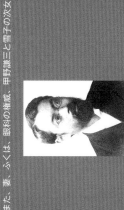

メビウスの輪いろいろ。

緑の触手と緑の環

市街地や周辺の山、川、原の緑地から、
街にのびる緑道は商店街、公共施設、
学校、寺社などの異質な空間を
連綿として生活緑環をつくる。
この触手と生活緑環は区切りと
まとまりを意識させるばかりではなく、
景観的な連続、多様な
都市活動を支える歩行者路、
日常の憩いの場、災害時の
避難路や避難場所などを獲得する。

《都市住宅特集・発見的方法》1975年

今更「建築家の主体性」などと
叫んでみたってナンセンスである。
それより人類の各個人の
主体性の確保のほうが
もっともっと求められているものなのだ。

《建築文化》1957年

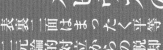

広瀬川99年様化計画

蘭学者箕作阮甫

母、花子の箕系は、江戸の蘭学者、箕作阮甫から出た
近代以降の学問の一学問の家元と呼ぶにふさわしい一門である。
花子の父は、動物学者、箕作佳吉。

内務官僚の父、俊蔵は代々酒の造り酒屋
また、妻、ふくは、眼科の権威、甲野謙三と雪子の次女。

母方の祖父：箕作佳吉

時間スケール [10年]
距離スケール [10メートル]

ある住居　バラック
樹木　内と外　人工土地

斉場御嶽

美しい環境であり、丘のシルエットを前したくない。
素人の工事だし、工期も短いから
造形からつくってゆき、
かかれるように地を造るような
同時にこんなことから、一匹
絡み合って二匹の大蛇
限界の長さを決めればよい。
体力の面から長さを決める。
図面は描かないことにする。

〈近代建築〉1963年

自力建設

波照間の碑。全長60mの絡み合う二匹の大蛇

〈波照間の碑〉自力建設メモ　大竹康市 1971年

上を仰ぐごと、天は洞穴の入口に切り取られ、
亀裂のシルエットをつくっている。
空の動きにつれて太陽の光がときを差し込む。
クモの巣をつれて太陽の光がとらえてキラリと光る。
足元では湧水のしたたりの音。
裂け目の奥から風が吹き上げてくる。
「これが建築なのだ」と胸がしめつけられる。

〈建築文化〉大竹康市 1977年

呼吸する外皮

アサギ　神を招き入れる場

上：ガジュマル　下：アダン

虚と実の転換

雨が降ってきた。
バナナの葉を一枚もいで頭にかざした。
バナナの葉は水にぬれて緑にさえている。
バラバラと雨のあたる音がひびく。
バナナの葉のかからない空間ができた。
雨のかからない空間に居る者は雨に当たらない。
この葉をさして歩くと葉先がゆれる。
この光とこの音の下に居る者は雨に当たらない。
トトトと葉の上の水が落ちる。
ゆれるたびに葉先の水が落ちる。
相当な雨らしい。

新しい空間とは、こんな風にしてできるのだ。
おそらく傘は住居になり、傘は屋根になり、
屋根の公共の場所になっていった。
諸々の公共の場所になっていった。

葉っぱは傘になり

木々は夫々の姿を
夫々の法則に従ってとっているのに、
全体としての森も又一つの性格を
形づくって一さいにしている。
木の葉や花も夫々独立しても美しいが、
一本の木となって別の美しさを表現している。

〈今和次郎先生古希記念文集〉1958年

緑の充満した村落の中で、
青空に向かって抜けている、そこだけは空がある。
ポトナ広場の片隅に木を
キチの空間があり、
まつる場所である。
虚の空間である。

屋根とし四本の柱で
それは沖縄の
その空間が
原型で
香が、だから
はアサギのいる
もないか

〈虚と実の転換〉沖縄ドミノハウス論　重村力

私たちは生を続けようとしている。
この生存のための行為そのものこそ生活なのである。
その生活の場として住居があり、その住居の具体的な形、
容器として、又道具として住居がある。
この住宅を中心に行われるのが私たち住生活である。
そして住生活が住生活全般の基幹となっている。
〈住居学汎論〉1950年

吉阪自邸ヒロティ

バラックはとりはらわれ、
町は人工の土地に住むようになった。
私は人工の土地に、空中に住むようになった。
そこで広くなったこの土地に、空中に、
大地は緑をとりもどし、
再び自然の姿をとり戻した。
人々は何の邪魔もされないで静かである。
緑の木立ちが、この人工の土地をとりかこみ、
人工の土地に住む子供たちは、自由へ楽て遊ぶ。
〈ある住居——一つの試み〉1960年

人工の土地は、コンクリートだけでつくられるものではない。
あらゆる材料、あらゆる設備、いや人間のあらゆる知恵を結集して、
人間のためにつくられるべきだ。皆が住みよくなるような、
調和のとれた、美しい、楽しい生活を求めて、努力を惜しまない。
〈ある住居——一つの試み〉1960年

当時の吉阪邸バラック 1948年

住居は個人の自由と集団の利益との
境界線の存在であらねばならぬのである。
1954年

人工土地〈ある住居——一つの試み〉

吉阪自邸階段

「これはおもしろい作品だ。ただしタ、
おまえでなくては住めない家だ。」
ル・コルビュジエ 1960年

吉阪邸を訪れたコルビュジエ 1960年

時間スケール [1年]
距離スケール [1メートル]

吉阪隆正

個と集団

四季　生活

等身大の世界　身体尺

個体距離　身体尺

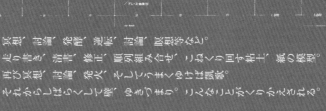

プレファブのU研究室〈作図：吉阪正光〉

冥想　討論　発酵　逆転　討論　瞑想学など。

走り書き　清書　修正　順列組み合せ　ひねくり回す　粘土　紙の模型

それからしばらくして壁にはりめぐらしてゆきづまり、こんなことがくりかえされる。

再び冥想　討論　発火　そしてうまくゆけば凱歌。

〈今日の建築〉1960年

アトリエでは模型と図面を真ん中に囲んで、何度も何度もディスカッションをして案を練る。

あるアイデアが "これはいけそうだ" という
充実した気持ちをグループ各人にもたらすときは、
理屈でなく身体全体で受けとめられるときである。
〈建築学体系39〉1959年

〈スタスタと呼んでいる集団印紙を手に
どこでもスケッチをする〉

ものをつくるときはそのものに生命を移すことだ

〈生活とかたち〉1980年

ATHÉNÉE FRANÇAIS

アテネ・フランセのマークとロゴ

私はドン・キホーテなのか？

〈国際建築〉1964年

物の怪におびえて槍一筋に風車に向かう
ドン・キホーテのようなことになるのかも知れない。

しかし何もわからない今では、
それを試みるより他に手はあるまい。

ヴェネチア・ビエンナーレ日本館のレンガ壁刻台

ヴェネチア・ビエンナーレ日本館の現場で
吉阪とカヤー

東京の雑然さを思い出す郊外住宅。
資本主義、個人主義、個人ばかりあつめた様な所。
てんで、写生しにくくならない世界
それでも子供らは舗装された道路に何か描いていった。

パリー 1950〜1952 1951年

鼻のまき30インチのところ、
私自身の鼻のきさきだけが行く。
そこにある人の触れない空間は
見知らぬ人よ、寝室以外では
観しむための粗野ども踏み込まぬよう
心せよ、伝統を持てよともかくは
つ私はここに招くまなざしで
私のベクタス、私の領地だ。
く吐くことはできるのだ。

「フロローク 建築の誕生」W・H・オーデン

私たちは、やはり私たちの肉体にあったような範囲内で、
見通しの効く世界で行為したい。
考えるにしても、つくるにしてもその全体系を
自分の中に把握できるような世界が欲しいのだ。
このようにして近代人は結局二つの世界に住んでいる。
人類という大きな集団の中での生活と、
個人という小さな宇宙の中とで、
住生活は先ずこの個人の小さな世界のためにある。
そして一番大きな世界に至るまでの間の幾段階かを大凡含んでいる。
その最小単位が夫婦なし家族である。

《住居学沢論》1950年

私の家族とそのつながり
(白く塗った人だけが一緒に住んでいた)

上一方は親指、他方は四指を合わせた形
二の部はひじ
身体尺に由来する尺寸

吉阪自邸書庫のリオナカのタイルレリーフ

226
183
113

140
86
113
70

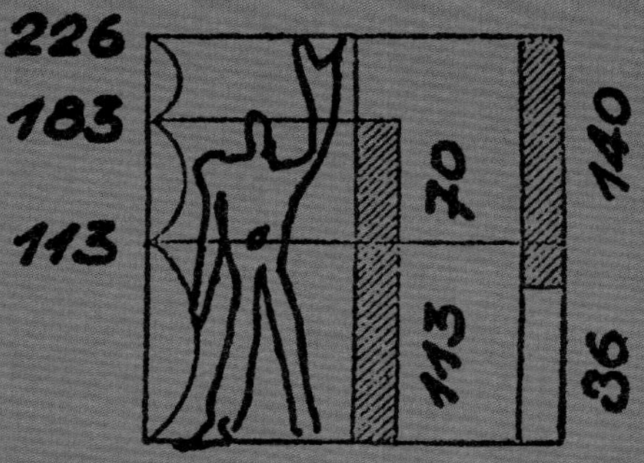

ル・コルビュジエのモデュロール

年
という目盛は主権が人間の人体にあるというよりは
天然の動かすことのできない現象
規則的な現象を読むことによってもたらされた
何かしら客観的な時間の長さである、しかしこの時のスケ
ールは人間の生命の運用に一つの知恵を与えてくれる。

[人間尺度論] 戸沼幸市 1978年

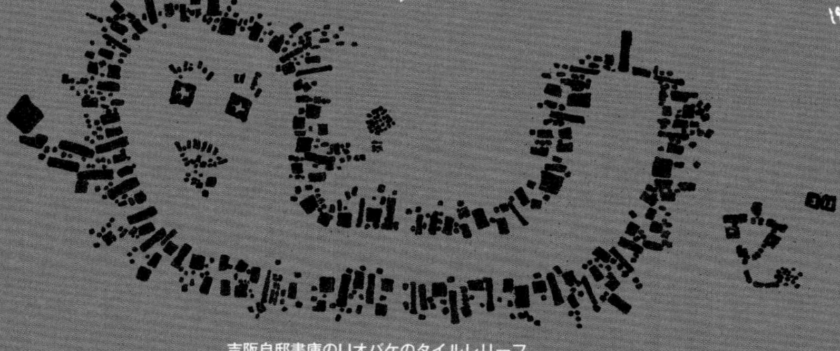

江津市庁舎の木製手摺。階段表示

10⁻¹

時間スケール [1月]
距離スケール [10センチメートル]
素材　手で考える
ディテール　現寸
密接距離
月のみちかけ
吉阪のひげ

ディテールには二つの面がある。
そのひとつは、
ディテールの持つ表情であり、
そのもうひとつが、その裏にひそむ心である。

〈ディテール〉1972年

吉阪像〈一筆描きの夕カ〉1979年

1980年11月18日、
吉阪は死の1ヵ月前のメモに
ナスカの地上絵のような
直線的に閉じた一筆描きの
自画像を描いている。

まばらな長いあごひげをゆっくりと
二、三度軽くさすりながら、
ややうつむき気味に、
「やはり愛です」。

愛がなければ都市は良くなりません。
〈建築文化〉山田修二　1981年

吉阪の手形。浦郷綾工時 1956年

手がふれ　肌がふれる実感としての建築との対話

原寸図での線はね、
空気とモノとの境界なんだよ
大竹十一

ひげを生やして10年余りになる。

その10年間の経験で、少なくとも感謝している事がいくつかある。

この頃の若者の流行を追っているのでないことを証明したいので一言書いたが

私位の年輪のものがひげを生やしているので

すぐ覚えて貰えることや、すぐ見つけ出してくれること。

だがそれらは相対的なことに

もう一つ、誰も気付かないことに

バーやキャバレーの女の子が皆が生やせば役に立たなくなる。

しかし、ひげを生やしているあなたの歯どうになるかしら。

私がもう30年も前から歯医者に行かなくてもすむようになったことが。

と手当をしてくれたことがある。

それはこのひげを生やして以来、歯も悪くすることがなくなったのだ。

そういう関係からで、医者にも大いに考えて貰いたいものだ。

自然というのは、誠によくできているものだと感心している。

セミナーハウス本館押し手

江津市庁舎の床の瓦タイル

〈環境装備〉1973年

月は確かに東から西に向かって進んでいる。
だが月というのは自分から光を出していない。
おまけに24時間で1周するのでもない。
ちょうど50分ぐらいおくれるのだ。
そこで新月から半月、満月と毎日観測していると
はじめは西のほうにあらわれ、毎日東のほうへ向かって行く。
そして満月になって東の地平線から出てくる。
それからまた細くなるに従って昇るものも、
その位置が西から東にうつって行く。
だからおれは月は西から東に向かっているというのだ。

（かんそうなめくじの弁）
月は西から東へ向かう 1971年

国際セミナー館の屋根（部分）

ガリレオの月の水彩画 1616年

太陽は月と会う約束です
月はそこにいます
月はそこにいます
けれど太陽には見えません
夜でなければ見えないのです

だれが人間を
創ったのだろう

受胎後翌日、
胎児は変身をはじめる。
魚類から両生類、
そして爬虫類へと……
《胎児の世界》三木成夫 1983年

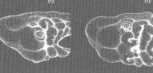

32日
34日
36日
38日

ヒト胎児の顔の変化

Le soleil a rendez-vous avec la lune

La lune est là

La lune est là

Mais le soleil ne la voit pas

Il faut la nuit pour qu'il le voit

一年をおおよそ12等分して得る1ヶ月というタイムスパンは、
そのなかでは人為的なものとのといえるが
成人女性の生理とはほぼ見合っている一つの体内リズムである。
われわれの生活にあって月とは給料を受けとるという
形の経済上の締めくくりを表す単位である。
といって月に一度の休みがあるわけではない。
月はそのタイムスパンよりも1年に12の切れ目を入れているということ。
1年のタイムスパンをその12の切れ目のいずれかしら始めてもよい。
年の運用をその12の切れ目からでもよいという点にかなりかなり作り用事変化か
正月からでも四月からでもよいという点にかなり大きな意味合いがある。
1、2、3、4、6の倍数である12という数が作り出す点であるはずであった。
いかにも生活を豊かにする点であるはずであった。
《人間尺度論》戸沼幸市 1978年

吉阪家の墓。
現場での吉阪と書家の篠田桃紅 1959年

10^{-2}

時間スケール [1日]
距離スケール [1センチメートル]

質感　触感
かんそうなめくじ
感覚尺 (目・耳・鼻・口・皮膚)
地球の自転　昼と夜

人類がこの地球上の
じめじめしたところを
だんだんなくして
しまったので、
われわれなめくじも
こんな風に変態を
余儀なくされたのだ。

〈かんそうなめくじの弁
日本万博に期待する〉1966年

ぼくはただ世界がその原初の混沌に戻って
ただ日本人だけが少しばかり質ぐて　混沌と秩序を忘れ
あまり完璧だというけなくって傘を徹底して
西欧の考えのとおりになってしまったから　果たしてそれだけの知恵があるかな
合理化に反対なんて唱えるものもいるから　大丈夫かもしれない
有限の世界にいることを悟った古代ギリシャの人びとのように
無限を望まない方がいいんだ

ぼくはただ待ち望んでいるんだが
われながら危ないもんだ

〈かんそうなめくじの弁
月は西から東へ向かう〉1971年

かんそうなめくじは、
饕餮(トウテツ)の親戚なのかも知れない。
青銅の中に鋳こめられた饕餮のように、
笑いながら泣き、泣きながら笑って、
かんそうなめくじもまた。
貴土のあの広い風土をこよなく愛する。

〈遺稿 1945かんそうなめくじ・ふるさとを求めて〉

饕餮文　商王朝の儀武容器側面

乾燥なめくじ
字：大竹十一

今、吉阪はかんそうナメクジだ。地の底を、ごそごそ這いまわる。
空の高みから、地球を俯瞰し、世界を見つめる。
旅に終わりはない。くりかえし、くりかえす。

〈始祖鳥蘇る〉樋口裕康 2015年

私自身も作る仕事に
ばかり選んでいく
カタツムリの先に妙なアンテナ
角のいちばん先端に眼の玉が
いつも振り回している
自然の法則とでもいう
出会わしたのかも知れないのです。
湿地が発達し、そこに静かに
所謂進化するに

〈郊外住居工芸〉今和次郎 1925年

そしてまた一夜明けた。
月は昨夜同様美しかった。
野獣の鳴き声も盛んに聞かれた。
竹小屋のなかで焚き火をして朝食とする。

〈アフリカ横断1万キロ〉1958年

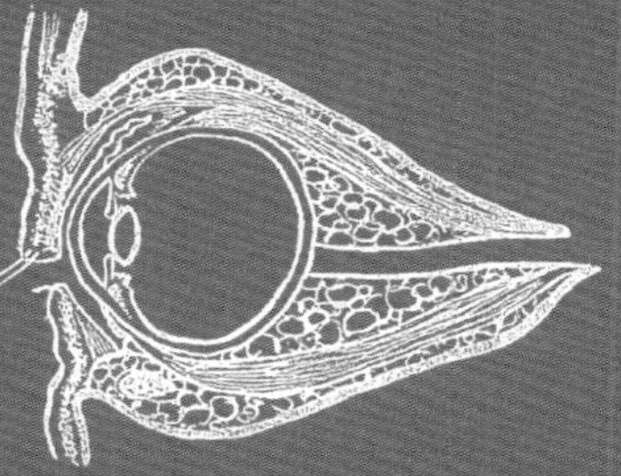

眼！
眼がなかったら
世の中はどんなであろう？
〈住居学汎論〉1950年

動物的嗅覚

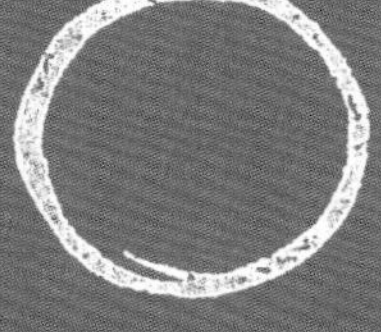

素材そのものの
触覚性から出発して
面の一分一厘を争う
原寸作業には
現場でなければ
できないという面もある

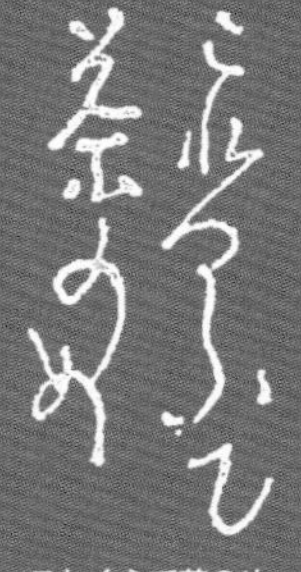

これくふて茶のめ　仙厓

昼と夜、生と死は人間と時の基本的関係である

真の闇—暗黒—宇宙の無限を知らないわれわれは
夜の夢想のなかでそれに向かう糸口をつかもうとする

人間が空間と時間の世界から離脱出来ぬ限り
時間の概念は変化しつづける。
1分60秒の価値や意味が複雑に揺れ動く。
1時間60分が長くも短くも感じられる。
また成長の時間、新陳代謝の時間、
宇宙自然の中で繰り返される時間のサイクルの中に
時間の新しい概念が組み入れられてゆく。
〈『建築』有形学へのアプローチ〉1971年

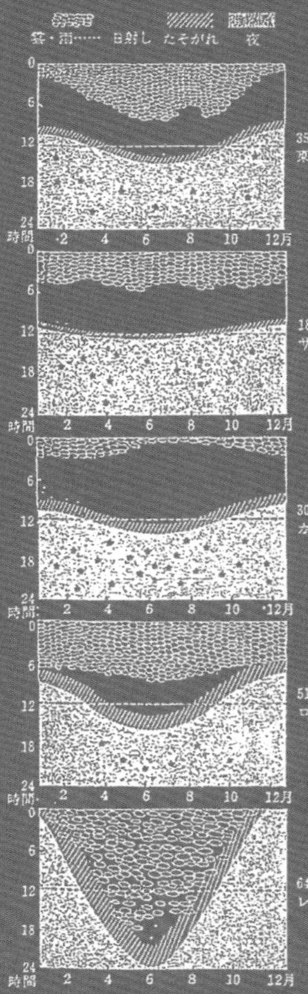
雲・雨……　日射し　たそがれ　夜
35°北 東京
18°北 サン・ホアン
30°北 カイロ
51°北 ロンドン
64°北 レイキャビク
時間
月
昼と夜の分布〈建築〉1967年

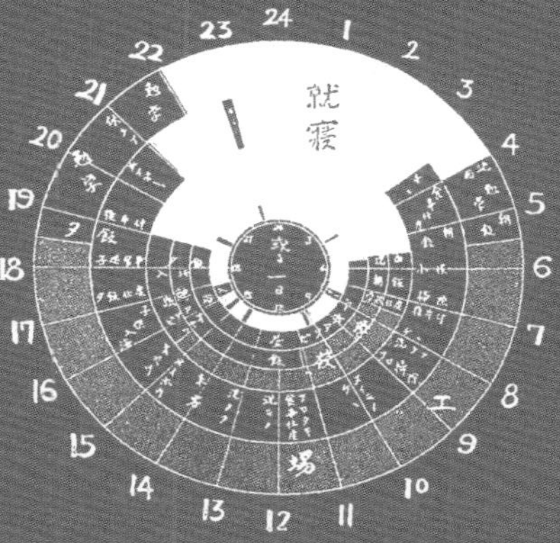
就寝
1943年のある工場労働者の家族の一日
（今和次郎調べ）

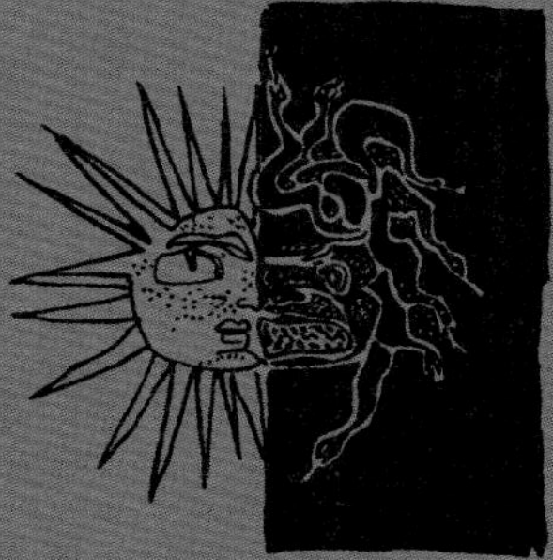
昼と夜の面 ル・コルビュジエより

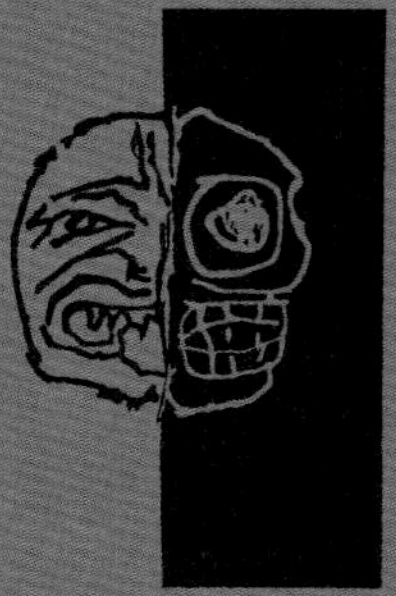
生と死の面 古代メキシコの土偶

人体の一日性は
生涯にわたる人体活動を
自律してゆく上での
絶対的なベースである。
その意味では
人体の一生性と対である。
『人間尺度論』戸沼幸市　1978年

吉阪隆正：年譜

アルキテクト編・文責

凡例（吉阪隆正）
　出版
　建築
　地域計画

1歳の時、両親と一緒に

	1889	父・吉阪俊蔵　兵庫県灘の造り酒屋に生まれる
	1897	母・箕作花子　動物学者、箕作佳吉の次女として誕生
	1915	吉阪俊蔵・箕作花子結婚

1917～1933 誕生―幼年―少年／ジュネーヴ

第一次世界大戦（1914～18年）	1917（0歳）	2月13日、吉阪俊蔵・花子夫妻の長男として、東京市小石川で誕生
ロシア革命		
国際連盟発足	1920（3歳）	
	1921（4歳）	父親の赴任先・国際労働事務局のある**スイス・ローザンヌ、そしてジュネーヴへ**
関東大震災	1923（6歳）	スイスより帰国、**豊多摩郡大久保百人町**に住む
		暁星小学校入学
前川國男、ル・コルビュジエのアトリエ入所（翌年帰国）	1928（11歳）	俊蔵　国際労働機関（ILO）に就任
世界大恐慌	1929（12歳）	家族とともに**再びジュネーヴへ**
満州事変	1931（14歳）	ジュネーヴ・エコール・アンテルナショナル入学
ポール・デュプイ先生と出会う		
	1932（15歳）	**デュプイ先生、国境のない地図の授業**
日本、国際連盟脱退	1933（16歳）	エジンバラ大学の教授宅に単身寄宿（約半年間）
		秋、ジュネーヴに戻り、家族より一足先に**日本へ帰国**

吉阪12歳、妹よし子、弟昭治とともに

1922年

1934～1945 東京／早稲田大学入学／応召―結婚―終戦

同潤会江戸川アパート竣工	1934（17歳）	ジュネーヴより帰国した家族と、百人町に住む
土浦亀城邸竣工	1935（18歳）	早稲田高等学院入学、山岳部入部
パブロ・ピカソ、「ゲルニカ」を描く	1937（20歳）	
	1938（21歳）	**4月、早稲田大学建築学科入学**
第二次世界大戦勃発	1939（22歳）	**今和次郎**先生の指導で、農村および民家の調査
		木村幸一郎先生に同行し、北千島学術調査隊参加、主に北千島の住居・建築について調査
「ロココ様式ニヨル室内並ニ家具」（「早稲田建築学報」第17号）	1941（24歳）	**北支満蒙調査隊**参加、**十代田三郎**先生とともに調査
「自然環境と住居の形態」（「探検」第2号）		3月、**早稲田大学建築学科卒業**卒業設計「厚生環境下型中央会館」
		4月、早稲田大学建築学科教務補助に就任
	1942（25歳）	8月15日、**応召**姫路の砲兵隊をはじめ、佳木斯、奉天、新京、公主嶺を点々とする
第二次世界大戦終戦	1945（28歳）	5月25日、百人町の家が5月の空襲で焼失
		7月28日、甲野富久子と結婚
		朝鮮の光州で終戦を迎え、木浦より船で唐津、別府などを経て東京へ
		日本女子大学**住居学科講師**に就任

早稲田大学卒業時、家族とともに

関東大震災

応召を受け、大陸で

1946～1949 今和次郎／早稲田大学／雪氷学会／住居学汎論

「銀座消費観興計画」および「渋谷消費観興計画」コンペ1等	1946（29歳）	4月、東京農業大学講師に就任
		7月、長男・正邦誕生
		11月、**早稲田大学専門部工科講師**に就任
		コンペの賞金で方南町にあった小さな小屋を百人町へ移築
		百人町で**バラック**生活を開始
		早稲田同期生に百人町の土地を開放（**土地はみんなのものだ**）
日本国憲法施行	1947（30歳）	4月、**早稲田大学専門部工科助教授**に就任
早稲田文教地区計画		
	1948（31歳）	2月12日、今先生を百人町の**バラック**へご案内（今先生、バラックを写生）
		3月、次男・正光誕生
	1949（32歳）	4月、**早稲田大学第1・第2理工学部助教授**に就任

1951年頃、パリで

1951年8月15日、マルセイユ現場

1950～1953 ル・コルビュジエとの出会い

朝鮮戦争	1950（33歳）	9月25日、第1回フランス政府給費留学生としてパリへ
『住居学汎論』相模書房		日本館学生寮（別名・薩摩会館）の22号室で生活を開始
		ル・コルビュジエのアトリエに勤務
		フランス国内自転車旅行
	1951（34歳）	**マルセイユ・ユニテ**の現場監理
	1952（35歳）	**ナントの住居単位**の設計
		マルセイユの住居単位の現場監理
		仕事の合間をぬって、フランス中を自転車で走りまわったり、人類博物館を訪ね歩く

「わが住まいの変遷史」より

第8回CIAM会議（イギリス）出席
ヨーロッパの建築事情を日本に精力的に報告
マルセイユ・ユニテ竣工を機にアラブ経由で帰国
（途中、インド・チャンディガールへ）
11月、早稲田大学に復職
自邸の設計を開始

エベレストにエドモンド・ヒラリー登頂　　　　1953（36歳）　**日本山岳会**理事に就任
小津安二郎監督『東京物語』
『パリ 1950-52』相模書房
『モデュロール』
ル・コルビュジエ著（訳）美術出版社
及川邸

1954年　大学研究室

吉阪研究室の創設メンバー：大竹十一
瀧澤健児、城内哲彦、松崎義徳

1954〜1956 吉阪研究室（U研究室の前身）創設

5月、ヴァルター・グロピウス来日　　　　　　1954（37歳）　早稲田大学建築学科の校舎内に
『ル・コルビュジエ』彰国社　　　　　　　　　　　　　　　　　設計アトリエ**吉阪研究室**創設
『住居論』（建築学大系1）彰国社　　　　　　　　　　　　　　**日本雪氷学会**理事に就任
『商店』（建築学大系31）彰国社
ブラジル・サンパウロ・ビエンナーレ
第1回設計競技1等
台湾・東海大学計画 国際設計競技1等
国会図書館計画
AIUビル計画

第4回ブラジル・サンパウロビエンナーレ
今井兼次、武基雄と

広島平和記念館（丹下健三）　　　　　　　　　1955（38歳）　日本建築学会南極建築委員会委員に就任
国立西洋美術館（ル・コルビュジエ）　　　　　　　　　　　12月、イタリア・ヴェネチア・ビエンナーレ日本館
『環境と造形』（造形講座第3）河出書房　　　　　　　　　　設計のためにヨーロッパへ
人工土地の実験住居　吉阪自邸　　　　　　　　　　　　　　百人町の自邸完成
浦邸　　　　　　　　　　　　　　　　　　　　　　　　　　**ル・コルビュジエ**来日、吉阪自邸に招待
ブラジル・サンパウロ・ビエンナーレ
第2回設計競技1等
日本、国際連盟加盟　　　　　　　　　　　　　1956（39歳）　CIAM第10回会議を報告
ヴェネチア・ビエンナーレ日本館
ヴィラ・クゥクゥ

今和次郎と来日したグロピウスを
深谷の住居へ案内する

1957〜1960 大探検時代赤道アフリカへ

『山岳・人文地理の項』朋文堂　　　　　　　　1957（40歳）　**早稲田大学アフリカ遠征隊赤道横断**
第一次南極地域観測隊、昭和基地へ　　　　　　　　　　　　探検に明け暮れ、南極・山・スポーツに関する
丸山邸　　　　　　　　　　　　　　　　　　　　　　　　　文章・論文を30本近く執筆
海星学園　　　　　　　　　　　　　　　　　　　　　　　　「ブラジル・サンパウロ・ビエンナーレ第3回学校単位競技設計」
　　　　　　　　　　　　　　　　　　　　　　　　　　　　指導で3度目の1等

東京タワー（内藤多仲、田中弥寿雄）　　　　　1958（41歳）　ヴェネチア・ビエンナーレ日本館で文部大臣芸術選奨（美術部門）受賞
晴海高層アパート（前川國男、MIDO同人）　　　　　　　　7月、父・俊蔵逝去
スカイハウス（菊竹清訓）　　　　　　　　　　　　　　　　ブラジル政府招聘講師に就任
呉羽中学校　　　　　　　　　　　　　　　　　　　　　　　国際都市計画シンポジウム出席
南山小学校計画　　　　　　　　　　　　　　　　　　　　　**日本雪氷学会**常任理事会に出席
日仏会館

1956年　ヴェネチア

キューバ革命　　　　　　　　　　　　　　　　1959（42歳）　日仏会館でフランス文化勲章受章
皇太子結婚式　　　　　　　　　　　　　　　　　　　　　　4月、**早稲田大学第1・第2理工学部教授**に就任
『モデュロール』美術出版社　　　　　　　　　　　　　　　同月、**日本雪氷学会**常任理事に就任
『鉄筋コンクリート造設計例　ヴェネチア・ビエンナーレ日本館』　　NHK教育テレビで「美の原理──素材を拾う」を25週にわたって担当
（建築学大系39）彰国社　　　　　　　　　　　　　　　　「レオポルドビル文化センター計画　国際競技設計」で3等
「不連続統一体」
（『民家──今和次郎先生古稀記念文集』相模書房）
江津市庁舎
安達太良山小屋計画
涸沢ヒュッテ計画
ベルギー領コンゴ・レオポルドビル
文化センター国際競技設計3等
吉阪家之墓

アフリカ遠征隊赤道横断

1956年頃

安保闘争　　　　　　　　　　　　　　　　　　1960（43歳）　**早稲田大学アラスカ・マッキンレー遠征隊隊長**
所得倍増計画、高度経済成長　　　　　　　　　　　　　　　雪氷学会に、アラスカ・マッキンレーの雪について多数報告
世界デザイン会議東京開催　　　　　　　　　　　　　　　　吉阪研究室、百人町へ
『都市論』
（建築学大系2）彰国社
『ある住居』相模書房

北米大陸横断、マッキンレー登頂

57

1960年、61年出版の書籍

『ある学校』相模書房
『モデュロール2』ル・コルビュジエ著（訳）美術出版社
アテネ・フランセ
チェニス都市計画国際設計競技
呉羽中学校2

ツクマン大学教員用住宅

1961～1964 アルゼンチンへ／有形学の提案

ベルリンの壁ができる	1961（44歳）	1月、実行委員となり西洋美術館でル・コルビュジエ展開催
集団就職		アテネ・フランセ、武蔵野美術大学などで、
東京計画（丹下健三）		ル・コルビュジエについて講演
東京文化会館（前川國男）		**アルゼンチン国立ツクマン大学招聘教授**に就任

『原始境から文明境へ』相模書房
『宇為火タチノオハナシ』相模書房
『建築』1961年5月号、青銅社
澗沢ヒュッテ
黒沢池ヒュッテ計画
呉羽中学校3

日本二十六聖人殉教記念聖堂（今井兼次）	1962（45歳）	7月、ツクマンにて、長女・フェリサ・岳子誕生
自邸庭にプレファブのアトリエ新設		10月、アルゼンチンより帰国
呉羽中学校4		12月、今先生の服飾史講義でネクタイの歴史を知り、
		以降**ノーネクタイ**で通す

ケネディ大統領暗殺	1963（46歳）	第7回UIA大会（キューバ・ハバナ）出席
ヒッピー		ゲバラとカストロに会うため、**ヒゲを伸ばし**
「宇宙船地球号操縦マニュアル」		**始める**
バックミンスター・フラー		アテネ・フランセで建築学会作品賞受賞
大学セミナー・ハウス1		死の直前まで情熱をかたむけて研究を行ってい

本館、宿泊ユニット、中央セミナー館
県立立山荘、立山山岳ホテル
天竜川治水記念碑
国立国際会議場計画設計競技
キューバ・プラジャヒロン戦勝記念碑計画国際設計競技
アテネ・フランセ2 | 特別教室群
竹田邸
赤星邸

た**「有形学」**初講義

1963年 ヒゲを伸ばす

東京オリンピック	1964（47歳）	吉阪研究室を改称して**U研究室**設立
東海道新幹線		9月、早稲田大学産業技術専修学校開校にともない、
海外旅行の自由化		**理工学部建築学科主任**に就任
千里ニュータウン入居開始		『住居学概論』を元にして『住居学』の執筆開始
「中南米の建築教育」（「週刊建設ニュース」連載）		**大学セミナー・ハウス**工事が始まる
『住居学概論』日本女子大学通信教育出版部		
（1950年に書いた『住居学汎論』を加placemarkえ・訂正）		
『国際建築』1964年3月号、美術出版社		
吉阪自邸書庫		
山岳アルコー会ヒュッテ		
藤堂邸計画		
高田馬場再生計画		

U研究室アトリエ

1965～1969 まちつくりへ

中国文化大革命	1965（48歳）	**発見的方法**
ベトナム北爆開始		正月早々、大島元町大火に対し、復興計画案
「都市の大きさに関する研究1・2・3」		を新聞紙上に掲載
（『日本建築学会論文報告集』）		8月、ル・コルビュジエ逝去以後、追悼および
『住居学』相模書房		業績を各紙に執筆
吉阪自邸書庫		第8回建築公師会総会（台湾）出席
明華会館		ヨーロッパ、北欧を明石信道先生方と訪問
大島元町復興計画案		住宅地域計画会議（スウェーデン・オーレブロー）出席
水取山計画		第8回UIA大会（パリ）出席

1965年頃

大学セミナー・ハウス　天竜川治水記念碑
木のマーク　　　　　　レリーフ

ザ・ビートルズ来日	1966（49歳）	1月、日本建築学会副会長に就任
『メキシコ・マヤ芸術』（訳）彰国社		UNESCO日伯文化交流会議の講師に招聘
『建築』1966年1月号、青銅社		7月～8月、サンパウロに滞在
『かんそうなめくじの弁』新建築社		**早稲田大学大学院都市計画コース吉阪研究室**開設
樋口邸		アーバン・デザイン論を展開
黒沢池ヒュッテ		
深大寺かまぶろ温泉		
大学セミナー・ハウス？	講堂、図書館	

自邸書庫タイルレリーフ

高田馬場再開発計画
大島・元町復興計画
国連移転論
サイレント・シティズ
あそびのすすめ
『建築をめざして』ル・コルビュジエ著（訳）鹿島出版会
『住居学概論』日本女子大学通信教育出版部
大学セミナー・ハウス3｜教師館
大島｜庁舎、図書館、野増出張所、吉谷公園等
フィンランド・エスポー市都市計画コンペ
大学紛争
三億円事件
「造形の生態学的考察」（雑誌「建築」連載）
『住居デザイン論』有斐閣
『現代住居論・人間と住居』（住宅問題講座1）有斐閣
アテネ・フランセ3｜講堂、塔
野沢温泉ロッジ、湯沢ヒュッテ増築
ニュー・フサジ
生駒山宇宙科学館
大学セミナー・ハウス4
｜長期研修館、大セミナー室、茅橋
大島｜差木地小学校、第一・第五中学校、
クダッチ更衣室、商工観光会館
アポロ11号月面着陸
「人間誕生＝Ｆ（形姿＋意味）：ホモ・ファーベル論」
（『日本建築学会大会梗概集』）
『オスカー・ニーマイヤー』（共著）美術出版社
ヒュッテ・アルプス
丸山邸増築
アテネ・フランセ4｜図書研究室、サロン棟
大学セミナー・ハウス5｜野外ステージ
日本列島うらがえし

	1967 (50歳)	3月〜5月、**シドニー大学招聘教授**に就任

1967（50歳）
3月〜5月、**シドニー大学招聘教授**に就任
日本建築学会農村計画委員会委員長に就任
日本建築学会80周年記念講演会の講師として、韓国へ

1968（51歳）
第10回都市計画会議（オーストラリア・パース市）招聘講師に就任
ヨーロッパ、アメリカ訪問
7月、厚生省自然公園審議会委員に就任
10月、第1回日本建築学会開催
欧米建築視察団の団長として欧米を訪問

1969（52歳）
7月、大学紛争の中、**早稲田大学理工学部長**に就任
弘前市の都市計画、津軽の農村調査に着手

「まだ半分あるぞ」

——1969年　学部長告示〈告示録〉

1970〜1973 日本列島うらがえし

大阪万国博覧会
植村直己、五大陸最高峰登頂
「魚眼レンズ的世界把握について」
（『日本建築学会大会梗概集』）
「巨大都市の変遷」（『space modulator』）
「雪国の都市と建築について」（『雪氷』）
「雪のあるところが文明国」（『雪氷』）
『建築学大系・新訂版』彰国社
箱根国際観光センター計画設計競技
21世紀の日本列島像
黒部平駅
弘前市生活環境計画
韓国集落調査
多摩ニュータウン入居開始
象設計集団設立
『今和次郎集』（全9巻）ドメス出版
『コンクリートの家』実業之日本社
『現代住居・人間と住居』有斐閣
『建築』1971年1月号、中外出版
大観峰駅
山田牧場ヒュッテ
韓国集落調査

『住居学概論』日本女子大学通信教育出版部改訂
『告示録』相模書房
『巨大なる過ち』ミシェル・ラゴン（訳）紀伊國屋書店
『アニマルから人間へ』
（『21世紀の日本・上』）（共著）紀伊國屋書店
『ピラミッドから網の目へ』
（『21世紀の日本・下』）（共著）紀伊國屋書店
アテネ・フランセ5｜LL教室棟、学生ホール

1970（53歳）
5月、早稲田大学評議員、内閣審議室「**21世紀の日本**」
審査委員会審査委員に就任
10月、**早稲田大学体育局山岳部長**に就任
漢陽大学・早稲田大学合同**韓国集落調査団団長**に就任
アジアに対する関心が高まり、東南アジアを中心に、台湾、フィリピン、
中国、香港などを訪問

1971（54歳）
『住居論』第4巻に解説「顧みてホルメを知る」を執筆
2月、『今和次郎集』出版記念会「考今会」
（現・**日本生活学会**の母体）発足
講演のため、2月に台湾へ、3月に韓国漢陽大学へ
5月、早稲田大学評議員に就任
7月、東京恵比寿ライオンズクラブ会長に就任
8月、AICA総会参加のためアムステルダムへ
オランダの干拓地を視察
10月、国立放送教育開発センター大学教育実験番組放送科目編成
委員会委員に就任
秋、日本工学会団長として、ヨーロッパ各国を訪問

1972（55歳）
春から夏にかけてテレビ大学講座
7月、ＮＨＫテレビで「風俗考現学からの生活学の提唱」と題して、
今先生と対談
9月、生活学会の設立準備のため、川添登・竹内芳太郎・菊竹清訓・
梅棹忠夫らとともに、活動開始

大阪万国博覧会、屋根を突きぬける「太陽の塔」

1970年頃

1971年　オランダ

チャンディガール研修団団長

働く婦人の家
小林邸
東京再建計画　昭和の森
韓国集落調査
農村集落計画に関する調査研究
オイルショック
名護市綜合計画・基本構想
『私、海が好きじゃない』アグネ出版
『住まいの原型』(共著)鹿島出版会
『アルプスの村と街』
世界の村と街6(共著)A.D.A. EDITA Tokyo
U研究室アトリエ
盛岡市民屋内プール
アテネ・フランセ6|地下予備室
大学セミナー・ハウス6|大学院セミナー館、遠来荘
杜の都・仙台のすがた
韓国集落調査
「杜の都・仙台のすがた——その将来像を提案する」
「津軽地域の農村集落整備に関する調査研究」
「弘前市積雪都市計画」

1973 (56歳)
1月、**日本建築学会会長**、環境庁
自然環境保全審議会委員に就任
5月、建設省建築審議会委員に就任
10月、今和次郎先生逝去
巨大開発・巨大技術への警鐘・抵判
を、審議会や文筆活動を通して展開
21世紀の日本列島像　新首
都北上京計画
テレビ大学講座『住居学』(UHF実
験放送)15回シリーズで担当

生命の曼荼羅は
拡散しない。
また原点へ戻るのだ

1974～1976 日中建築交流／日本生活学会

大学セミナー・ハウス7|国際セミナー館、三沢邸
弘前市積雪都市建設計画
津軽地域の農村集落整備に関する調査研究
北上遷都栄の物語
韓国集落調査

1974 (57歳)
1月、**日中建築技術交流会会長**に就任
3月、日中建築技術交流会**訪中団長**として、北京・西安・広州へ
4月、芸術選奨選考審査委員(文化庁)に就任
7月、早稲田大学ニ一世紀の会主催の船上セミナーで香港へ
8月、**集落調査のため、韓国**(木浦・多島海・ソウル)へ
9月、日本生活学会第2回月例研究会で、「生活と形(有形論)」を報告
同月、東欧諸国(トルコ・ブルガリア・ハンガリー・
ユーゴスラビア・オーストリアなど)へ
11月、**チャンディガール研修会団長**としてインドへ
12月、**日本生活学会会長**に就任
「杜の都・仙台のすがた」で都市計画学会・石川賞受賞
農村環境改善センターの調査と基本計画のために、農村各地を訪問

1975年　パノラみる展

建築の設計は、世界観、人生観にはじまる。
それを形姿あるもので表現しなければならぬ。
通常の平面、立面、断面では表現しきれない。
最後には肌でふれる材質をそのすがたに頼るほかあるまい。
これによって、古来いわれてきた「用と強さと美」の綜合を求めたい。
図面は、こうした考えの記号的表現である。

— 1975年〈パノラみる展〉

「吉阪研究室の哲学と手法——発見的方法」
(雑誌「都市住宅」)
「生活と形(有形学)」(「生活学第一冊」)
「シンポジウム生活システムをめぐって」
(「生活学会報第三号」)
アテネ・フランセ7|学生ホール、坂上邸

1975 (58歳)
1月、スケッチや地図などによる「パノラみる展」開催
3月、第5回EARPHマニラ会議(東アジア住宅地域計画会議)参加
6月、**日本建築積算協会会長**に就任
日中建築技術交流会訪中団長として
中国訪問
10月、**チャンディガール研修会団長**とし
てインド訪問

ロッキード事件
中国四人組逮捕
大学セミナー・ハウス7|交友館
『アテネ憲章』ル・コルビュジエ著(訳)鹿島出版会
『ル・モデュロールI・II』
ル・コルビュジエ著(訳)鹿島出版会
『世界の建築』(『世界の美術』13)
ル・コルビュジエ著(訳)世界文化社
東京まちのすがたの提案

1976 (59歳)
農村公園の調査・診断を開始
大学院都市計画研究室の過去10年の成果をま
とめる
2月、カナダ・バンクーバーにてマニラ・トンド地
区コンペ審査
3月、日中建築技術交流会訪中団長として
北京・鄭州・武漢・桂林・広州・上海へ
秋には日本建築積算協会セミナー団長としてヨーロッパへ

早稲田大学専門学校のマーク

哲学するトラ

1977～1980 時空のぶっちぎり―ふたたびアジアへ

『ル・コルビュジエ全作品集』
第7巻(訳)A.D.A. EDITA Tokyo
目時農村公園
農村計画　農村公園

1977 (60歳)
2月、門下生が集まり、還暦の祝いの会開催
5月、日本建築家代表団団長としてパリ・バルセロナ・ニースへ
8月、**日本農村建築訪中団長**として北京・大寨・青島・
済南・上海等を訪問、主に人民公社を見学
9月、文部省放送大学教育課程編成委員会委員に就任
10月、**ヨーロッパ建築研修団**の団長として、マジョルカ・
アルジェ・モロッコ・スペイン・パリを訪問

新東京国際空港(成田)開港
サンシャイン60竣工
『ル・コルビュジエ全作品集』
第2～6巻(訳)A.D.A. EDITA Tokyo
高屋敷農村公園
働く婦人の家増築

1978 (61歳)
1月25日～5月31日、**ボストン大学・ハーバード大学**
G.S.D.の**招聘教授**としてアメリカ滞在
8月、夫妻でアフガニスタン(カブール、バーミアン等)訪問
11月、**早稲田大学専門学校校長**に就任

竹のスキーとストックで悠々と滑る

1978年　フランスタバコの
巻紙オブジェ

ボストンのアパートメント

第二次オイルショック
スリーマイル島原発事故
イラン革命
『ル・コルビュジエ全作品集』
第1、8巻 (訳) A.D.A. EDITA Tokyo
『住民時代 君は21世紀に何をしているのか』新建築社
「わが住まいの変遷史」(雑誌「ニューハウス」連載)
『建築文化・大学セミナー・ハウス1965〜1978』
1979年9月号、彰国社
栃木県立博物館指名設計競技
西行歌碑
樋口邸増改築
五百萬人都市
イラン・イラク戦争
名護市庁舎 (設計・象設計集団+アトリエ・モビル)
『生活とかたち——有形学』
(テレビ大学講座テキスト)旺文社

1979 (62歳)
6月、早稲田大学生活協同組合理事長に就任
8月、日中建築技術交流会で上海・杭州・北京を訪問
11月、日本デザインコミッティーのメンバーとともに、
北京・重慶・成東・昆明・広州・香港訪問
1年間で60本近く、翌年をあわせると110本近くの論文・文章を執筆
第1回「有形学会」大学セミナー・ハウス

1980年　三徳山三仏寺

1980 (63歳)
第2回「有形学会」大学セミナー・ハウス
5月、定住性の研究のために松島市訪問、調査を行い、堀坂山登山
7月、市庁舎コンペ審査のため、アブダビへ
8月、U研究室と家族で大島訪問、先頭に立って三原山登山
同月、生活学会サマーセミナーに参加、奥会津の針生と大内を訪問
5月〜10月、前年より準備に取りかかっていたテレビ大学講座
「生活とかたち——有形学」を収録 (放映は8月〜翌年1月)
9月、聖路加国際病院に入院
10月、入院中にテレビ大学講座最終回の収録を終える
12月17日、聖路加国際病院で癌性腹膜炎のため逝去

1980年　生活学会　佐渡宿根木
撮影：真島俊一

1980年　大島三原山へ

1981 K2へ

1981
カラコルム山脈K2峰に早稲田大学K2登山隊登頂

吉阪隆正の魂はヒマラヤへ向かって旅立つ
そして、やがて吉阪はK2の山頂に立ち、
地球を俯瞰しはじめる

1980年　有形学会

K2早稲田隊ベースキャンプから
撮影：小松義夫

『建築文化』1981年6月号、彰国社
『吉阪隆正の世界展』日本デザインコミッティー
1982 『乾燥なめくじ・生い立ちの記』相模書房
1984 『吉阪隆正集・全17巻』勁草書房 (〜1986年)
1986 『ヴェネチア・ビエンナーレ日本館・世界建築設計図集』同朋舎出版
1987 『昭和住宅物語—浦邸／新建築』藤森照信、新建築社
『吉阪隆正——ことば・すがた・かたち展』INAXギャラリー
1989 『戦後建築家の足跡3／建築文化』重村力、彰国社
1994 『吉阪隆正の方法』齊藤祐子、住まいの図書館出版局
再読・日本のモダンアーキテクチャー18／建築文化』松隈洋・彰国社
1997 『DISCONT——吉阪隆正とU研室展』ギャルリー・タイセイ (〜1998年)
1998 『DISCONT不連続統一体』アルキテクト編・丸善
DISCONT・LIVE　東中野PAO、長野
2001 『インドでの発見—ル・コルビュジエ1950年代アーメダバードの仕事』
齊藤祐子・ギャルリー・タイセイ
2004 『かんそうなめくじ 1945-1975』2004吉阪隆正実行委員会
『2004吉阪隆正展——頭と手』建築会館・建築博物館ギャラリー (〜2005年)
2005 『ル・コルビュジエのインド』北田英治写真集・彰国社
『吉阪隆正とル・コルビュジエ』倉方俊輔著・王国社
『吉阪隆正の迷宮』2004吉阪隆正展実行委員会編・TOTO出版
2006 『ぐるぐるつくる大学セミナー・ハウス』ワークキャンプ実行委員会 (2006年〜)
2008 『Ahaus No.6 今和次郎と吉阪隆正』Ahaus編集部
2011 『吉阪隆正サバイバル論集』前川歩、富樫哲之編・稀会
2013 『宇宙と原寸——吉阪隆正と大竹十一』シンポジウム
2015 『好きなことはやらずにはいられない——吉阪隆正との対話』アルキテクト編・建築技術
『みなでつくる方法 吉阪隆正とU研室の方法』国立近代建築資料館 (〜2016年)
2016 『大学セミナー・ハウス』北田英治+齊藤祐子、建築資料研究社
2017 『ヴェネチア・ビエンナーレ日本館』北田英治+齊藤祐子、建築資料研究社
2020 『実験住居』北田英治+齊藤祐子・建築資料研究社
2021 『葉っぱは傘——公共の場所』北田英治+齊藤祐子、建築資料研究社
『地球は果たして球面だろうか』吉阪隆正・平凡社
DISCONT・LIVE　江津
2022 『ディテール——現寸から宇宙へ』北田英治+齊藤祐子、建築資料研究社
『山岳建築』北田英治+齊藤祐子、建築資料研究社
『吉阪隆正展 ひげから地球へ、パノラみる』東京都現代美術館

2004年　頭と手——東京展

2006年　頭と手——京都展

2015年　みなでつくる方法

2017年　生誕100周年

展覧会ポスター

吉阪隆正集　全17巻

吉阪隆正集1　住居の発見

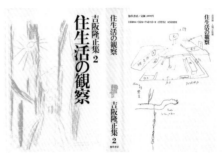

吉阪隆正集2　住生活の観察

吉阪隆正集3　住居の意味

吉阪隆正集4　住居の形態

吉阪隆正集5　環境と造形

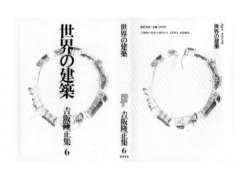

吉阪隆正集6　世界の建築

吉阪隆正集7　建築の発想

吉阪隆正集8　ル・コルビュジエと私

吉阪隆正集9　建築家の人生と役割

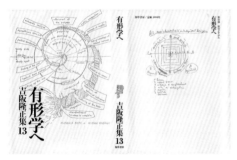

日本生活学会は、1972年9月29日に設立された。設立趣意書は、つぎのような名文ではじまる。

人間のいるところ、かならず生活がある。

人間の歴史は、生活の歴史であった。しかし、今日人間の生活は危機に直面している。思うに生活というもののもつ、自明の日常性のゆえに、われわれは、それを対象化し、体系的な知的探求の主題とすることは、まれであったのではなかろうか。われわれの提唱する生活学とは、まさしく生活を客体化し、理論化しようとするこころみにほかならない。

この学会は、1951年に今和次郎によって提唱されながらも未開拓のままであった生活学の組織的な研究を行うため、『今和次郎集』の刊行を機に設立された。設立総会の名簿によれば、会長に今和次郎、監事に竹内芳太郎、理事に梅棹忠夫、川添登、吉阪隆正、加藤秀俊、多田道太郎、内井乃生、伊藤ていじ、石山彰、西山夘三、今井光映、菊竹清訓、栄久庵憲司、加藤角一、宮本常一、林雄二郎、浅田孝、石毛直道、米山俊直、本明寛という錚々たる知識人からなる布陣で、日本生活学会は産声を上げた。

吉阪隆正は、初代会長今和次郎の逝去をうけて、1975年11月から80年12月に自身が急逝するまでの間、日本生活学会の会長を務めた。学会運営に深く関与していた建築評論家の川添登によれば、吉阪が会長に就いていた5年間は、会員の所属する学問領域が、文化人類学、民俗学、人文地理学、社会学、心理学、経済学、家政学、食物学、道具学、住居学、建築学、地域計画学、社会政策、社会福祉等、

多岐にわたっていたため、その境界をこえて理解しあえるよう、各専門分野における生活研究を語りあうことが先決であるとして、生活学の体系化にむけた努力は一切されなかった。

こうした状況のなか、会長としての考えを表明しようとしたのが、最後の著作となった『生活とかたち』（有形学）であった。吉阪はこれを日本生活学会の今和次郎賞の候補に自薦し、その理由書に、賞がほしいからではなく審査員のみなさんに議論してもらいたいからだと記した。そしてこれが、いわば吉阪の日本生活学会に対する遺言となった。しかしながら、結局、『生活とかたち』（有形学）は、今和次郎賞の受賞には至らなかった（川添登「解説　有形学は可能か」吉阪隆正集13『有形学へ』）。　死の間際に、10年以上も温めてきた「有形学」を『生活とかたち』と改題して、今和次郎賞に応募した心境はどのようなものであったか、いまとなっては伺う術はない。

吉阪隆正は多くの弟子を輩出したが、彼らに日本生活学会への入会を奨めることはなく、彼らの主たる活動の舞台は日本建築学会であった。今和次郎を慕って集まった人々による日本生活学会と吉阪との間には、微妙な垣根があったようにも思われる。

日本生活学会は、吉阪隆正の没後30年の節目にあたり、学会創成期に指導的役割を果たし、生活学の実践につとめた吉阪の業績を将来にわたって継承するとともに、「生活とかたち」を追求した創作的実践活動の振興を目的とする吉阪隆正賞を制定した。同賞は隔年で「近年に公表されたデザイン行為によって、転換期の現代生活にあらたな光を見いだした個人または集団」を選考し、日本生活学会は、2010年から2015年まで、3回にわたり吉阪隆正賞を授与した。さらに、同賞は吉阪隆正賞実行委員会

日
本
生
活
学
会
と
吉
阪
隆
正

後藤春彦

に引き継がれ、制定当初の予定通り、全5回でその
役割を終えた。

吉阪隆正賞

【第1回】
田中泯
「身体気象言語」から桃花村という場の生成へ

【第2回】
坂口恭平
路上生活者の視線から暮らしの原点を問う一連の活動

治郎丸慶子
ベッドタウンからライフタウンへ――楽しく暮らせ
るまちへと進化する高蔵寺ニュータウン

【第3回】
一般社団法人 アーキエイド
東日本大震災における建築家による復興支援ネット
ワーク

【第4回】
黄聲遠＋田中央工作群
(Huang Sheng-Yuan + Fieldoffice Architects)
台湾・宜蘭における持続的かつコミュニケイティブ
な空間デザインの実践
(Practical, Sustainable, Communicative Design
Activities in Yilan, Taiwan)

【第5回】
西沢立衛
人間・都市・自然を対象とした一連の有形的建築

民家調査などの活動での
今和次郎と吉阪。吉阪のアルバムより

晩年の吉阪隆正と日中友好交流について

平和に暮らせる人類世界へ

余 飛

みんな青い服を着て掲示板の前に立ってささやき合う人波の後姿が写された1枚の写真を建築家鈴木恂氏にみせてもらった。写真に記された1970年代半ばの中国は大字報がまだ氾濫していた文化大革命の末期だった。そこにあふれている緊迫した空気が示すように、当時の大陸の気分はまだやや抑圧的であった。それでも吉阪隆正が期待を寄せていた革命後の素晴らしい新世界でもあった。

かんそうなめくじを自称する吉阪は、1974年から亡くなるまでの晩年の生涯において、あの長い歴史を持つ新世界の風土を再び跋渉した。青銅器に刻む饕餮紋、古都西安にそびえ立つ大雁塔、韶山にある毛沢東の故居、天安門の前の長安大街に疾走する自転車の大群といった訪中の見聞が吉阪の日記帳にスケッチによって記されている。戦争によって禁断の大陸にされた中国への道は、このころからやっと切り開かれてきた。

1972年日中国交回復の翌年の末、本格的に両国の建築に関する学術・技術・芸術交流を図る組織である「日中建築技術交流会」（以下、日中交流会）の設立総会が日本工業倶楽部で開催された。そのころから、両国の建築学会を中心に、同交流会を通じて両国の建築界での友好交流の幕が開けられた。実は中国建築界と交流をはかることは、同年初頭に日本建築学会の第33代会長に新しく着任した吉阪の抱負の一つであった。中国大使館との斡旋や、中国建築学会との交渉といった公的な事務において、吉阪会長は日中交流会の発足に大きな役割を果たし、大黒柱的存在であった。とりわけ晩年の吉阪が同交流会の会長として務めたときの中国は文化大革命末期にあたって、訪中が相当難しい状況の中、同交流会は極めて重要な窓口として、日本社会が中国建築の実情を知ることに大きく貢献した。しかしながら、中国国内の市場経済の推進につれて、両国の建築交流が広範囲かつ自由化され、会員数の減少と財政状態の関係で本交流会が2003年末に解散した。1973年から2003年に渡って、やや短い30年間の歴史だったが、この組織は日中建築友好の確立という歴史使命を達成したため、歴史の舞台から立ち去ったのではないだろうか。まさに功成り名遂げて身退くということである。それ以降、日本と中国の両国における建築交流関係が深く緊密に築かれるようになってきた。同時に吉阪自身の宿願も遺憾なくとげられた。

2022年はちょうど日中国交正常化50周年を迎える節目であり、50年前に日中両国の建築交流事業の促進に心血を注いで奔走しつつあった吉阪は、建築界にとどまらず、近代日中交流史においても極めて重要な人物として銘記すべきである。また一方、吉阪が1941年に北支蒙疆地域の住居調査に出かけたときは中国大陸との最初の接触だったが、その後、その地と断絶させられ、大陸との再会は日中交流会が発足したこの1970年代のころであった。この30年前後に国際社会はいかに変わったにもかかわらず、吉阪が再び中国へ向かったことからは、お互いの生活を理解することを重要視していた吉阪の一貫したこの思想を垣間みることができる。それは国際人としての吉阪の根底にある平和に暮らせる人類世界への理想につながっていることにほかならない。

上：出版準備の原稿、文章は日本語と中国語で書かれ
ている。1945年は応召で中国大陸から家族に宛てた
ハガキのスケッチと便りで構成している。ハガキには
「軍事郵便」「検閲済み」の印が押されている。1975年
は日中国交正常化後に中国を訪問した集印帖のバタバ
タスケッチで構成。ここから日中建築交流が始まった。
下左：〈かんそうなめくじ　ふるさとを求めて　1945〉
下右：〈かんそうなめくじ　ふるさとを発見す　1975〉

ル・コルビュジエと私——1950年代のアトリエ

吉阪隆正は戦後第1回フランス政府給費留学生として渡仏、1950年から二年間、パリ、セーブル街35番地のル・コルビュジエのアトリエで設計に参加した。戦後のル・コルビュジエのアトリエでは、「マルセイユのユニテ・ダビタシオン」の現場をはじめ、「ジャウル邸」、「ロンシャンの礼拝堂」、「ラ・トゥーレットの修道院」そして「インド・チャンディガール新都市計画」など、意欲的な作品の設計が進められていた。アトリエのメンバーは、アンドレ・ヴォジャンスキー、アンドレ・メゾニエはじめ、ギリシャからヤニス・クセナキス、コロンビアのヘルマン・サンペール、インドのB・V・ドーシなど、そして、日本の吉阪と様々な国から集まっていた。
吉阪は在籍中に「ナントのユニテ・ダビタシオン」、「マルセイユのユニテ・ダビタシオン」、「ロックとロブの計画」「ジャウル邸」などに携わり、ドミノ・システムの実践やモデュロール理論の応用など、ル・コルビュジエのモダニズム建築を現場で体得した。図面にはTakaのサインが記されている。

A

B

C

D

A：パリーからの手紙。日本館自室のスケッチ、1950年10月6日
B：アトリエの仲間、クセナキス、ドーシ、メゾニエ、サンペール達と
C：ナンジェセル・エ・コリのル・コルビュジエ自邸にて

D：1951年8月14日、マルセイユ現場
E：セーブル街35番地、ル・コルビュジエのアトリエ
F：アトリエのル・コルビュジエ
G：1951年8月21日、セーヌ河畔にて
H：1952年1月6日、コンコルド広場（撮影：浦太郎）

E

F

G

H

ナント、ルゼのユニテ・ダビタシオン

1962年10月14日、吉阪は現場を担当した「マルセイユのユニテ・ダビタシオン」の竣工式に出席して、インド経由で帰国の途についた。吉阪の手元には、担当した作品の青焼図面が遺されている。ル・コルビュジエのアトリエで吉阪が担当した「ナントのユニテ・ダビタシオン」では、キッチンの食器や調理器具の詳細な寸法入りのスケッチ、現場の施工用の図面などTakaのサインが描かれている。外観透視図、内観透視図には、Takaとル・コルビュジエのサインが記されている。

外壁の色決めでは、「全体の色の比率を決めて、小さく切った色紙を図面の上に撒いて塗る場所を決めた」と、吉阪は語っていた。色を決めたナントの外壁スケッチと色紙が、スケッチブックの間に大切に保管されていた。

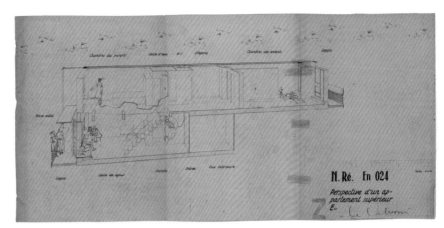

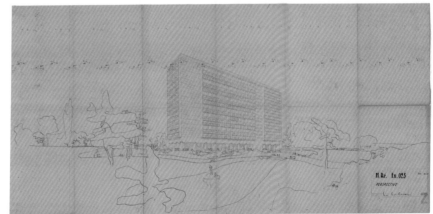

上：外観透視図、1952年2月28日、吉阪隆正、青焼、668×332
下：内観透視図、1952年5月2日、吉阪隆正、青焼、1255×626

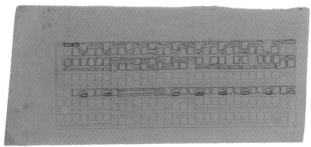

立面図、青焼・色鉛筆

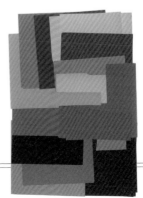

色決めに使った色紙

G：議事堂正面
H：ダイナミックな
色彩とトップライト
からの光

A：地中海から望むユニテ・ダビタシオン
B：ピロティ
C：外観

マルセイユの
ユニテ・ダビタシオン
フランス／設計：1945–52年・撮影：1997年

チャンディガールの議事堂
インド／設計：1955–62年・撮影：2005年

ロンシャンの礼拝堂
フランス／設計：1950–55年・撮影：1997年

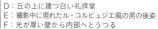

アーメダバードの美術館
インド／設計：1951–57年・撮影：2001年

I：外観
J：ピロティーは
炎天下の休息場
K：中庭

D：丘の上に建つ白い礼拝堂
E：撮影中に現れたル・コルビュジエ風の男の後姿
F：光が厚い壁から内部へとうつる

アーメダバードの
繊維業者協同組合ビル
インド
設計：1952–54年
撮影：2001年

L：強い光を防ぐ為の
ブリーズソレイユ

ル・コルビュジエと吉阪夫妻、カップマルタンにて　1956年

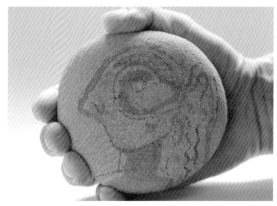

海岸の石に女性の顔を描いて、ル・コルビュジエから吉阪へ贈られた

国立西洋美術館 東京都／上野／1955年設計・1959年竣工

1955年に、国立西洋美術館の設計をル・コルビュジエに依頼することが決まり、建設予定地の視察のために、ル・コルビュジエが来日したのが11月。前川國男、坂倉準三、吉阪隆正の3人の弟子は、日本側での協力者として日本滞在の8日間を共に行動した。坂倉と吉阪は、京都、奈良訪問の後に、予定にはなかったが、坂倉設計の神奈川県立近代美術館へ、そして吉阪設計の自邸へとル・コルビュジエを案内している。

ル・コルビュジエのアトリエから送られてくる図面に、寸法を入れて描きおこし、設計を進めるのは坂倉、吉阪、そして設備や構造を前川事務所が担当して設計、現場をすすめていった。50年代のアトリエで設計をしていた吉阪は、現場での詳細を検討して、パリのアトリエとの打合せを担当したという。

世界文化遺産登録2016年

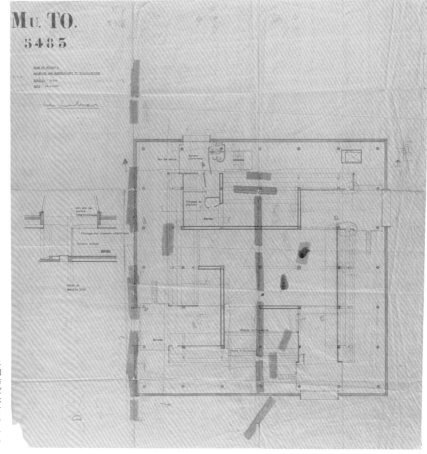

国立西洋美術館　平面図
ル・コルビュジエのアトリエから送られてきた青焼の図面。当時学生だった戸沼幸市は、吉阪のもとで翻訳したばかりの『モデュロール』の本を見ながら、寸法を記入していった。そのページが真っ黒になった。Mu.To. 5483、平面図、1:100、青焼・鉛筆、715 x 682

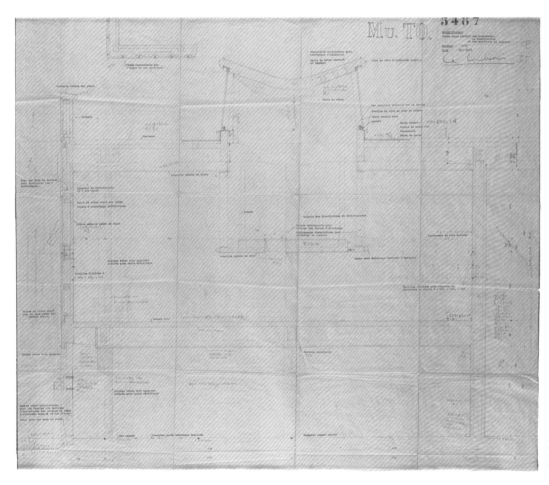

国立西洋美術館　断面詳細図
仕上げの詳細を図面に日本語で
記入している。Mu.To. 5487、断
面詳細図、1:100、青焼・鉛筆、
740×890

して貰いたいのだ」[2]と言われ、アトリエに入所する。33歳だった。翌1951年7月には、前川國男と丹下健三と共に、ロンドンで開催された第8回国際建築家会議（CIAM）に参加し、報告レポートを日本へ書き送る[3]。そして、丸2年間のアトリエでの修業を、1952年10月14日、マルセイユの集合住宅、ユニテ・ダビダシオンの建設現場の落成式で終えている。

　そんな得がたい経験をして帰国した吉阪にとって、1955年11月のル・コルビュジエの西洋美術館敷地視察のための来日と、1959年の竣工までの実施設計と現場監理への協力は、貴重な機会であったに違いない。しかも、彼の来日直前には自邸を完成させ、ヴェネチア・ビエンナーレ日本館（1956年）の設計者に選ばれ、浦邸（1956年）の設計に着手するなど、精力的な設計活動を始めていた。また、だからこそ、

西洋美術館の設計協力の中で
ル・コルビュジエの来日と

松隈 洋

　吉阪隆正は、日中戦争下の1938年、早稲田大学に入学して今和次郎に学び、太平洋戦争前夜の1941年に卒業、1942年8月に応召されて満洲へと渡り、朝鮮光州で敗戦を迎える。敗戦後、戦災で焼失した新宿区百人町の実家跡で、バラック生活を始める。1945年から翌年にかけて催された東京都商工経済会主催の帝都復興計画懸賞募集の銀座消費観光地区案で1等当選して得た賞金が元手だった。1946年、母校の講師に迎えられ、翌年助教授となったものの、複数の大学の住居学講義に忙殺され、「馬車馬の様に家族を養っていかなければならない有様に愛想がつきて」いたという[1]。

　そんな苦難の中、戦後再開されたフランス政府給費留学生制度に応募して採用され、1950年8月に渡仏、偶然の運命的な出会いから、同年10月23日、自宅を訪ねたル・コルビュジエから、「君には大いにやってもらいたいことがある。日本のよさを発揮

来日中のル・コルビュジエに寸暇を惜しんで随行し、彼が何を見て何を受け取るのか、をつぶさに日記にメモし、その眼差しに重ねて、建築を考えるための広い視野を学び取っていく[4]。そして、次のように書き留めたのだ。

　「ああ、おれはまだ、あそこまで徹底できないで、ウロウロしている。」というのが、コルの滞日週間のお伴をしたあとの私の感想である。（中略）彼には有名なものであるとか、皆がよいといしているとかいうことは一向に念頭にない。現代に生きているもの、将来も皆がその中で生活できるもの、そういうものであれば、乞食小屋であろうと、路傍の草であろうと一生懸命に拾って歩く。（中略）「私がほんとうに建築のことを知ったのは、アクロポリスに於てではなく、あの周辺にある名もない民家を尋ね歩いたときである」という彼の言は、如何にも彼らしい。[5]

　さらに、西洋美術館の設計協力では、坂倉や前川の下で、地道なル・コルビュジエとの調整と現場での最終的な判断を指示する役割を担い、師との協同作業を通して、同時期に進んでいたインドのチャンディガールの仕事で、風土に根ざし、自然を取り入れることで、建築をより自由なものにしようとするル・コルビュジエ晩年の建築思想にも触れていく。

　こうして、吉阪は、彼の没後、「人間のつくった環境とその中に住む人間との関係について」考察する「有形学」に着手し[6]、学生時代に感銘を覚えた内モンゴルの名もなき民家[7]を思い出しつつ、世界各地を訪ね歩き、文明論的な視野から、建築の思索と実践を続けたのである。

1　吉阪隆正『ル・コルビュジエ』彰国社、1954年
2　同前
3　吉阪隆正「現代人の孤独を救う？　CIAMのCORE論議」『国際建築』1951年9月号
4　拙稿「ル・コルビュジエと日本、そして国立西洋美術館プロジェクト」『建築文化』1996年10月号．拙著『近代建築を記憶する』建築資料研究社、2005年に再録
5　吉阪隆正「ル・コルビュジエ来日す」『建築雑誌』1955年12月
6　吉阪隆正「生活学から有形学へ」［草稿・1966年頃］『吉阪隆正集第10巻』勁草書房、1984年
7　吉阪隆正『コンクリートの家』実業之日本社、1971年、p.3

A：上野、西洋美術館建設予定の敷地
B：関西から東京へ、機内のル・コルビュジエ、吉阪撮影。1955年11月8日
C：鎌倉、神奈川県立近代美術館で坂倉準三と。同日
D：吉阪自邸を訪問したル・コルビュジエ。同日（撮影：小松原和夫）
F：東京からインドへ発つ空港のル・コルビュジエ、吉阪撮影。1955年11月9日

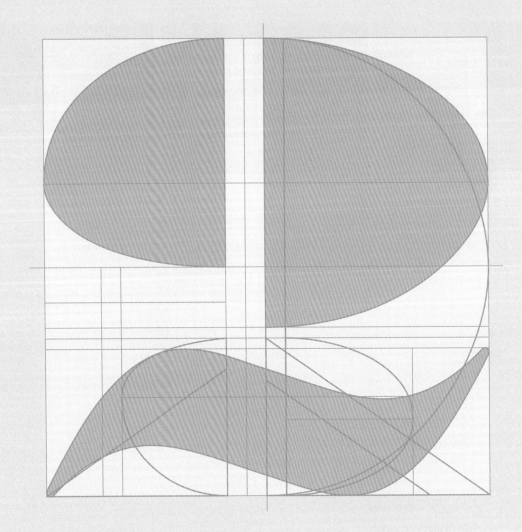

Chapter 2
ある住居
YOSIZAKA House

吉阪は新宿区百人町の《吉阪自邸》建設の経緯から完成までの過程についてまとめた『ある住居』と題する小さな書籍を、1960年に出版しました。

少年期から住んでいた家は戦災で焼失しました。戦地から引き上げてきた吉阪はそこにバラックを建てて生活を始めます。1950年から2年間、突然決まったフランス留学とル・コルビュジエのアトリエで設計活動をする中で、吉阪は百人町に建築する新しい住宅の計画を始めました。帰国後すぐに設計、着工し、約2年をかけて完成した《吉阪自邸》は、日本で初めての人工土地を持つコンクリート住宅です。完成したこの自邸には国立西洋美術館建設のために来日したル・コルビュジエも訪れました。

1962年には、庭にU研究室アトリエを建て、門も塀もない吉阪邸の自由な空間には学生や様々な建築家、海外からの訪問者も数多く集まりました。

本章では、吉阪自邸と庭を1／1サイズで再現した展覧会の展示を紹介します。万人に解放されていた庭部分の正面は、居間に集う家族の姿を描いた1／1の断面図です。世界を駆け巡る吉阪の原点であり、設計活動の拠点でもある「吉阪邸」を通し、"大地は万人のものだ"という吉阪の建築思想を伝えます。

Aru Iyukyo ('A Dwelling') is the title of a booklet Yosizaka published in 1960 that summarized the process of building his private residence, 'Yosizaka House,' in the town of Hyakunin-cho in the Shinjuku district of Tokyo, from the inception of its design through to its completion. The home in which he had lived since his childhood had been destroyed by fire in wartime. Repatriating after the war, Yosizaka erected barracks on the site and took up residence there.

Soon after, through a hasty arrangement, he left Japan for a two-year study in France from 1950, apprenticing at the atelier of Le Corbusier, and while working there, he also worked on his design for a new residence to be built upon the ruins of Hyakunin-cho. Construction on the Yosizaka House began immediately upon his return to Japan and took approximately two years to complete. It is the first concrete residence in Japan to be built on an 'artificial' ground. After its completion, Le Corbusier visited the house while he was in Japan for the construction of the National Museum of Western Art. In 1962, Yosizaka set up his own practice, U Laboratory Atelier, in his yard. Without a gate or fence, the freely accessible, open space of the Yosizaka House attracted guests from all walks of life, including students, architects, and visitors from abroad.

This chapter presents a full-scale reproduction of the Yosizaka House and yard. On display in the garden area, which was open to the public, are Yosizaka's books and other items related to his life and practice. Yosizaka's architectural philosophy, *the Earth belongs to all*, is conveyed throughout its design. The house was both the point of origin of his travels around the world, and the base for his design activities.

101 吉阪自邸

東京都　新宿、百人町
1955年竣工、1982年解体

吉阪は1917年東京・小石川で生まれ、幼少期をスイスですごした。帰国後の1923年小学生の時から、東京・新宿百人町で育つ。父俊蔵の五高、東大時代の友人、大内兵衛氏から譲り受けた家は、1945年第二次世界大戦の空襲で焼失。1947年に家具に屋根を付けただけのバラックを建てて生活を始める。書棚に屋根をかけた1坪強の書斎を建て、友人たちもバラック生活をする、戦後焼跡からの復興期であった。

1950年から2年間のフランス政府給費留学生として活動したル・コルビュジエのアトリエで〈吉阪自邸〉の設計を始める。帰国後最初の作品として世に問う〈人工土地の実験住居〉は、1955年に竣工した吉阪の建築家としての出発点である。第1回住宅金融公庫の融資でコンクリートの人工の土地をつくり、その後1年の収入で外壁や建具を取り付ける、まちつくりの提案でもあった。生涯地球を跳びまわる吉阪の拠点であり続けた。

スケッチ、、1947年7月、吉阪隆正、紙・インク・水彩、343×265
百人町、焼跡のバラック生活

1945年5月の空襲で焼失した住まい

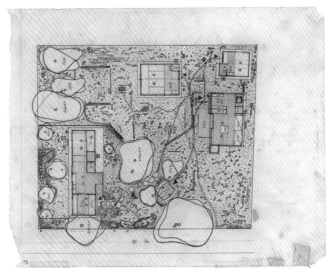

1948年　焼跡に友人達もバラックを建てた配置図　実測復元図、1：100、1973年 頃、吉阪正光、トレーシングペーパー・鉛筆・インク、432×304

書斎は、書棚に屋根をかけた一坪強のものであった。ここに
どうやって7人も8人も入って議論に花を咲かせたか、今となっ
ては不思議にさえ感じられる。

——1960年〈ある住居〉

1948年2月12日、「今先生を百人町のバラックへご案内。今先生写生をされる。」

——1979年〈わが住まいの変遷史〉

1952年5月22日、パリから百人町の妻、富久子へ
の手紙に描かれた自邸最初のスケッチ、「大部分の
人からヒデーモノヲツクリヤガッタといわれるようなの
をつくりたいと思います。旧来の概念をぶちこわして
新しく組み立てたものを、そして、30年後位にあれ
がやはりエポックをマークしたものだというようなもの」
と書かれている。

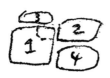

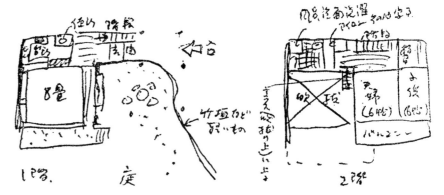

1952年9月3日、パリからの手紙に描かれた住宅案のスケッチ

バラックの住まいの前、基礎工事がはじまった。1953年

コンクリートの土地をつくるだけでお金を使い果たし、一年間近く眺めて暮らす。ここで宴会も開かれ、幾夜かを過したこともある。

私が心からつくってみたいのは、
その大地である。
住むために
すべてが準備されている大地を
人工の力でつくりたい。
人工土地と私はこれを名づけよう。
それは現在の自然の
陸地の上にあってもよいし、
海の上にあってもよい。
そしてあるいは、
空中に浮かんでもよい。

――1957年〈建築文化〉

コンクリートの人工土地 ── 1960年〈ある住居〉

大地は万人のものだ。

私は一人占めする権利はない。
今の法律がよくない。その信念を実行してきたまでのことだ。
これを理解してくれた人々は、私の考えに協力してくれた。
それはアフリカのキクユ族の土地占有のあり様に似ている。
必要な間だけ使う。
使わなくなったら誰でもそこを使えるという方式。

――1960年〈ある住居〉

81

外壁を積み、窓や扉をとりつけて、
工事費用はだいたい一年の収入、
一年の収入で家が建つなら、住宅
難はないといわれている。

1955年11月、西洋美術館設計のために
来日したル・コルビュジエを招いた「こ
れはおもしろい作品だ、ただしタカ、お
前でなくては住めない家だ」と評した。
（撮影：小松原和夫）

吉阪の本と海外から持ち帰った収集品や酒瓶が
所狭しと並ぶ2階の居間。1965年頃

バラックはとりはらわれて、大地は万人のものとなった。
私は人工の土地に、空中に住むようになった。
町に住む子供たちは、
広くなったこの土地へ自由に来て遊ぶ。
それでも空中に、人工の土地の上に住む私の生活は
何の邪魔もされないで静かである。

——1960年〈ある住居〉

コンクリートとレンガを組み合わせて積んだ外壁に、漢詩のレリーフが来客を迎える2階玄関。　1982年

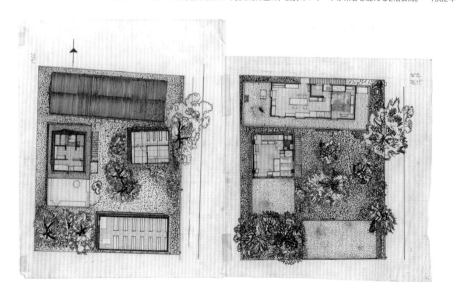

上：世界中から居間に入ってきて、チベット、インド、スイス、ギリシャ、コンゴ、ケニヤ、日本とその響きを聞かせる鈴
左：配置図　実測復元図、1：100、1973年頃、吉阪正光、トレーシングペーパー・鉛筆・インク、360×590、左1966年、右1976年

世界平和を祈ること今日より切なるはあるまい。ということは、それだけ世界は危機にさらされているということなのだ、一体その危機はどこにあるのだろうか。それを解除させる方法はないものだろうか。私はそのために何をなし得るだろうか。

これらの問いが私を今日まで導いてきた。私が建築を自分の専門に選んだ一つの理由もそこにあった。人々が相争うのは、お互に相手を理解し信じ合えないからだと思え、理解させ信じさせるには実証するのが一番確かで早道だ。建築はその国の、その時代の感情と知性と、即ち芸術と科学とを、物質を通じて一つの体系にまとめたものだと思い、国々のそれを、各人のそれを、かくかくと説明し感得させることによって理解と信頼のたすけとなるであろうと考えた。

悲しい哉、私自身応召出征という憂き目を見なければならなかった。一体人類の生活は平和の中を戦争が乱すのか、或は戦争状態の中に時時平和が訪れるのであろうかとさえ疑わずに居れない。

私達は何をなすべきかへの解答を求めたい。高邁な理想に於いてではなく、日常的な場の中で、誰にでも、何時でもできる生活の中で、住居を私はその中核と考える。しかし住居学をそこまで高めてしまうのは僭越かもしれないが。

—— 一九五〇年八月一五日　初版の自序〈住居学汎論〉

略

展示会場では、吉阪邸の庭に見立てて、正面に縮尺1:1、現寸の吉阪邸断面図と吉阪の写真。室内の様子と吉阪、富久子夫人、長男正邦と輝子夫妻、次男正光と長女岳子の家族の姿を詳細に描き込んだ図面は、次男吉阪正光氏が描いた。模型は縮尺1:30
断面実測図、1:30、1973年頃、吉阪正光、トレーシングペーパー・鉛筆・インク、400×551

1980年、新宿　百人町の1日

　吉阪邸の朝は早い。夜明け前、自邸コンクリート
の階段に下駄の音が響き、徹夜のU研究室に吉阪
が顔を出す。図面に向かう私たちに、ハガキの裏に
描いたスケッチや紙や油土の模型を手渡す。それから
原稿を書き、外出するのが日課であった。アトリ
エは少しの仮眠。9時には松崎義徳が現れ、床に水
を撒いて掃除をして1日が始まる。図面には明快な
油性マジックの線。そこに新しいアイデアが吹き込
まれる。午後4時頃、創設期からのパートナー大竹
十一登場。徹底した原寸図の表現でミリ単位の寸法
を詰めていく。ディスカッションは続き、形は生き
もののように刻々と姿を変える。一瞬も目を離せな
い。吉阪が戻るのは深夜である。コンペや設計の締
切間際はこのペースが延々続くことになる。

　1980年春から設計コンペが続く。なかなか結果
が出ない中、吉阪は講演で、ル・コルビュジエの不
遇の時代になぞらえた。戦後の1950年代に一気に
実現した作品を支えたのは、実作に恵まれない時期
に進めた計画であったと、「困難な時期は考えをま
とめる得難い貴重な時である。困難有難し」と語る
（「吉阪隆正の方法─浦邸1956年」1994年）。

　そして秋、突然の検査入院直前、大竹十一と「80
年代の新たな建築の創造に専念しよう」と建築への
熱い思いを確かめたのも、自邸の居間である。

大地は万人のものだ

　スイスから帰国した1923年、吉阪が小学生の時
に百人町での生活が始まった。当時は東京山手の
郊外、大内兵衛（マルクス経済学者［1888〜1980年］父
俊蔵の五高、東京大学の友人）邸を譲り受けた。1945
年、空襲で消失、終戦をむかえる。

　1947年「焼跡に立って、私はここに家具に屋根
だけをつけたバラックを建てた。大地は万人のもの
だ」（『ある住居』1960年初出、『吉阪隆正集4』1986年）と。
フランス留学から帰国後、コンクリート人工土地の
実験住居を建てる。1955年、西洋美術館の設計に
来日したル・コルビュジエを招く。ピロティ、陸屋
根のモダニズム住宅は、雨漏りに悩まされ、ふく子
夫人には「地中海のお天気も一緒に持ってきて」と
辛口の評であった。

　1960年代、設計アトリエ〈吉阪研究室〉を早稲
田大学から百人町に移転、〈U研究室〉として改組、
庭にプレファブを建てた。その後、書庫、鉄骨造の
アトリエと長男一家の住居に建て替え、建物に囲ま
れた庭は、誰もが自由に出入りする活動の場所にな
る。U研究室は吉阪家の居間であり、子供部屋であ
る。

　吉阪不在の自邸に人を集める大きな力は、人を惹
きつけ、親身に面倒を見るふく子夫人の魅力である。
私の学生時代「吉阪先生の奥様はアンデスから来た
らしい」と真しやかに先輩から聞かされた不思議な
存在で、仙人と称される吉阪が常識人に見えるほど、
夫人のものの見方、その言葉は突き抜けていた。

Tak. 1960.

吉阪自邸という、吉阪体験　齊藤祐子

吉阪体験としての、門も塀もない庭

吉阪は地球を駆け巡り、人工土地の居間にはコタツが置かれ、書籍や収集物がどんどん居場所を占拠していく。モダニズム住居は、1950年代の蝶ネクタイの建築家から、1960年代には髭とノーネクタイの吉阪の風貌へと。アジアの民家のように、住居は収蔵の倉と眠る場所になり、庭に人が集まる。野球をし、模型をつくり、ディスカッションも庭だ。

アルゼンチンから帰国後、「焼肉のアサードと呼ぶパーティーをやったのが忘れられず、日本へ帰っても庭のあるのをさいわいに、よく皆集まって牛のあばら肉を焼いて葡萄酒を飲んだ」（「わが住まいの変遷史」1979年初出、「吉阪隆正集4」1986年）と吉阪は振り返る。人が集まると火を焚き、深夜まで語り続けた。

吉阪不在の自邸に海外からも来客が訪れ、U研も吉阪研も象設計集団も吉阪家も集まってくる。門も塀もない自邸の庭で過ごす時間は、何よりの吉阪体験であった。

写真は1960年の自邸で、吉阪と富久子、前頁は『ある住居』に描かれた「この家と共に5年間を見守って来たカナリア」のスケッチ

87

101 U研究室
アトリエ

東京都　新宿、百人町
1962年竣工・1973年竣工、1982年解体

早稲田大学の教室で活動をしていた設計アトリエ〈吉阪研究室〉を、1960年、二年間のアルゼンチン滞在の機会に百人町の自邸に移す。帰国後1962年、庭に建てたプレファブの〈U研究室〉（1964年に改組）では、学生や卒業生だけではなく、誰でも計画に参加する設計活動の中心になる。庭では火を焚いて、肉を焼き、人の集まる場所である。そして、1973年にU研究室を鉄骨造に建て替え、2階に長男 正邦一家の住居を建てた。

物をつくることは、その物に生命を移すことだ

——1980年〈生活とかたち〉

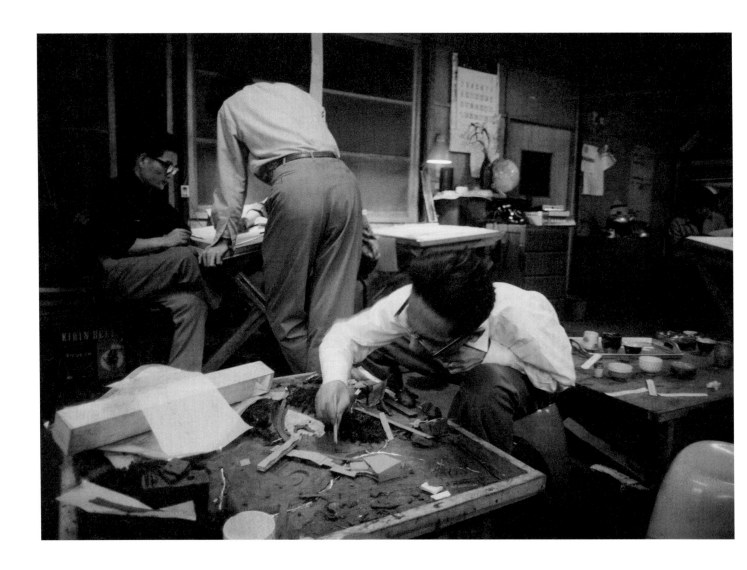

冥想、討論、醗酵、逆転、討論、瞑想等々。
走り書き、清書、修正、順列組み合せ、
こねくり回す粘土、紙の模型。
ふたたび冥想、討論、発火、
そしてうまくゆけば凱歌。
それからしばらくして壁、ゆきづまり。
こんなことがくりかえされる。

——1960年〈今日の建築〉

〈吉阪研究室〉の創設メンバーは、吉阪と、
大竹十一（おおたけ じゅういち 1921〜2005）1944年早稲田大学建築学科卒業後、佐藤聯合設計事務所、梓建築事務所に勤務。52年に大学に戻り、武基雄の研究室で設計を手伝う。54年に浦邸で吉阪と協働し、実作に大きな貢献を果たす。生涯、吉阪の名パートナーであり続けた。
瀧澤健児（たきざわ けんじ 1927〜2013）1954〜64年在籍、1955年早稲田大学大学院修士課程修了後、浦邸、ヴィラ・クゥクゥ、呉羽中学校などを担当。1965年独立後、更埴市庁舎などを設計する。
城内哲彦（きうち てつひこ 1928年生）1955〜1964年在籍、早稲田大学建築学科卒業後、吉阪自邸の設計、現場から浦邸をはじめ、主要な作品の設計に携わる。
松崎義徳（まつざき よしのり 1931〜2002）1955〜1993在籍、1953年福岡から上京、早稲田大学入学。学生の時から設計に参加。59年早稲田大学大学院終了。日仏会館、江津市庁舎、山小屋、大学セミナー・ハウスを担当。93年から、函館、帯広の象設計集団へ。ヒマラヤのトレッキング、K2をめざす。
1959年から、**戸沼幸市、鈴木恂、沖田裕生**と学生が設計に参加する。百人町に移り〈U研究室〉に改組するとメンバーは増え、**富田玲子、大竹康平、横林康平、矢内秀幸、樋口裕康、三宅豊彦、沼野洋、岡本慎子、上貞幸丕、下間淳**など、1970年代に参加したのは、**嶋田幸男、塩脇裕、竹本忠夫、田川宏、竹下昌利、西幸一郎、福富政次郎、齊藤祐子**他。

国際会議場計画設計競技の模型を囲んでディスカッション。1963年

好きなものは
やらずにいられない

——生きるか死ぬか生命力を賭けて——

「やらずにはいられない」と「やらざるをえない」とでは、
雲泥の差があります。
私は自分の携わる建築学が手放しで好きなのです。
俗に、寝食を忘れるといいますが、
人間好きなことに打ち込んでいるとき、
最も充実感を味わうのではないでしょうか。

——1980年〈エコノミック・ジャーナル〉

Chapter 3

建築の発想

Ideas of Architecture

〈浦邸〉の設計をはじめた1954年、設計活動に大竹十一が参加したことから2人は生涯に渡る協業パートナーとなり、集まった5人の創設メンバーで「吉阪研究室」の設計活動はスタートしました。住宅の設計から〈ヴェネチア・ビエンナーレ日本館〉をはじめ、学校、市庁舎など公共建築まで、意欲的に発表していきます。有機的な造形を持ったコンクリート表現は、同時代の他の建築家にはない特徴のあるものとなりました。また「モデュロール」のスケールの展開など、ル・コルビュジエから受け継いだ自由な設計思想の実践も見られます。

1960年代には「U研究室」と改組。吉阪のまわりに集まった個性豊かなメンバーが増えていきます。一人ひとりが独立してアイデアを提案する〈不連続統一体〉理論を実践する組織では、模型を囲んでディスカッションを重ねて形を発見していきます。なによりも地形を活かして自然と向き合う方法と、ものと人のつながりを1／1の現寸で考えるディテールが大きな特徴といえます。

本章では、吉阪隆正とU研究室が設計した代表的な建築を、手描きの図面と写真で紹介します。またコンクリート構造を表現した模型によって、完成した建築の外観からは読み解くことが難しい建築の骨格を再現し、人工土地の組み立てをたどります。

In 1954, when Yosizaka began designing the 'Ura House,' OTAKE Juichi joined forces, and the two became lifelong collaborators. As leaders of a five-member team, they founded the YOSIZAKA Laboratory and began designing. With dedication and ambition, they produced works from residential design to public architecture, including the Japan Pavilion La Biennale di Venezia (Venice Biennale), schools, city halls, and other institutional facilities. Organic forms expressed in concrete became a distinctive feature of Yosizaka's designs that had not existed in the works of other architects of the same period. Also characteristic of his work is the development of a proportioning system based on the Modulor, a modular system for dimensioning in design and the practice of a free design philosophy, which he inherited from Le Corbusier.

In the 1960s, the group was reorganized as 'Atelier U,' with an increasing number of participants and collaborators with diverse perspectives who came to gather around Yosizaka. At Atelier U, the team put into place a theoretical practice invented by Yosizaka called 'Discontinuous Unity,' in which each team member independently proposed their design ideas, and form was discovered collectively through repeated discussions that took place around three-dimensional conceptual building models.

Above all, the distinctions of the applied theory of Discontinuous Unity are methods in which the topography is utilized in encountering the natural environment, as well as the details that considered the connections between physical matter and people, which are presented here in full scale.

This chapter presents hand-drawn plans and sketches, as well as photographs of representative buildings designed by Yosizaka and Atelier U. Models representing the concrete structures were used to reproduce the architectural framework, which is otherwise difficult to decipher from the exterior of the completed work. We also unearth and reveal the assembly of the 'artificial' ground.

103 浦邸

兵庫県　西宮／1954年設計、1956年竣工

パリ留学時代に出会った数学者、浦 太郎の
住居。四隅の柱をなくした開放的なピロティ
は、まちなみにひらかれ、二つの正方形を組
み合わせたシステムは、まちつくりの提案で
もあった。〈吉阪研究室〉として創設メンバー
の吉阪と大竹十一、城内哲彦、滝澤健児、松
崎義徳の5人が設計を始めた最初の作品。
国指定登録有形文化財（2007年）、DOCOMO
MO Japan 選定（2003年）、西宮市都市景
観形成建築物指定（2019年）

設計アトリエ〈吉阪研究室〉創設のきっかけになったのが、浦邸の設計であった。
コンクリートの人工土地に、外壁はレンガを二重に積んで空気層を設けた。
現場で打合せをする、生涯のパートナー、大竹十一と城内哲彦。1955年

コンクリートの住宅がまだ珍しかった1950年代半ば、何が建つのかと話題になっていた。
まだ畑も残っていた阪神間の落ち着いた住宅地に、まちつくりを提案するピロティのある住宅が姿を現した。1955年

創世記以来変わらない人間の中の共通なもの、
それは大自然の中にある動植物あるいは
鉱物にまで似通ったものとして、私を動かすのである。
人間の理性などというチッポケなものの
太刀打ちできない世界がそこに覗かれるからである。
コンクリートが生かされるためには、
こうした大自然の大法則の中に溶け込むような
使い方をしなければならないと私は考えている。
だからコンクリートで住宅をつくる時も
そうした人生の根底とふれ合いたいと思う。
原始人がその後文明にふれて変わっても
原始人の時持っていた人間らしさを失わないような、
そんなものでありたいと思う。

——1958年〈近代建築〉

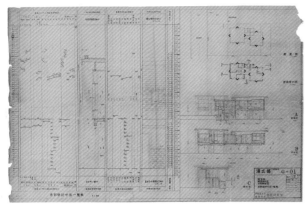

新しい設計表現へと挑戦した図面。左には高さ関係の寸法がすべて表現され、木造の尺棒ひとつで寸法がわかる技術を参考にした。
各部矩計1：20、右側には平面図1：200、断面図1：100、1954年、大竹十一、紙　青焼、515×798

浦邸レリーフ
制作／2021年9月　「研究委員会：ル・コルビュジエとその弟子たち」
浦邸実測調査班　採拓：中谷礼仁・藤井由理

浦邸玄関ホールのコンクリート壁には、浦夫妻はじめ6人と、Takのサインと吉阪隆正、城内哲彦の手形、竣工年の1956年と書かれた雲形レリーフが印象的な造形になっている。
1956年の文字は、篠田桃紅に書の手ほどきをうけた、浦 美輪子書

ピロティの床に描かれた〈Knock and It shall be opened unto you〉の言葉は、聖書から引用された「叩けよさらば開かれん」。訪問者を招く言葉でもある。シルエットは浦夫妻。1994年

1994年8月、ツタに覆われた、巨大な樹
木のような外観
壁柱を45度振っているので、開放された
コーナーから玄関への階段へと、対角線
に抜けていく。

そもそも、人工土地というのは立体的に利用された土地をさすのではなく、何よりも、自然に対する態度にかかわることなのである。

人間が手を入れたところ、それが畑であっても、団地であっても、中心市街地であっても、建物そのものであってもかまわない。

ともかく人間が関係した土地すべてを指すのである。更に考えを押し広げて、人間の感情が対応している生の自然も入って来る。

この考えの基盤に立って、土地の加工の規模や程度、加工の方式を土地に密接して問題とするのである。

単に経済的な理由で、効率よく、土地を運用しようという市街地改造のための便法などではなく、土地の性質、あり方に価値をおいた、自然に対する態度、したがって、具体的に技術を選択し、適用するときの判断が問題なのである。

ただし、ここで、自然と全く背を向けた人工だけの世界が全て悪いといっているわけではなく、それを良しとするときの決心に意味があるのである。

そうはいっても、今の時代のように、金しばりにあった技術が、土地をきまりきったやり方で制圧している時には、自然の景観を、物的な環境造成上の主要なテーマとした方がいいと思うのである。

——1964年〈国際建築〉

上：玄関ホールの左が居間、食堂のパブリックゾーン、右は寝室、子供室、浴室、トイレのプライベートゾーンに分けている。室内でも靴のままの生活
下：対角線に道路まで抜けていくピロティ

夙川の家と吉阪先生と浦太郎

浦 環

2019年6月、国際学会に参加するためマルセーユに滞在しました。宿泊したホテルはコルの代表作「Unité d'habitation, Marseille」の直ぐそばでした。さっそく行ってみました。

1951年この地で、父太郎は、吉阪隆正先生にお会いしています。父は、戦後第2回のフランス政府留学生として横浜を船で出て、単身マルセーユに着きました。吉阪先生は第1回の留学生です。コルに師事し、ユニテを建てていたので、マルセーユに滞在していたのです。

吉阪先生が完成まで現場を監理したユニテの入り口を入ると、なんだか自分の家に入ったような感じがしました。エントランスの雰囲気が夙川の家にそっくりなのです。建物の中や、屋上、ホテルになっている部分のレストラン、書籍売り場にいってみました。屋上の造作は夙川の家とは違うのですが、

親しい友人の家にいるような感じがしました。ホテルに泊まらなくて残念。

吉阪先生に触発された子供のころの「建築家」への憧れがふつふつと沸いてきて、学会の合間をぬい、フィルミニへ行き、教会や建物群を見に行きました。夙川の家のペンキの色使いがマルセーユやフィルミニから来ているのだなあ、と思いました。私は九州工業大学を退職後、五島市に日本家屋を買い、改装し、ドアなどを吉阪先生気分でペンキで塗っています。父が、夏休みに、家のペンキを塗り直していたのを思い出します。2019年9月にはチャンディガールにもいきました。印象的だったのは、美術館でした。天井の明かり取りに障子格子のような造作になっているのです。夙川の家も、サロンの高い位置の明かり取りはそのような造作になっていました。吉阪先生とコルとの感性の交換のようなものを感じ

ました。

　私は、もちろん夙川の家が好きです。中でも気に入っているのは、レンガの壁と打ちっぱなしの柱の木の模様です。

　外側に出っ張りのあるレンガの壁は、出っ張りを出すように青図に指示があります。そこには、1枚だけでなく2枚ならんだ出っ張りを出すように描かれています。これが、一見規則正しく配列されているように見える出っ張りパタンに乱れを作り出し、単調性を打ち消しているのです。父は数学者であったので、対称性だとか黄金比だとか、理屈っぽいことを言うのが好きでした。彼が、このような非均質性を受け入れたことを面白く思っています。おそらく、生活に理屈っぽくないものを求めたのでしょう。それが吉阪先生によって実現されたと思います。左官屋さんが、「二つの出っ張りをどのように配置するのかを指示してもらわないと、レンガを積めない」といったときに、吉阪先生は「適当に積めばいいんだよ」と答えたとか。

　打ちっぱなしのコンクリートの柱の型枠は、杉板でつくられていました。そのために、木目がコンクリートに写っているのです。近年、そんな型枠を使っているところはないと思います。先日、五島の家の塀を修理したときに、杉板で型枠を作ってもらい、木目を出してもらいました。大工さんは、「何で」と聞きましたが、私は「これがいいんだよ」と答えるのみです。

上：竣工前の現場で家族そろって。環の後ろには吉阪先生。1956年2月
下：竣工後の家族記念撮影

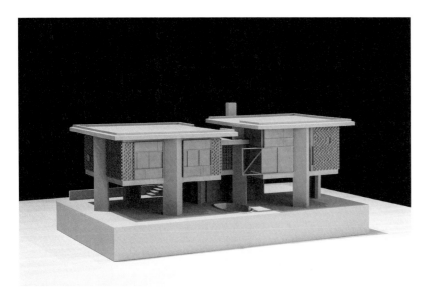

上：南外観模型、1：50
下：コンクリートの人工土地と屋根スラブ
の構造模型、一つの正方形の中に45度振っ
た正方形を組み合わせた構造の組立てに
なっている。縮尺1：50

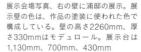

展示会場写真、右の壁に浦邸の展示。展
示壁の色は、作品の塗装に使われた色で
構成している。壁の高さ2260mm、厚
さ330mmはモデュロール。展示台は
1,130mm、700mm、430mm

204 ヴィラ・クゥクゥ

東京都　渋谷
1956年設計、1957年竣工

荒々しい彫塑的なコンクリート独自のテクスチュアを表現した、吉阪建築の特徴を印象づける重要な作品である。フランス文学者でありアルピニストの山仲間、近藤 等夫妻のための住居は、夫人のニックネームの〈カッコウ〉からフランス語の〈ヴィラ・クゥクゥ〉と名付けられた。

コンクリートの曲線、プレキャストの階段は現場に入ってから、現寸で決めたという。手の痕跡を伝える外壁のレリーフと彫刻のような造形に惹きつけられる。

DOCOMOMO Japan 選定2020年

早朝の光が屋根上の「トップライト」に射す。1995年

上：2階の寝室から居間を見下ろす。2017年
下：居間から、左手にキッチン、東側の奥が書斎、2階が寝室。南側を壁で閉じた空間に、トップライトからの光が柔らかく落ちている。2017年

西側の庭から、居間と屋根のトップライト。2021年

外観パース、1956年12月20日、渡邊洋治、トレーシングペーパー、インク、405×592

  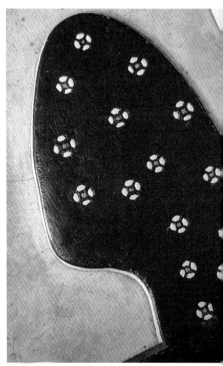

左から、現場製作のプレキャストコンクリートの階段と小さく開けた色ガラスの明かり窓。やわらかな光をおとすトップライト。玄関ホールの踏み込み。階段下の明かり窓

恋と同じ気持ちを異性ばかりでなく、
仕事上にも情熱を傾けさせる。
いや私のいいたいのは、
そのように仕事に恋した時にはじめて、
心に訴え、知恵の働いた、大胆な、
世を動かしてゆくような
仕事ができるということだ。

「オペラ歌手は、恋する心を失ったとき
声が出なくなる」といわれている。
建築家は人類の生活への
情熱を失ったとき、
一介の技術者となってしまう。

——1958年〈朝日ジャーナル〉

展示会場。初期住宅の色で塗装した壁。左から〈ヴィラ・クゥクゥ〉、〈丸山邸〉

303 丸山邸

東京都　豪徳寺
1957年設計・1969年増築、2021年解体

山岳部の後輩で、美術関係の編集者の住まい。木造の列車のような細長い空間を家具でゆるやかに間仕切り、書斎、居間と食堂、寝室と生活の場所をつくる。天井高は2,260mm。コンクリートブロック造の水廻りゾーンにキッチン、浴室と洗濯室を配置した。

畑の中の敷地は宅地化されて、周りに住宅が立ち並ぶ。10年後、1階は仕事場に、2階に大きな桜の木を眺める居間食堂キッチンを増築した。

上：写真は丸山家のアルバムから、玄関と列車のように細長い居室
右：南からの外観。奥から寝室、食堂、居間、書斎

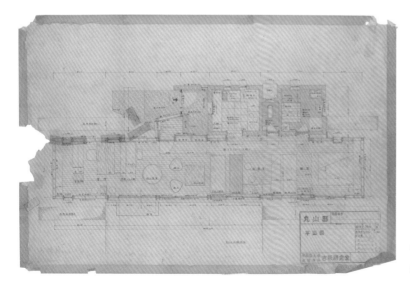

平面図、1：33、城内哲彦、トレーシングペーパー　鉛筆　インク、393×592

食堂での丸山夫妻。奥が寝室、左手にキッチンと水廻り

現場での吉阪、「彼はどこにでも上る。これも隣の家のかぼそい塀に
のって、スイスで100ドルで買ったという愛用のminox を手に彼は
不敵の笑いをうかべる」と早稲田大学山岳部の後輩、丸山尚一が現場
で撮影した写真にメモを書いている。

上棟の祝宴

1204 樋口邸

東京都　成城
1966年設計・1979年増築

多摩川河岸段丘の傾斜地に建つコンクリート住居は、樋口裕康の長兄の住居。コンクリート打ち放しの荒々しい手触りと階段ホールに張り巡らしたザイルの表情は、身体に直接はたらきかける、コンクリートの塊である。斜面に基礎の穴を掘り、コンクリートが立ち上がる現場に通い続けたという大江健三郎の小説『洪水はわが魂に及び』にも登場する。キッチンでは野鳥が水を飲み、犬や猫と共に崖線の自然と共に暮らしが営まれた。

竣工時の外観

上：斜面にコンクリートが建ち上がる
下：年賀状用に描いたスケッチ「元気でいってらっしゃい」

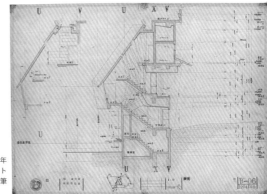

断面図、1：50、1966年9月20日、樋口裕康、トレーシングペーパー　鉛筆インク、557×406

左上：猫と鳥と暮らす2階のリビング
左下：道路からの外観
右：最上階の階段室は屋上へ繋がる

2005 三澤邸

神奈川県　葉山／1974年設計

70年代のコンクリート住居。屋外の人工土地を中心に、居間、書斎、アトリエ、3棟の独立した居室棟を分散配置する住居の原型といえる。葉山の自然と向き合いながら、緑の谷へと曲面の壁が伸び上がる。断熱材打ち込み仕上げの円形の書斎をはじめ、自由な造形は建主とU研のメンバーが型枠を組み、コンクリートを打ち、煉瓦を並べ、建築中の現場に寝泊まりして工事を進めた。設計施工の直営工事で、住みながらつくる中から生まれた。

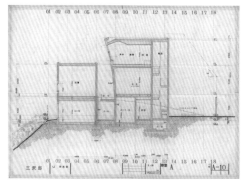
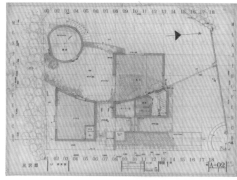

左：断面図、1：50、1975年4月21日、横林康平、トレーシングペーパー　鉛筆　色鉛筆　インク、402×551
右：平面図、1：50、1975年4月20日、横林康平、トレーシングペーパー　鉛筆　色鉛筆　インク、402×551

谷と山なみの緑を望むように、2階のテラスを囲んで建つ居室、居間兼アトリエ、書斎、三棟の分棟型住居

メインアプローチから2階テラスへ。右の居間食堂の曲面の壁は、谷の緑へと伸び上がるように3階の寝室からは谷を見下ろす窓になる。1995年

円筒の書斎への出入口は、テラスからの梯子。天井の仕上は断熱材打込み

象設計集団から吉阪隆正、コルのインドへ

写真を旅する　北田英治

　1981年の秋、名護市庁舎の取材で沖縄へ。早稲田大学専門学校の学生を引き連れて象設計集団の大竹康市氏が「番外地講座」を開いていた。小牧図書館、進修館等の建築について熱く語った後、満月に照らされた芝生の庭へ移動した。

　「海の青さに空の青　南の風に〜」大きな輪になり、全員で「芭蕉布」の歌を唄い始めた。

　学生達に沖縄を、名護市庁舎を、五感で体験させている姿が記憶に残っていた。

　その後、象設計集団とのつきあいから、師である吉阪隆正氏とU研究室への興味に繋がっていった。

　1982年、取壊し前の吉阪隆正自邸を大久保の百人町に訪れた。庭には布団や段ボール等が散乱し、近所の子供達の遊び場になっていた。遺跡の様なブロック壁と書庫のタイルが印象的だった。

　象設計集団の樋口裕康氏から、「吉阪隆正＋U研究室」の展覧会と作品集のために、建築の現在を撮影する話があったのは1994年。

　はじめに浦邸の撮影。道路からヒマラヤ杉の中を行くとツタに覆われた建築が現れる。留学先のパリに引き伸し機を持っていった浦氏が撮影・プリントしたジジ・ジャンメールの舞台写真がリビングに飾られていたのは、何よりも印象に残っている。1950年代のパリの風が流れていた。

　そして、竣工後40年近い時間を重ねた建築を撮

り歩く。江津市庁舎、呉羽中学校、海星学園、大学セミナー・ハウス……そして、ベネチア・ビエンナーレ日本館から、フランスのル・コルビュジエの建築へとひろがり、インドを訪ねることになる。

吉阪隆正と大竹十一のフィルム

　長男の正邦氏から預かったパリ留学時代の吉阪氏のフィルムには、コルのアトリエの様子が写されている。

　正面の壁にコルの絵画が置かれている細長い設計室。窓際にタカの製図台。打合せをしているコル。製図台には図面が積まれている。コルのアパート屋上で友人と記念写真。

　大竹十一氏のフィルムには独特の世界がある。初対面の時、打合せが終わり記念写真をお願いすると、「写真はヤダよ」と言った言葉と緊張された表情の写真が遺る。大竹のカメラはハーフ判サイズのオリンパスペン。36枚撮りフィルムで72枚撮れる。

　長次郎の茶碗を好んでいた氏が撮影した天竜川記念碑の模型や現場等のコンタクトを見ると、カメラ位置を僅かにズラしながら何カットも撮っている。手に包んだ茶碗の感触・重さ・バランスを確認するように。

　吉阪氏は1977年の対談集の後記で「過去は常に未来を裏側に隠しもっていて、未来は過去を内に含んで表にあらわれることを示すメビウスの輪のよじれ目の現在にあって、皆がどのように前後を見透したかに興味を持った」(『吉阪隆正対談集　住民時代：君は21世紀に何をしているか』新建築社、1979年)と、「現在」の問題意識を探る試みを記している。

　吉阪生誕の写真を、100年の時間を経て、現在、見直すことになった。吉阪撮影の自邸建設中の家族

写真、海星学園、江津市庁舎などから、ヒゲの時代の眼差しの印象は集印帖に描くスケッチだが、蝶ネクタイの時代は現場を熱い眼差しでカメラを持ち歩んでいた様に見える。写真からは撮影者と時代の姿勢が見えて来ている。

カメラを掛ける吉阪。山梨にて。1957年（撮影：安東勝男）

309 海星学園

長崎県　長崎
1957年設計、2015年解体

地形を読み込み、地形を活かして計画した高等部の校舎。長崎の急斜面に突き刺すように配置した彫塑的な校舎は、新しい風景をつくる提案である。円筒の階段塔の上にシンボルとして立つマリア像は、オランダ坂からも、グラバー邸からも、まちのどこからも眺めることができた。階段塔の力強い線を重ねたエスキスの図面には強い意志が伝わってくる。

油土の敷地と模型

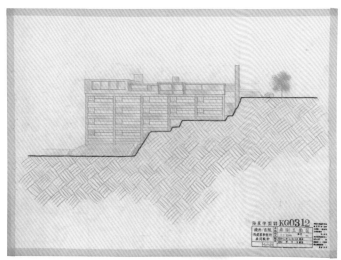

南側立面図、1：200、1957年10月23日、松崎義徳、トレーシングペーパー・鉛筆、インク、403×550
斜面に建設して、各階から直接出入りできるようにしている。

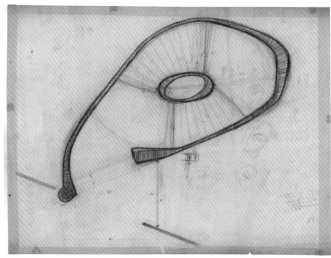

階段平面エスキス、平面図、1：20、、松崎義徳、トレーシングペーパー・鉛筆、576×811
鉛筆の強い線で階段室のエスキスを何枚も描いたのは松崎義徳

上：竣工時、南グランドからの全景。1958年
下：鮮やかな色彩計画で塗り分けた竣工時の教室前の廊下

上：グランドと傾斜地の建設予定地。1957年
中：斜面に直角に配置した校舎
下：製建具の割付はモデュロール

雨が降って来た。
バナナの葉を一枚もいで頭にかざした。
雨のかからない空間ができた。
バナナの葉は水にぬれて緑にさえている。
パラパラと雨のあたる音がひびく。
この光とこの音の下に居る者は
雨には当たらない。
この葉をさして歩くと　葉先がゆれる。
ゆれるたびにトトトと
葉の上の水が落ちる。
相当な雨らしい。

新しい空間とは、
こんな風にしてできるのだ。
おそらくこれ以外の方法で、
新しい空間は生まれない。
葉っぱは傘になり、傘は屋根になり、
屋根は住居になって、
それからまた、
諸々の公共の場所にもなっていった。

—— 1959 年〈近代建築〉

上：長崎の傾斜地では貴重なグラ
ンドをのこして斜面に建てた校舎
は、まちのどこからも見ることが
できる新しい風景をつくっている。
右：タイルが貼られた窓廻りと左
は階段室。1995年

114

401 呉羽中学校

富山県　呉羽町（現　富山市）
1958年設計、1960年、1961年、1962年、
1963年、2005年解体

呉羽町念願の中学校校舎の建設は、町の年間予算で一棟ずつ、5年にかけて建設した。3棟のY字型教室棟と2棟の特別教室棟が瓢箪型の中庭を囲む配置へと変わっていった。中庭を囲む劇場のようなバルコニーでは生徒たちが活き活きと活動する。生徒と卒業生にも、地域の人々にも愛される校舎であったが、耐震補強をして使い続ける、現在では当たり前の活用が認められない2004年の補助金制度の壁を越えることはできなかった。

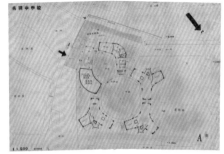

配置平面図　A案、1：500、1962年12月8日、大竹十一、トレーシングペーパー・鉛筆・インク、255×371

全校生の合唱が響き渡る中庭は大劇場の舞台。1995年

中庭を囲む外廊下に全校生徒が集まる集会

1棟ずつ、5年をかけて工事を進め、校舎を完成させた。

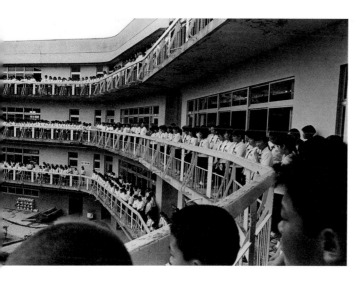

階段の大きな木の手摺

三層の外廊下は立体演劇のような景色

402 南山小学校 計画

長崎県　長崎／1958年設計

小さな丘の頂きに設計した小学校の計画案。教会と
修道院、小学校校舎と体育館、講堂をどのように配
置するか。限られた敷地の中にグラウンドを計画。
そこに3つの施設の配置パターンを検討する。斜面
を掘り込んで建物を埋め込む計画を提案した。

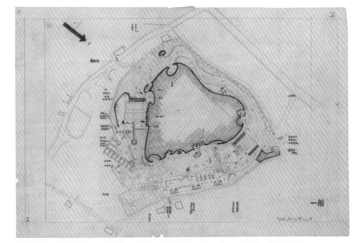

配置平面図、1:600、～、大竹十一、トレーシングペーパー・鉛筆・色鉛筆、335×498

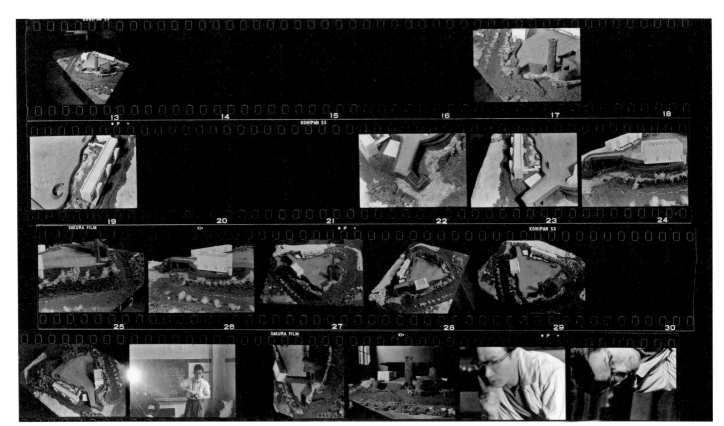

フィルムコンタクト、模型写真

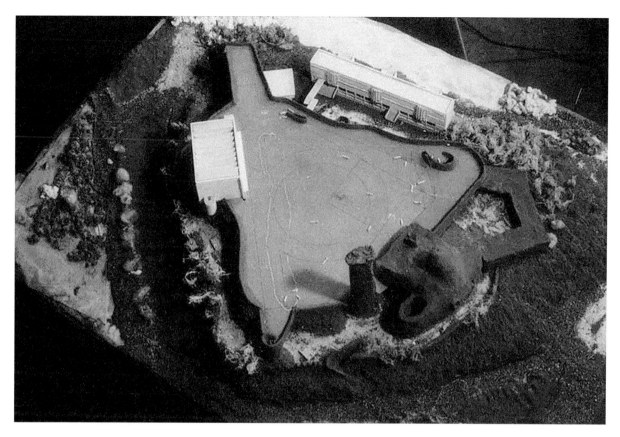

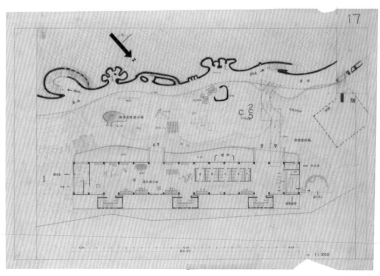

上：全体模型、グランドを囲んで配置
した、教会と修道院、小学校校舎と体
育館、講堂
左：教室棟1階平面図、1：200、、大
竹十一、トレーシングペーパー・鉛筆・
色鉛筆、326×488

201 ヴェネチア・ビエンナーレ日本館

イタリア　ヴェネチア／1956年竣工

戦後の国際舞台に伝統とジャポニズムの建築表現を求められる中、その課題に正面から取り組み、敷地の高低差を活かしたピロティの展示パビリオンを提案した。90度回転して配置した4本の柱構造。自然光を取り入れるルーバーをかねた梁。中央に開けられた開口は空気が通るように計画した。吉阪と大竹は3ヶ月現地に常駐して現場で図面を描き、工事を進めた。煉瓦目地や石、鉄の加工など、ヴェネチアの職人の仕事は、その後のU研究室のディテールに大きな影響を与えた。
文部大臣芸術選奨（美術部門）（1957年）

1956年6月、ブリジストンタイヤの創設者・石橋正二郎氏の寄付を受けて完成した日本館、第28回国際美術展の開幕へむけて開館の日をむかえる。

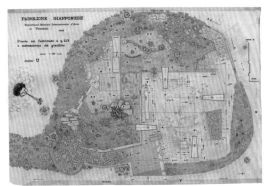

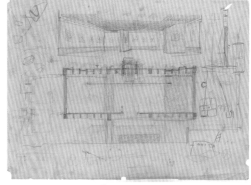

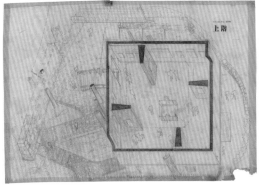

上左：1階配置平面図、1：50、1984年5月5日　再製図、大竹十一、トレーシングペーパー・鉛筆・インク、622×874
竣工から30年経って、現地の樹木や石の配置を調べて、詳細に描いた大竹十一の図面
上右：展示室透視図、断面図、1：50、吉阪隆正・大竹十一、トレーシングペーパー・鉛筆・色鉛筆、425×587
現場でのエスキス図面、展示空間とトップライト、ルーバーのスタディ
下左：地上階アクソメ、トレーシングペーパー・鉛筆・インク、551×802
下右：上階アクソメ、トレーシングペーパー・鉛筆・インク、551×802

左：4月、1階床スラブ、コンクリート型枠が建ち上がる。
右：上棟式、5月7日快晴、39名と祝う。

不思議な扉

複雑なこの世の現象を解いてくれる
一つの鍵を発見した時の喜びというもの、
驚きというものは一致しているのかもしれない。
しかもそれは私一人だけが覗きみたものではない。
大勢して探して、皆を呼び集めて
「オイみろよ、この素晴らしい世界を！」といって、
肩を組んで覗いているのである。

── 1957年〈建築文化〉

自然光の展示室内部、出品作家は、須田国太郎、脇田和、植木茂、棟方志功、山口長男、山本豊市。
版画部門の「国際大賞」を棟方志功が獲得

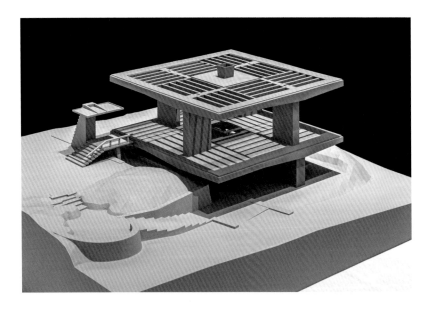

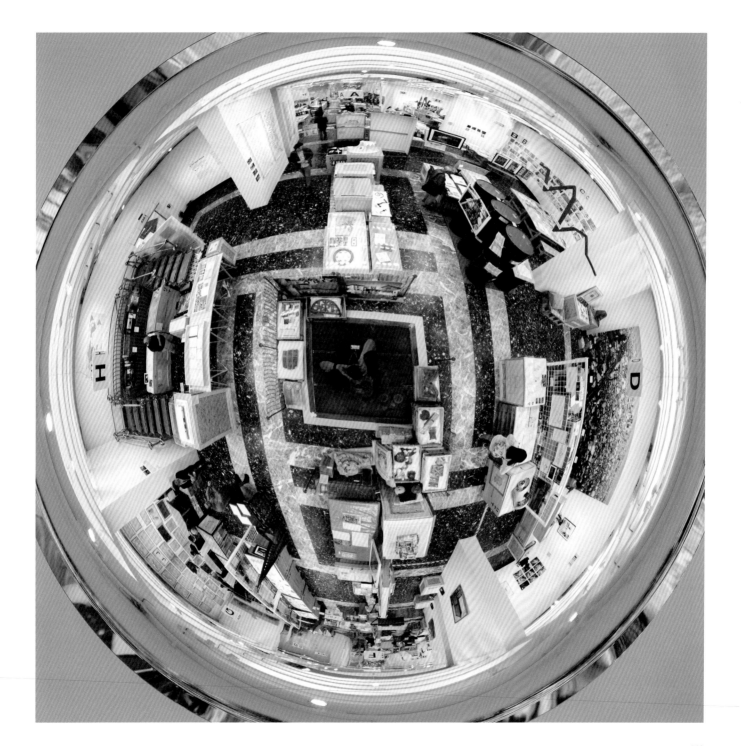

ヴェネチアの井戸は、天からの水を汲んでいる。ヴェネチアの街を歩けば見かける、広場の真ん中にデンッと居座る井戸。あれは、ポッツォ（pozzo）と呼ぶらしく、広場に降り注いだ雨を地下の貯水槽に貯める仕組みらしい。井戸は井戸でも、地層に溜め込まれた水を汲み上げるのではなく、ついさっき降った雨を貯水する。だから効率よく雨を集めるためにも、堂々と真ん中に鎮座している訳だ。14世紀頃から本格的に作られ始めたポッツォは、すでに使われていないものも含め、6,000にも及ぶらしい。水源の乏しい島であるヴェネチアらしい存在であり、人間と水との切り離せない関係をそこに見る。

ヴェネチアには、もう一つ真ん中に「デンッ」がある。吉阪隆正が設計したヴェネチア・ビエンナーレ日本館の展示室の床、そこに口を開ける、1.6 m四方の穴である。この建築は、下層をピロティとして外部に開け放ち、上層に正方形の展示室を構えている。この上層の展示室から、下層のピロティを貫くのが、この穴だ。建設当初は、この穴の周りに大理石の手摺が回っていた。さらには、この穴の上を見上げると、天井にも穴が空いている。つまり、空から降る雨は天井を抜け、展示室の床を通り抜け、そして下層のピロティに落ちる。

私は、実際のところ雨が通り抜けるその様子を見たことはない。展示室に、雨が抜ける設計は時代遅れか、あるいは早すぎたのか。いずれにせよ、この穴（それに、展示室に聳え立つ融通の効かない4枚の柱！）は、ホワイトキューブに慣れきったアーティストに試練を与えてきた。そして多くの場合、その存在を隠蔽するかの如く、この穴を隠して使われてきた。そうした中、2011年のヴェネチア・ビエンナーレ国際美術展に参加したアーティストの束芋は、作

品「てれこスープ」でこの穴を逆さの井戸に見立て、ピロティを外部、展示室内を井戸の底として作品を展開した。吉阪隆正の設計した穴は、井戸として見事な復権を果たしたのであった。

吉阪は、たびたび水の行方を案じる。葉っぱは傘になり、傘は屋根になる[1]。伊豆大島の復興計画では「生き物が生きはじめた初源を作ろう」[2]と〈水取山計画〉を立てる。〈生駒山宇宙科学館〉では、円形の平面に巨大な雨樋を突き刺した。また、U研究室に入所したばかりの齊藤祐子氏は、八王子セミナーハウスの長期セミナー館の屋根にのぼり、水と銀河の絵を描いた。水と建築との接点に、これら全てのエピソードがある。

一般に建築の設計は、見方を変えれば人間と自然とを切り離す作業でもある。建築が受け止める雨は、屋根に落ち、そして雨樋を通して処理される。雨仕舞いとは、いかにして雨の建築内部への侵入を防ぐかである。そうして、建築は人間の側だけに寄り添い、自然から人間を守ることに従事されてきた。しかし、ヴェネチア・ビエンナーレ日本館に見る雨、ひいては自然の扱いを見ると、この建築は、自然と人間との間に自律し、差し込まれているに過ぎない。「どこの神話でも人間のはじまりは海と陸の境目で生まれたとしている」[3]と語る吉阪は、はじめに人間ありきとはしないのである。吉阪隆正に感じる建築の力強さは、そのコンクリートのマッスな造形だけに、その原因があるのではなく、人間の手を離れたその自律した姿に感じる、畏敬の念からなのではないかといったら大袈裟だろうか。常に人間の側に寄り添わされてきた建築。それに異論をはさむ余地もなかったこれまでの時代に、吉阪の井戸は、そっと水を差す。

天から水汲む、逆さ井戸 ヴェネチア・ビエンナーレ日本館　本橋 仁

＊1：『近代建築』1963年
＊2：「大島復興計画 第一次報告書」
　　　1965年
＊3：『新建築』1976年2月

吉阪39歳、大竹35歳、ここから生涯のパートナーとして本格的に設計活動が始まる。

404 日仏会館

東京都　お茶の水
1958年設計、1959年竣工、1995年解体

日仏文化交流の場として、シンボルとしての
塔、緑地と人の集まる広場を提案した日仏会
館。劇場と会議室、図書室、事務所と住居の
複合建築に都市の文化施設の果たす役割を考
えた。地下に劇場をつくり屋上を広場に、道
路側の入口まわりと、低層棟の屋上と、3つ
のオープンスペースを計画。同時にF,Jタイ
ルのデザインと階段手摺、巾木、建具の把手
や家具などは、原寸図で検討して制作した。
フランス芸術文化勲章（1959年）

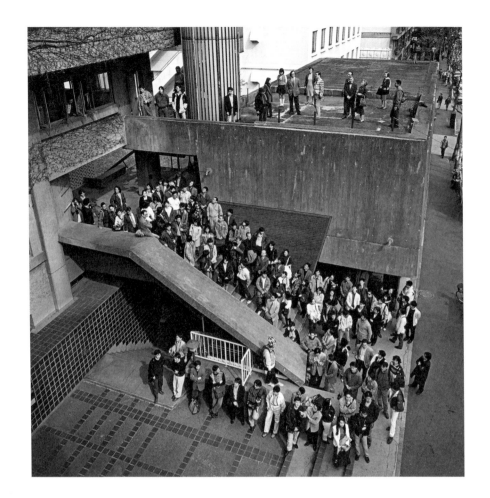

右：1995年、解体前の見学会
下左：線路側から見た計画案の模型
下右：現場写真、線路側のホール建
設、地下掘削工事

右：地鎮祭、蝶ネクタイの吉阪、大竹と
吉阪研究室のメンバー
下：吉阪研究室のメンバー、左から、滝
澤健児、大竹十一、松崎義徳、山口堅三、
城内哲彦

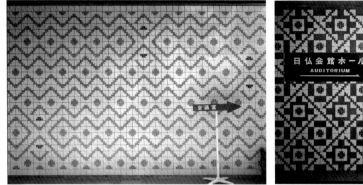

フランスのFと日本のJを組み合わせてデザインした青と煉瓦色のFJタイルを組み合わせたタイル貼りの壁のパターン

ディテールは一番肌に近い

素材そのものの触覚性から出発して
面の一分一厘を争う原寸の作業には、
現場でなければできないという面もある

——一九五九年〈建築学大系39〉

展示会場、タイル貼りのパターン
を復元したパネル、日仏会館ため
にデザインした建具の把手、引手、
ホール建具の押手、左は天童木工
で製作した椅子

右：道路からの外観と広場、広場
の下にはホールがある、左は事務
所、図書館、住居棟、右は会議
室、奥の地下にホール
下：階段室のクスノキの手摺は原
寸で考えて施工した。

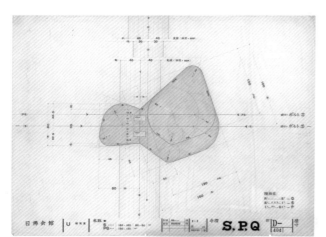

手摺 S、P、Q原寸図、1：1、1986年1月30日　再製図（初版1959年）、大竹
十一、トレーシングペーパー・鉛筆・インク、420×595

1959 m.suzuki

1959年／鈴木 恂のポートフォリオ

活動を始めて5年目の1959年、吉阪研究室では設計作品の数も増え、戸沼幸市、鈴木 恂、沖田裕生はじめ学生が設計に参加するようになっていた。鈴木 恂は大学院の二年目の活動を、〈1959 m.suzuki〉として一冊のポートフォリオ、作品集にまとめている。鈴木の作品、設計競技の図面などと共に、吉阪研究

室での設計活動のスケッチ、図面がまとめられた貴重な記録といえる。コンゴ・レオポルドビル文化センター国際設計競技案、吉阪家之墓、渦沢ヒュッテ、江津市庁舎、日仏会館の家具などの設計が同時に進む重要な一年の空気を感じることができる。
1956年に、ヴェネチア・ビエンナーレ日本館

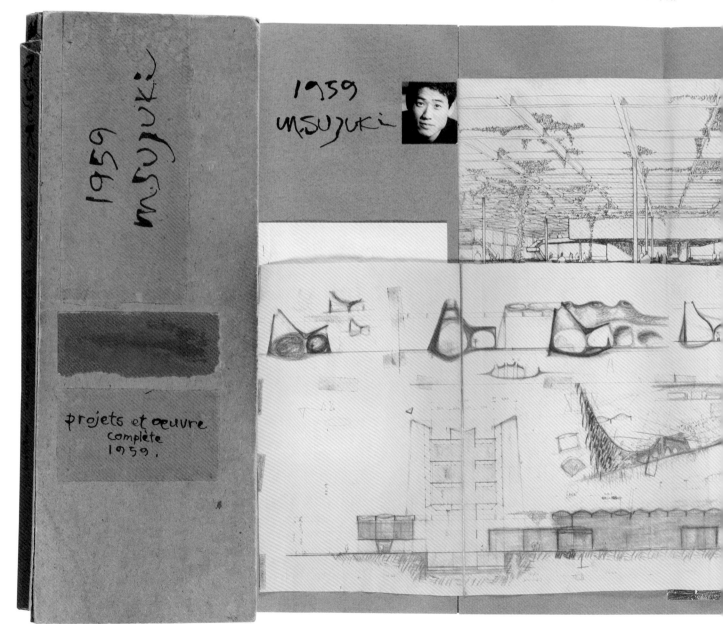

の完成後、帰国して図面を前に颯爽と語る吉阪に惹かれた鈴木は吉阪研究室を訪ね、その後の設計に参加していった。1960年にはアトリエは大学から百人町の自邸に移り、吉阪はアルゼンチンへ、そして鈴木もメキシコへ旅立った。1959年は大きな節目の年でもあった。

左から、コンゴ・レオポルドビル文化センター国際設計競技案、1959年4月30日、展示エリアの断面エスキスと内観パース、青焼
右は〈未来の夢物語〉。展覧会に出展後、〈ある住居〉に掲載される。

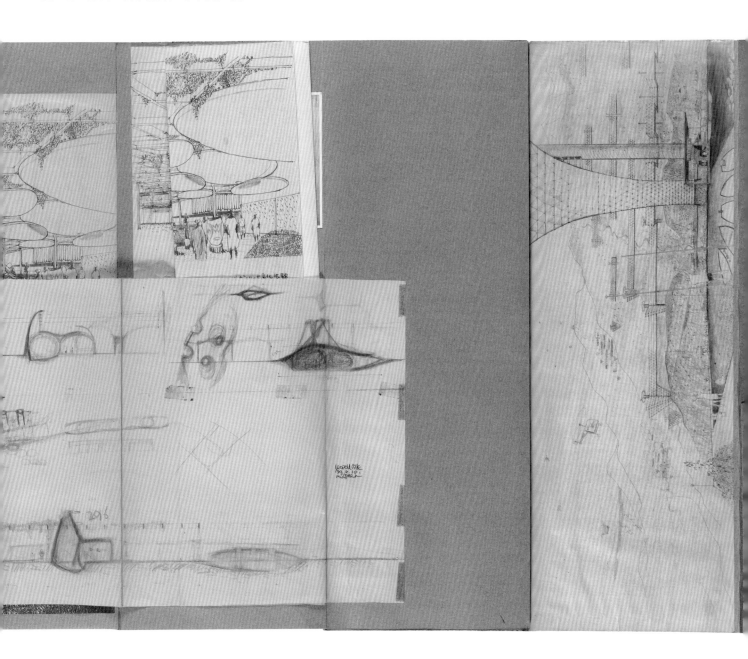

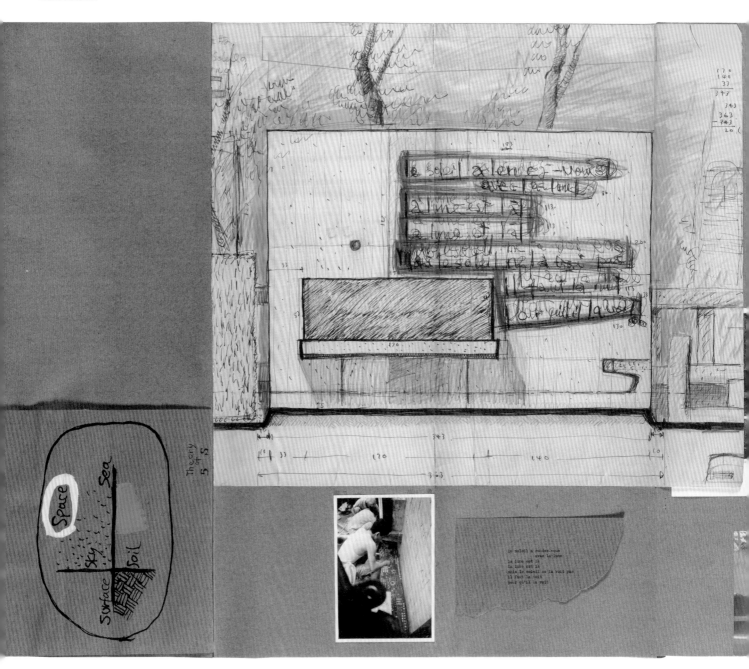

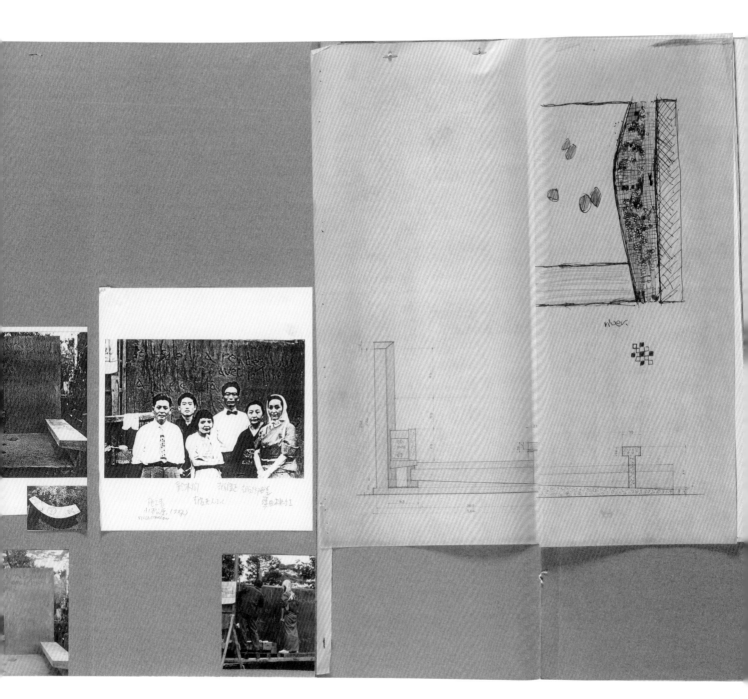

river.

涸沢ヒュッテ。吉阪、鈴木、戸沼は
1959年9月24日から製図板をもって
涸沢へ。現地を実測して新館建設場所
を決める。配置計画のタテ案、ヨコ案
を検討して現地で図面を描いた。
その後、国立公園の建築手続きに時間
がかかり、1961年工事がはじまった。

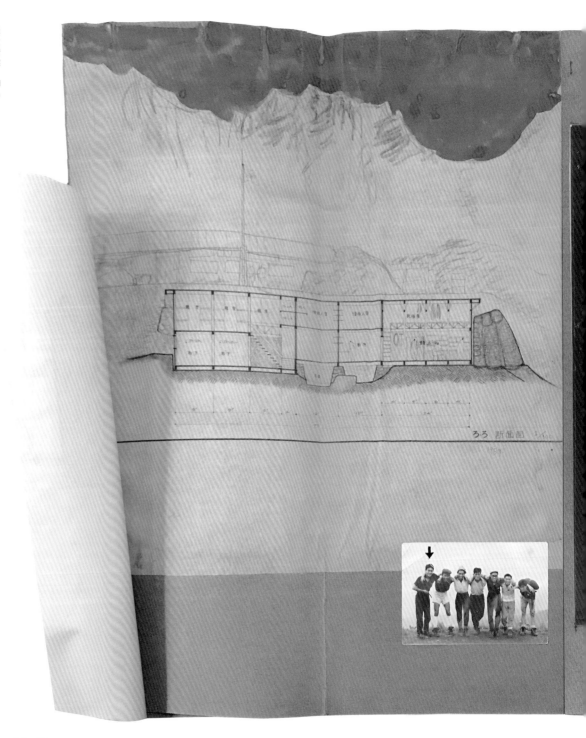

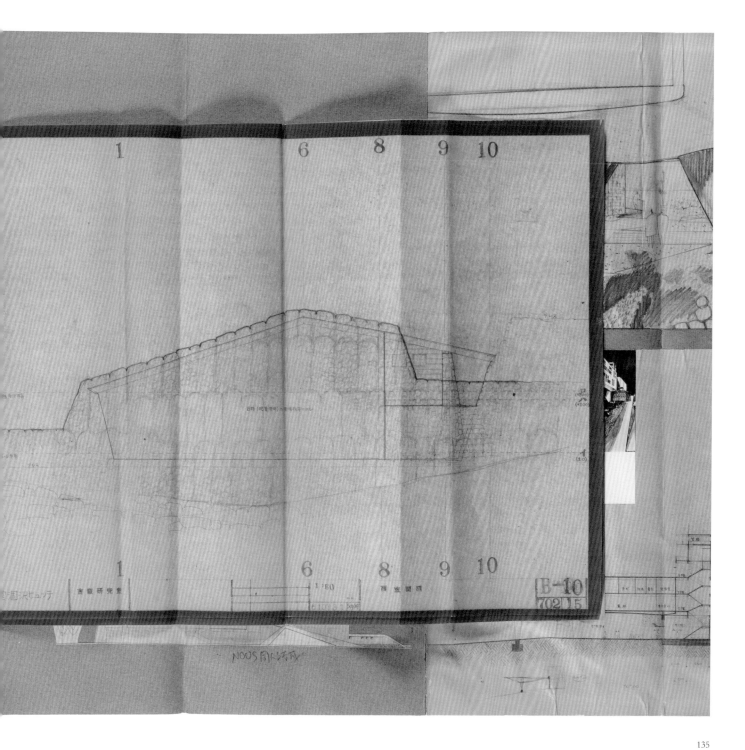

左から：江津市庁舎、第1案の外観パースと断面図。日仏会館、
椅子のデザインエスキス。1958年早稲田祭建築展の冊子デザイ
ン。建築展では200人の集団創作の作業理論として〈不連続統
一体　DISCONT〉を実践し〈住居から都市まで〉を計画した。

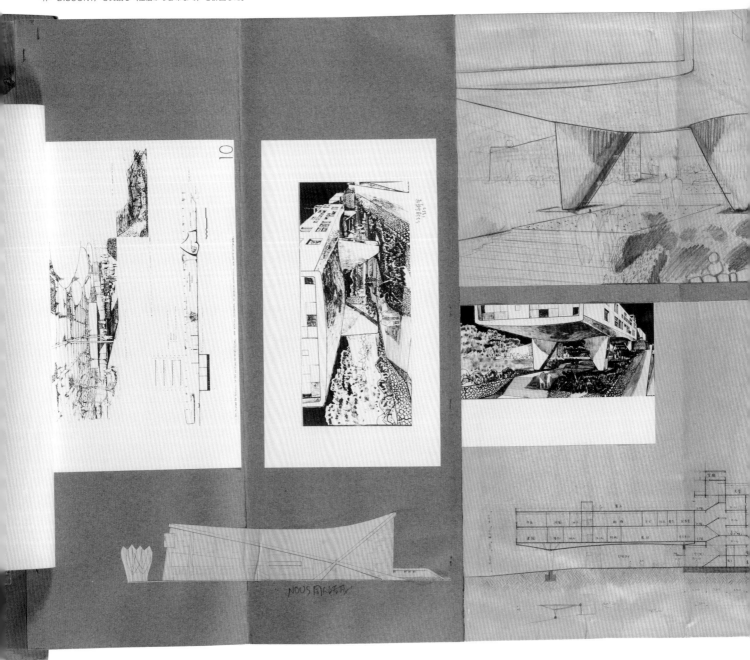

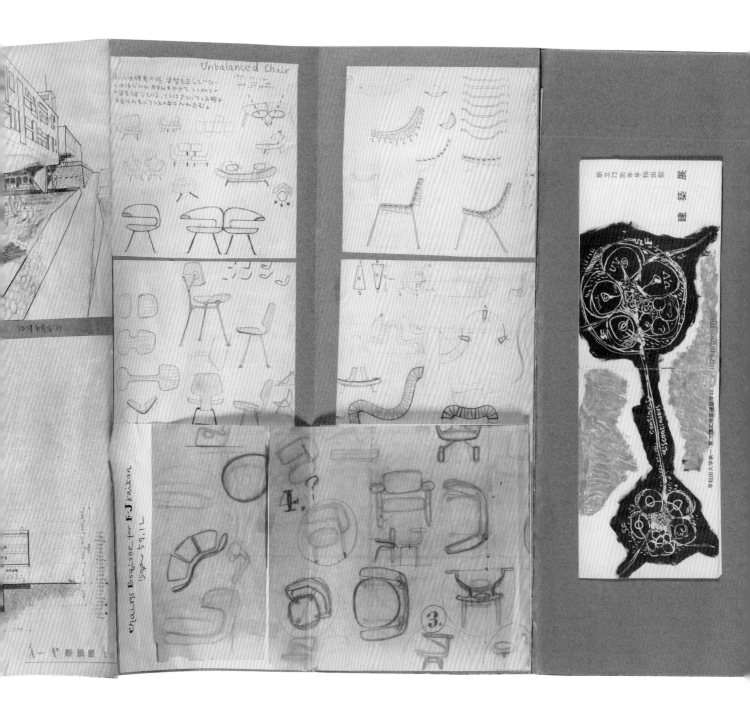

Unbalanced Chair

Chairs Esquisse for F.Jkaukan
'59.10→'59.11

137

509 吉阪家之墓

東京　多磨霊園／1959年設計

吉阪家の墓碑は、コンクリートの壁に書家の篠田桃紅がフランス語の詩を書いた。設計と現場を担当したのは、鈴木 恂。型枠を外した半乾きのコンクリート壁に、直接書いた文字を掘り込んでいった。コンクリートが固まるのが早く、レリーフを刻むのに苦労したという。

フランス語の詩は、シャルル・トレネ作詞作曲のシャンソン「太陽と月—Le soleil et la lune」（1939年）の歌詞の一部。富久子夫人が戦前、桃紅に書を習っていた縁がある。浦邸の表札、壁のレリーフを書いた浦 美輪子夫人も桃紅のお弟子さん。

Le soliel rendez-vous aved la luna la lune est là
la lune est là
mais le soliel ne la voit pas
il faut la nuit pour qu'il la voit

太陽は月と会う約束です
月はそこにいます
けれど太陽には見えません
夜でなければ見えないのです

現場でコンクリート壁にフランス語の詩を書く篠田桃紅と吉阪、現場担当は鈴木 恂

505 コンゴ・レオポルドビル文化センター計画国際競技設計

コンゴ　レオポルドビル／1959年設計

1954年から3回連続の1等入賞を果たした国際競技設計〈ブラジル・サンパウロ・ビエンナーレ〉。3回目の計画、および大学院の設計方法で生まれた〈不連続統一体〉という言葉は、その後の建築展で組織論として、そして、この競技設計では実践論、造形論として展開された。本計画は、自然文化遺産を蒐集、研究、展示する文化センターと、劇場、野外劇場と共通のホワイエの複合建築。吉阪は設計に参加した学生にそれぞれテーマを与え、提案した形を一つにして、新しい形を発見する〈不連続統一体〉を設計手法として実践した。

上から：設計説明書1、‐、1959年、吉阪隆正・大竹十一、トレーシングペーパー・鉛筆・インク、356×430／設計説明書2、‐、1959年、吉阪隆正・大竹十一、トレーシングペーパー・鉛筆・インク、356×430／展示エリア　平面図、1：500、瀧澤健児、トレーシングペーパー・鉛筆・インク、594×766／ホール断面図　パース　スケッチ、1：200、トレーシングペーパー・鉛筆・インク、535×702

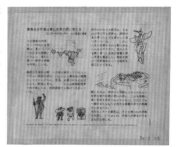

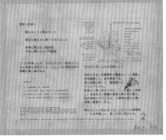

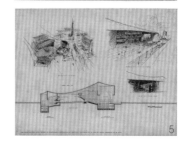

トレーシングペーパーに描いた、表紙や図面のエスキスと青焼のエスキス図面

展示エリア、ホールの模型。1959年

この世をより住みやすくしたいと
努力している小さなグループの
弱い力だが真剣にもがいている者たちを
何とか結集してもっと実り多い
力のあるものにしたいということだ。
大資本への集中、大都市への集中から
生じる具合の悪さへの循環を
断つための何かが必要だ。
それを探すため私は再びこの
DIS-CONTの言葉に救いを求める。

——1963年

集めることと弘めること
独立を損なわずに統一を与えること
停滞に陥らない安定性
不安に導かれない可動性
二つの矛盾した力、それをそのまま認めつつしかも強調を見出すこと、
ここに 20 世紀後半の課題を解く鍵がある。
—— 1959 年〈設計説明書 2〉

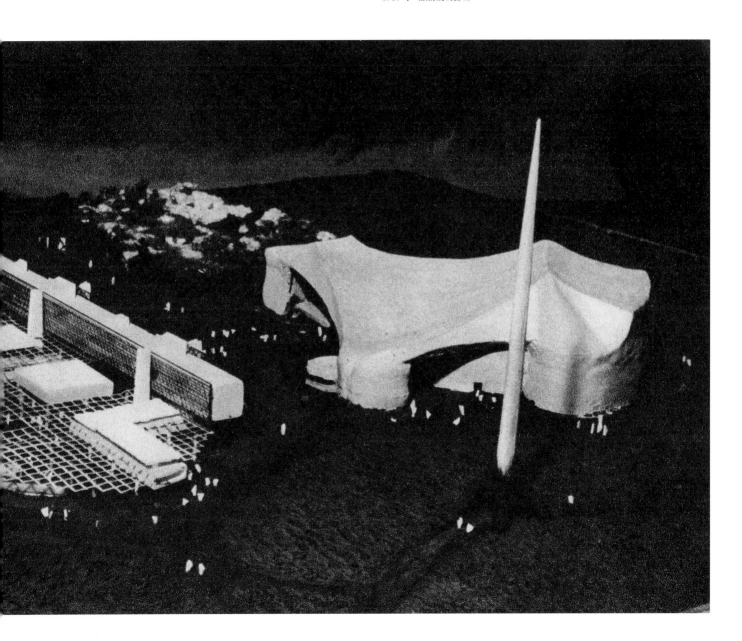

501 江津市庁舎

島根県　江津
1959年設計、1962年竣工

山陰道と江の川の海運で栄えた山側の歴史的地域と、鉄道と共に工場群と商店街で賑わう海側の新市街をつなぐ丸子山に市庁舎は計画された。そこに〈市民のための市庁舎〉を吉阪は提案する。海側の砂地と山側の地盤をエキスパンションでつなぐように、A型柱で支持する執務棟は土木の橋梁構造でフレシネ方式現場打ちポストテンショニングのPSコンクリートの床を大スパンで支持し、開放的なピロティの〈市民広場〉に。そこにつながる山側には市民のための窓口を設けた。工事費の約2割を市民の寄付で支えたまさに市民の財産である。半世紀以上にわたりシンボルとして市民の生活を見守ってきた。
DOCOMOMO Japan 選定（2015年）

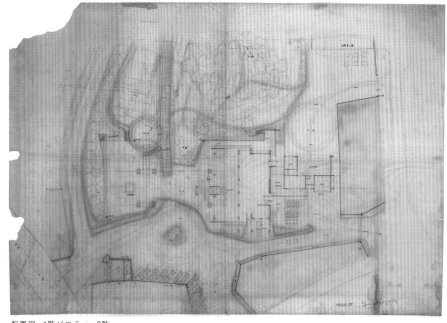

配置図　1階ピロティ・2階、1961年10月25日、松崎義徳、トレーシングペーパー・鉛筆・色鉛筆・インク、356×430

私が建築を自分の専門に選んだ一つの理由もそこにあった。人々が相争うのは、お互いに相争えないからだと思え、理解させ信じさせるには実証するのが一番確かで早道だ。建築はその国の、その時代の感情と知性と、即ち芸術と科学とを、物質を通じて一つの体系にまとめたものだと思い、国々のそれを、各人のそれを、かくかく説明し感得させることによって理解と信頼のたすけとなるであろうと考えた。

——1950年〈住居学汎論〉

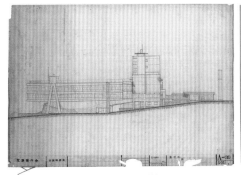

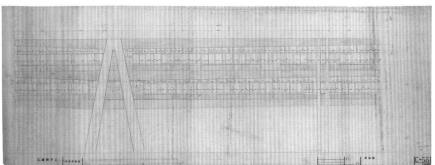

左：立面図　西、1：200、松崎義徳、トレーシングペーパー・鉛筆・インク、594×766
右：西立面　詳細図、1：50、1961年5月10日、大竹十一、トレーシングペーパー・鉛筆・色鉛筆・インク、390×1071

江津市のまちと敷地が記録されたフィルムコンタクト。1959年

地域の問題は、とにかく人の問題が根本、
理論よりも組織よりも、
土地を愛する一人の人間が現れること、
あるいはそういう人を育て、発見し、
盛り上げていくことが肝心だ。やはり愛です
愛がなければ都市は良くなりません。

── 1981 年〈建築文化〉

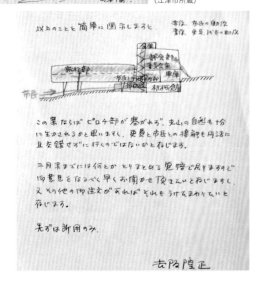

会場写真左下：落成式の市民
広場、写真©村井修「手前の
広場で竣工祝賀会をやってい
ました。そしたら突然、みぞ
れが降ってきたのです。それ
を僕は山の上からとっていた
のですが、広場にいた人が
皆一斉にピロティの中に入っ
て、そのまま祝賀会を続けて
いました。そうか、ピロティ
というのはこういうものか、
と、ハッとさせられました。」
1962年3月23日撮影
『建築雑誌』2010年7月

上：1959年8月、最初の江
津市訪問時の敷地の確認、打
合せの様子を富久子へと書き
送った吉阪のハガキより（早
稲田大学建築学科教室本庄
アーカイブズ所蔵）
下：千代延江津市長への吉阪
の手紙、新市街の海側からと、
旧市街の山側の市民の動線と
執務空間の関係を解説する
（江津市所蔵）

写真：©村井 修

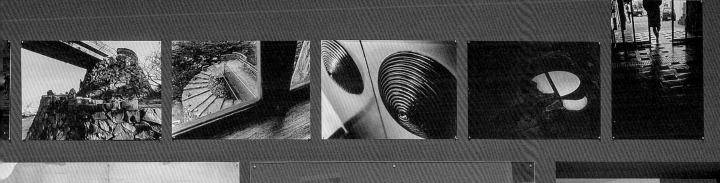

展示会場。江津市庁舎模型製作：2001年、島根職業能力開発短期大学校住居環境科：大矢ちひろ、高尾晶子　江津市所蔵

市民の庁舎、江津市庁舎の六〇年　山本雅夫

1962年3月の竣工から60年近くの長きにわたり、江津市を支え見守り続けてきたこの庁舎は、2021年5月、庁舎としての役割を終えました。日本海に向けて突き出す市長室からは、雄大な自然景観と市の中心部を東西に見渡すことができ、この壮大なパノラマを目にした人は必ず感動すると言われました。当時の江津市において唯一の近代的な建築物であった庁舎は、発展をし続ける江津市の将来像とも重ね合わせ、輝かしい市の未来を表し、多くの市民に夢と希望、そして誇りをも与えました。

この庁舎は建築家ル・コルビュジエに直接学んだ吉阪隆正氏によって設計されました。2016年に、近代建築の記録と保存を目的とするDOCOMOMO Japanによって、日本におけるモダン・ムーブメントの建築に選定されました。評価内容は地形を活かした斬新なデザインと最新のPC構造による橋梁技術のデザイン性などです。そして、高い文化的価値と歴史的意義について認識され、庁舎と周辺環境の保全・維持が求められています。また、近年は近代建築の歴史を一変させたモダニズム建築の建物は、都市部においては開発により消滅しつつあり、本市のような地方に残る建築物の存在価値は、より高まっているとも聞くところです。

現在の市民にとっても、この地を巣立った多くの人々が帰省で江津駅に降り立ち、歩くホームの先に建つ庁舎の存在に故郷へ帰ったことを実感したと思います。さらに市民の日常においても、国道9号の正面にアイストップとなってそびえる市庁舎の存在に江津らしさを感じている市民も多いと思います。市民の利用を念頭においたピロティは、「A棟下」と呼ばれ、市民広場として様々な行事やイベントにも利用され、建物そのものが市民に親しまれていたこ

となどから市民から見る存在価値も高い建築物であると思います。

2021年3月末、「江津市庁舎のあり方を考えるミニフォーラム」が開催されました。このフォーラムで記憶に残る意見がいくつもありました。「建築の価値は地域への愛着や誇りであり、無くなれば元に戻せない」、「歴史的建造物を失うことは、町への記憶を失うこと」、「費用対効果という言葉を行政はよく使うが、効果とは市民の満足度だ」、といったものです。これらに加え、「市民にとってシンボル的な建物」、「市民による建設費への多額の寄付」、「市民による市民のための庁舎」といった再生再利用を望む市民の意見も多くあることが判りました。これまで市勢発展に向けた市民の大きな期待を背負い、江津市を支え、見守ってきたこの庁舎は、現在においても未来を感じさせる建物であり、本市における戦後高度成長期の歴史の1ページを記す貴重な建築物だと思います。

江津市誌には「明春早々には本市の象徴として自他共に許す壮麗な市庁舎が生まれることになります。長らくご不自由をかけた市民各位にも喜んでいただけるものと確信しているところです。」と、当時の千代延市長の言葉があり、「当時、江津市は財政再建のさ中にあって厳しい情勢下にあったが、長期的展望に立って江津市発展のため、市のシンボルとしての新庁舎建設にふみ切った。」とも記述されています。私たちは、当時の江津市の情勢、市長や市民の想い、そして吉阪隆正氏の江津市庁舎設計の意図を理解し、「市民を第一とする」という江津市庁舎において連綿と受け継がれてきたレガシーを、この建物と共にいつまでもこの地域に存在するものとなることを願っています。

江津市の歴史的まちなみと吉阪の活動を紹介する展覧会、DISCONT LIVE 2021江津〈吉阪隆正＋U研究室展〉〈江津のたから・北田英治写真展〉島根県建築士会江津支部主催、江津ひと・まちプラザにて2021年3月開催

江津市役所を最初に見たのは、JR山陰本線江津駅からであった。丸子山の上に立ち浮かんでいるかの如く見えたのが印象的であった。当時、島根大学で建築構造の教鞭をとっていたのが縁で、江津市建設部の方に声をかけていただき、2014年から耐震・耐久性調査の支庁舎改修整備委員会に長として参加させていただいた。この庁舎は大きくA棟とB棟に別れ、エクスパンションジョイントで機能的に一体化されている。このA棟は宙に浮かんでいるがごとく1階はピロティで大きなA形の柱（A柱）とI形の柱（B柱）が特徴的である。このA棟の構造は、現場打設3階建てのプレストレストコンクリート（PC）造である。柱は鉄筋コンクリート（RC）だが、PCのT型版桁が用いられている。この版桁をポストテンション方式でプレストレスを導入し、長さ26mの超スパンを可能にしている。工法的にはフレシネ方式の定着としている。設計者の吉阪隆正先生は、こ

のような形状の建物を鉄骨や鉄骨とRCの組み合わせでとも考えていたようだが、コスト面も考えPCとしたことが、当時の江津市建設課建築係長・板根氏に送った手紙からもわかる。その際の吉阪先生のイラストを図1に示す。B棟は、4階建ての上に3層のペントハウスを有するRC造である。A棟は主に市庁舎の部・課が入る部分で、B棟は1階が外来者の案内・窓口と階段やエレベーターやトイレ、議場・会議室と役割が分かれている。当時の建築におけるPC構造は、昭和35年に建設省告示223号によりRC造と同等な取り扱いがなされるようになっていたが、その建築関連の応用実例は数例しかなかった。その一つの、出雲大社庁舎も2016〜17年に取り壊されてしまい、寂しい限りである。

旧江津市庁舎の特徴的な構造　丸田 誠

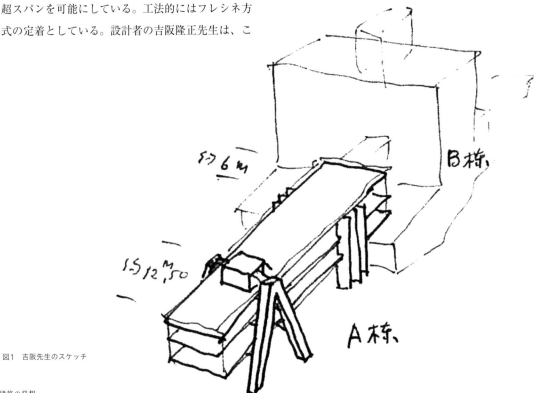

図1　吉阪先生のスケッチ

旧江津市庁舎の構造の審査を島根県の建築主事が行っているが、文献によると目新しい構造かつ形状につき構造的にどう評価すればいいか迷ったことが窺える。

地震力によるモーメント分布は、図2に示すよう考えられていた。大きなスパンの梁は鉛直荷重を主に、プレストレス二次応力も考慮されている。B柱も地震力の負担は小さく、A柱でほとんど地震力を負担する構造であり、この部分の基礎の回転も検討されていた。

2015年の耐震診断を含む調査の際[*]、B棟は一般の耐震診断のIs値で評価したが、ペントハウスの一部を除き、耐震目安の0.6に届かなかった。A棟は現行のルート3と言われる方法で、静的増分解析で建物の保有水平耐力を算出している。短辺方向の耐震性は、現行基準を満足したが、長辺方向は下回った。形状的にA柱が水平力をほとんど負担し、そのA部分の梁がせん断破壊を生じるため現行基準の耐震性能にとどかない。ただし、梁の補強と基礎梁の補強で現行基準を満足することが可能となる。B棟も耐震壁や鉄骨による補強を大規模に行えば、耐震性を上げることは可能であるが、コストはかかる。この時点では、旧庁舎を耐震補強し使用続けることが考えられていたが、2016年の熊本地震により、庁舎の耐震性や機能の検討が江津市で行われた結果、2021年春に新庁舎が完成した。

1962年の完成から60年、その姿は未だにモダンで、海岸沿いの江津市によく似合う。ただ、人気のなくなった建物は寂しそうだ。また、老朽化も急激に進む。どのようになっていくか、注目していこうと思っている。

コンクリート系の建物の保存は耐久性と共に、その時点の耐震性の評価が重要となるし、失礼な言い方だが木造のように切ったり貼ったりできない。コンクリート系の建物が日本で建設が始まって100年強、RC・PCの名建築を日本でどう後年に残すか、議論を早急に行う時期になっている。

＊編注　山辺豊彦氏（山辺構造設計事務所）が耐久性調査・耐震診断を行った。

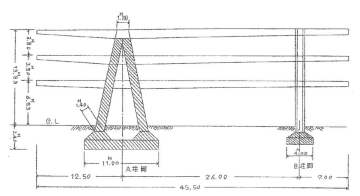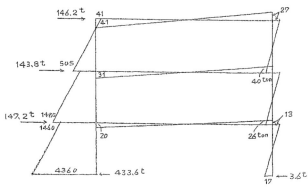

図2　A棟の骨組と地震時作用モーメント（PCによる二次応力考慮）
吉川潤・近藤正夫「江津市庁舎の P. S 造構造強度 の審査について」日本建築學會研究報告（57）、pp. 318–323、1961年

602 アテネ・フランセ

東京都　お茶の水
1960年設計・1963年・1968年・1969年・
1972年・1973年・1975年・1980年増築

高低差の大きい斜面に建つ語学学校校舎。
ATENEの文字とシンボルマークをレリーフ
に打ち込んだコンクリート壁の紫とピンクの
外壁は、アンデスの夕焼けの映える色。現場
が始まった時期にアルゼンチンで教鞭を執っ
ていた吉阪の提案で、何度も打ちあわせをし
て決めた。この建物の魅力は、非合理と合理
の中間にある「むしろ反美的ともいえる「醜」
の相貌」と評された。講堂、階段塔、フクロ
ウの風見と、竣工後に増築を重ねて、表情は
どんどん豊かになり、改修、耐震補強と使い
続けるために工事を進めてきた。
日本建築学会賞作品賞受賞（1963年）

右：お茶の水の崖地に建つ校舎は、講堂、準備室、研
究室、階段塔と増築を重ねながら、メンテナンスを続
けて手入れが行き届いている。
左：ギリシャ神話、知恵の女神アテナの使いフクロウ
の風見

水道橋からお茶の水への坂をの
ぼると、右にアテネ・フランセ
と左奥に日仏会館

矛盾する原理を
意に介さない
矛盾の中に生きて、
その矛盾の克服を
求めることが、
案外人生なのかも知れない
──一九七三年

左：風見1　詳細図、1：1・5・
20、1970年3月20日、　樋口
裕康、トレーシングペーパー・
鉛筆・色鉛筆・インク、399×
552
右：階段室エスキス、、大竹
十一、トレーシングペーパー・
鉛筆・色鉛筆、293×422

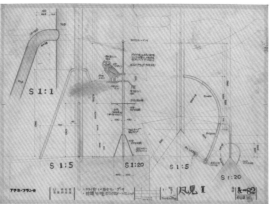
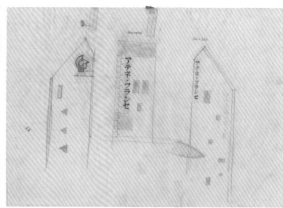

竣工時、西側から大地に建つ校舎を見上げる。

左：「アンデスの夕陽に映える色」に塗られたコンクリートの外壁には、ATHENEEの文字のレリーフ
右：駿河台の谷側外観

903 天竜川
治水記念碑

静岡県　豊田
1963年設計、2000年頃　解体

浜松の東、天竜川の橋のたもとに上流の治水記念の碑は建てられた。南中時の太陽の道をかたちにして、治水の恩人である金原明善氏の紋章をつけた銅の玉が光を受けるように計画した。植林の木をデザインした金属をコンクリート壁に打ち込み、コンクリート敷石にはレリーフを刻んだ。木のモチーフは〈大学セミナー・ハウス〉の木のシンボルマークへと展開していった。

大竹十一の設計へのこだわりが、何カットも撮影した模型写真と、配置図から原寸図まで全ての図面に徹底して表現された作品である。

木々が茂り、古代の遺跡のような記念碑

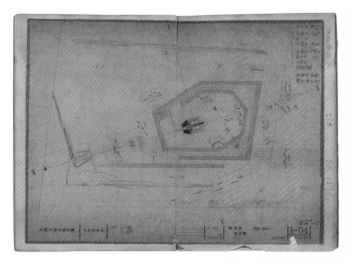

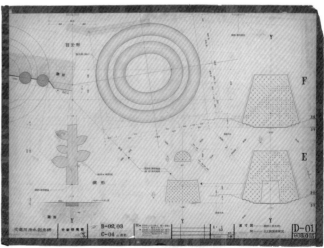

上：配置図　建立碑　生垣　敷石、1：200、1965年2月3日、大竹十一、黒焼・色鉛筆、420×592
中：樹形　目玉形　原寸図　展開図、1：1・50、1964年3月7日、大竹十一、トレーシングペーパー・鉛筆・インク、417×589

フィルムコンタクト、現場での工事写真と模型写真、大竹はハーフ判サイズのオリンパスペンで撮影した。模型や現場でも角度を微妙に変えながら何枚も撮る、図面に向き合い一本の線を決める時と同じ姿勢を感じることができる。

1407 生駒山
宇宙科学館

奈良県　生駒／1968年設計、2015年解体

奈良盆地を見下ろす生駒山山頂に建つ、宇宙
船や月の世界を展示する科学館。東天を指す
大樋の階段がこの建物のシンボルである。曲
面の壁で閉ざされた展示空間は、日常世界と
切り離されたスケールのわからない無限の世
界をつくりだすことを考えた。そこに、外部
とのつながりをつくる開口部、空中に架けら
れたブリッジと踊り場をつなぐ階段、手摺を
模型と図面でエスキス。スタイロフォームの
巨大な模型を庭でガンガンつくる。吉阪邸に
移り改組したU研究室は大竹康市、富田玲子、
樋口裕康（1971年、象設計集団を設立）は
じめ若手メンバーも増え、1960年代後半の
設計手法である。

東天をさす大樋

U研究室庭で、大樋の模型

左：平面図 下階、1：
300、1968年7月11日、
大竹十一、トレーシン
グペーパー・鉛筆・色鉛
筆・インク、405×547
右：東天をさす大樋が
象徴の外観

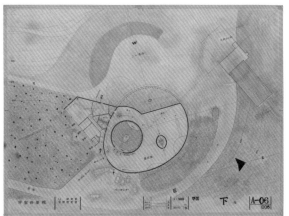

壁に開けられた光り獲り込む窓

1603 箱根国際観光センター計画競技設計

神奈川県　芦ノ湖畔／1970年設計

大地に打込んだ楔を削りとる、外観

「大宇宙を含む大自然を、人間はどう受けとめるのか」それを形姿のある提案で答えよといわれているようにとれると、設計競技の要項を読み込んで提案した計画。自然と向き合い、感動を生むような新しい環境を提案した。丘に円錐状の楔を打ち込み、球面で丘も楔も削りとる。選外であったが、その選定結果と吉阪の提案は建築界への衝撃とともに語り継がれている。

頭を球面に削られた大きな楔は、
人工であって人工をこえる叫びなのだ。
光が闇の中を突っきるように、
すべてはそれからはじまるのだ。

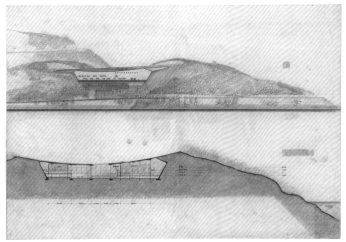
左：立面　断面、、1970年、、トレーシングペーパー・鉛筆・色鉛筆、、538×797

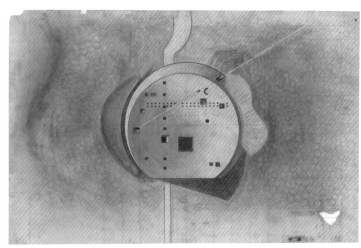
広場平面、、1970年、樋口裕康・松崎義徳、トレーシングペーパー・鉛筆、584×892

「それはここだ」とマークすることは
人間の諸活動の根元である。

形姿の世界では、それには楔を打ち込む加え算型と、
削りとるという引き算型とがある。
砂漠や草原的風土で生まれたのが前者であり、
森林地で見出したのが後者で、
これら二つは今日までの造形の偉大な創造の根なのだ。
——一九七一年

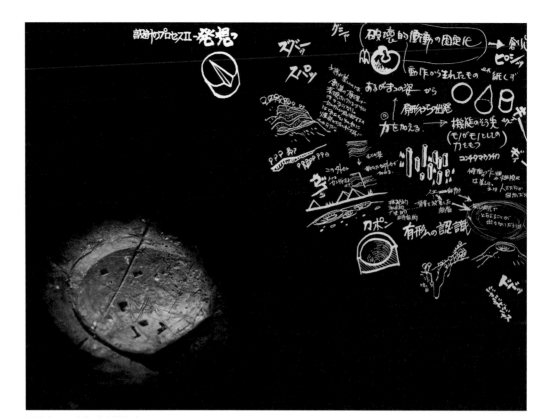

U研究室にて、本館の油土模型で窓のエスキス

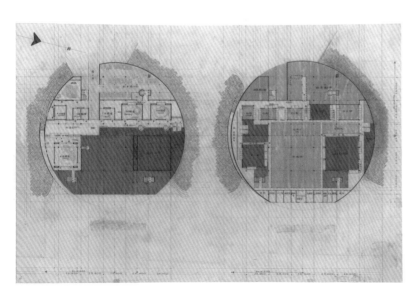

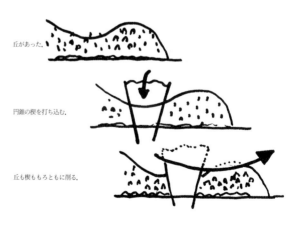

丘があった.

円錐の楔を打ち込む.

丘も楔ももろともに削る.

左:平面図、1:500、1970年、、トレーシングペーパー・鉛筆・色鉛筆・インク、
525×797
右:丘があった、円錐の楔を打ちこむ、丘も楔ももろともに削る

901 大学セミナー・ハウス

東京都　八王子
1963年設計・1965年開館・1966年・
1967年・1968年・1969年・1973年・
1974年・1976年・2016年増築

多摩丘陵の自然の中に建つ宿泊研修施設。国公私立大学の垣根を越えて、学生と教員が寝食を共にして交流する場所。地形を活かして配置するコンクリートの人工土地の宿舎、セミナー室の計画。大地に楔を打ちこんだ逆ピラミッドの本館をシンボルに、講堂、図書室、セミナー室、宿泊棟など、8期20年以上にわたり必要な施設の増築を続ける。丘は森になり、道は網の目のように巡り〈不連続統一体〉を実践する小さな村ができた。
2006年ユニットハウス宿舎解体があり、有志が集まって、施設をサポートしながら建築を語る〈ぐるぐるつくる大学セミナー・ハウス〉の活動を続けている。
DOCOMOMO Japan 選定（1999年）、東京都選定歴史的建築物（2016年）

U研究室では、自由に形を変えることができる油土で模型をつくる。図面と同時に模型でエスキスをして、ディスカッションは模型を囲んでおこなわれた。本館の油土模型

たて、または　よこ。
粘土はおさえると凹む。
凹んだところは薄くなる。
細くなったり太くなったりして垂れ下がって
美しい線や面を生み出す。
そのおもしろさを組み合わせたり、
意識的につくってみたくなる。

── 1978 年〈原風景──藤田昭子の燃える造形〉

左から：桑畑と茅の生える敷地　1963年／現場、地形に打ち込まれたコンクリート杭　1964年／宿泊ユニットの軽量コンクリート床スラブ　1964年／宿泊ユニットの木造の屋根を施工
1964年／本館のコンクリート工事　1964年／多摩丘陵の桑畑からみる工事中の建築群　1964年

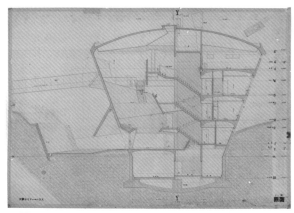

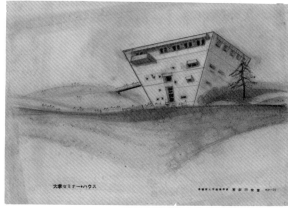

上：本館　断面図、1：50、、大竹十一、トレーシングペーパー・
鉛筆・色鉛筆・インク、551×793
下：本館透視図、、1963年11月2日、、トレーシングペーパー・
鉛筆、315×451

国際セミナー館からの、
茅橋と本館

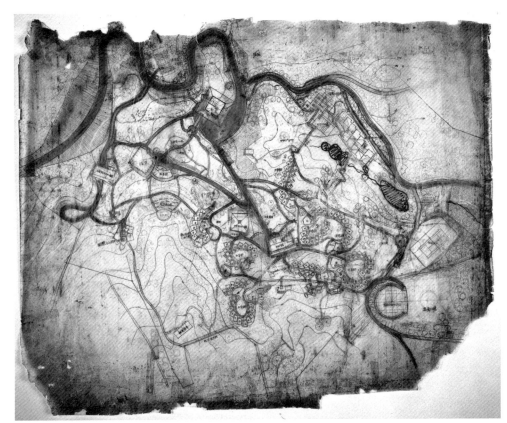

配置図、1：500、-、松崎義徳、トレーシングペーパー・鉛筆・色鉛筆・インク、643×794

設計がはじまった1963年から、等高線に沿って配置される施設を描きたしていった図面。道を巡らせ橋を架け、谷の向こうに広がり、小さな村になっていった。

階段は意志、
廊下・斜路は情緒、
橋は夢…

──松崎義徳　1978年〈建築知識〉

左：ピラミッド屋根の中央セミナー館　右：多摩丘陵の斜面を活かして配置した、宿泊ユニットの間を抜ける道

左から、設立提唱者の飯田宗一郎、松崎義徳、吉阪隆正

1978年に完成した国際セミナー
館の屋根には水が集まる川の絵を
描いた。建物の中を道が通り抜け
て、谷へとつながっている。

開館20周年記念館が竣工して、自然の中に村がひろがっていく。1989年

道は国際セミナー館の中へ続く

本館、ラウンジから食堂への階段

展示会場の大学セミナー・ハウス、1：50の油土模型、2004年「吉阪隆正
展 頭と手」に参加した約200名の学生が製作、その後、京都展、九州展、
2015年の「みなでつくる方法」に展示、現在は大学セミナー・ハウス所蔵

セミナー・ハウスの建物群を繋ぐのは建築的な廊下でも舗装された歩道でもなく、ちょっと整備された登山道と呼べるような道である。そのため建物間を移動時は登山者のような所作をする場面がある。すれ違う時は一方が足を止め道を譲り、その時会釈したり挨拶したりすることがごく自然とおこなわれる。

また建物間移動ルートも地形と繋がる建築の部分を利用することで近道となる場合もある。講堂のバルコニーを通過する、各ユニット群の中庭を通過する、本館のブリッジを渡るなど、その時に他の利用者の活動や様子を垣間見ることができる。

こういった他者と出会う場所の在り様や地形と建物群との関係は、ユートピアとして創意されたセミナー・ハウスの本質を表していると思う。

2006年に大半のユニットハウスが解体された時、重機を使ったこともあり山道が途切れ移動ルートの回遊性が失われてしまった。ユートピアとしてのセミナーハウスが一時的にでも不完全になってしまったのである。

この状況を憂慮し同じ2006年にこの場所を大切に思う有志が集まり、施設の運営に貢献できることを模索した。支援することでユートピアが復活できると考えたのである。

最初はすぐにでもおこなえる日仏会館で使われていたテーブル天板の補修であったが、この時の想いを継続しかたちにしていくため、維持・管理をサポートし建物群の魅力を参加者に体験してもらう、「ぐるぐるつくる大学セミナー・ハウス」の活動が本格的にスタートした。

昼はワークキャンプと題し道と階段づくり、講堂・図書館・教師館の手すりの塗装、ユニットハウスドア枠の塗装、広場・ベンチ・デッキの整備など活動は多岐にわたった。また竹を使ったものづくりも毎回恒例となった。開館50年に合わせて建設された食堂「やまゆり」の周辺も利用開始前後に合わせ、歩行者がいろいろなルートを利用できるように整備し、これまでの建物群と繋ぐことに貢献できた。

夜はゲストを招いての夜話（講演）とセミナー・ハウス/吉阪隆正に関するミニレクチャーをおこなった。夜話ゲストはセミナー・ハウスに興味を持つ建築家・写真家・芸術家・職人など多岐に渡り、ゲストの活動とセミナー・ハウス/吉阪隆正とを関連づけた示唆に富む内容となり、終了後もゲストを取り囲み夜遅くまで話しが弾んだ。

参加してくれる方は建築関係者が多いが夜話ゲストのファンやお子さん連れで来てくれた方もおり、セミナー・ハウスの魅力を発見しそのことを語ってくれたことで、活動を継続し続ける勇気をもらうことができた。遠方では九州・鹿児島や東北・仙台から、これまでゲストも含め延べ600人以上が参加してくれた。

宿泊した朝、朝食前にこの登山道のような山道を散歩すると、同じように歩く人と出会うことがある。朝セミナー・ハウスの中を散歩しようという行動の中に、ユートピア的な何かを感じ取ってくれていたら活動の成果はあったかなと思う。

これからも利用者に愛され使い続けられるセミナー・ハウスとなるよう、この活動を継続していければと思っています。

ぐるぐるつくる大学セミナー・ハウスの活動　田中 茂

「着る」と「食べる」と「眠る」。これら三つの面を糸で縫い合わせるように営まれるものが、生活だと考えてみる。ミシンのような手つきで3枚を綺麗に合わせている人もいるし、2枚はしっかりと噛み合っているのに、残りの1枚には針が届かない人もいるだろう。吉阪隆正の言葉や作品に触れると、建築もまた、このような「縫合」の営みなのだと思わせられる。

私が学生時代に齊藤祐子先生から誘われ、少しだけ関わらせてもらった「ぐるぐるつくる」という不思議な集まりは、そんな彼の思想を体現するものだった。参加者は大学セミナー・ハウスに集合し、建築に関するレクチャーを受けたあと、竹を切り倒したり、斜面に階段を作ったりと、それなりに激しい肉体労働をする。そうやって自分たちで切り拓いた土地で、夕方にはバーベキューもする（私は他の学生とタケノコを掘って茹でたのだが、アク抜きが甘かったせいで、食した全員舌が痺れて大変なことになった）。夜には構造家などゲストの話を聞き、

興が乗ってくると建築の議論をして、山小屋のような長期館で眠り、翌日には再び体を動かして働く。半ば強制的に頭と体を切り替えながら動かし、建築という営みを編んでいくような場所。それが「ぐるぐるつくる」だった。

このときの経験はその後も、出汁の効いた鍋のようにじわじわと私の制作活動に染みてきている。ある作品の一環として、落ち葉が発酵するときに出る熱を暖房に転用する実験を冬の札幌で行ったことがあるのだが、私の体調を心配した現地の人から「4本足の肉を食べるといい」「ホオノミのお茶は体を暖める」「熊の毛皮を手に入れるといい」などと教えてもらったとき、服や食べ物を差し置いて暖房のことだけを考えるなどナンセンスだ、という吉阪の声が聞こえた。一つの面だけを引き剥がして考えることはできないのだ。

思えば大学セミナー・ハウス自体も、丘陵地を残したまま建物を配置しているうえ、屋内と屋外の境界も曖昧なので、山道がいつのまにか建物の廊下に

いびつな縫い目　村上　慧

2006年から活動をはじめた〈ぐるぐるつくる大学セミナー・ハウス〉のワークキャンプ
左から：20119年5月、2016年に完成した新食堂棟〈やまゆり〉への階段をつくる
2006年9月、宿泊ユニット出入口建具枠の塗装、夜話のゲスト　樋口裕康を囲んで
2006年6月、宿泊ユニットの取壊しで荒れた敷地に道を再生する

変わり、外に出たかと思うと別の建物に入っていったりする、いわば土地に糸を縫っていくような体験ができる。

これは「不連続統一体」という彼の思想の体現でもある。一見すると不連続な一針一針が、しかし全体を統一している。糸はいったん布地の裏に隠れてこそ、再び顔を出すことができる。断絶と継続という矛盾したものを両立させるこの思想が、建築を縫合の営みとして捉えていた吉阪から生まれてきたのは自然に思える。

少し個人的な話になるが、大学で建築を学んでいた頃、私は「他人の家を設計する資格など誰にあるというのか」という素朴な疑問が頭から離れなかった。「住宅に人生あり」という今和次郎の言葉は、住宅が人生を決めてしまうという意味でもある。図面を引けば引くほど、私は他人に命令を下すことになる。意地悪な言い方をすれば建築家とは、自分が設計した空間を他人に使わせることで名声を得る仕事であり、どれだけ小さく見積もっても、それは暴力である。

ではどうすればいいのか。皆がそれぞれ勝手に自分の家を作ればいいのかと問われると、それはそれで困ったことになるのも目に見えている。だから、誰かがやらなければいけない。少なくともこの社会はそうなってしまっている。

私はこの問題にケリをつけることができず、建築家ではなくアーティストになった。なので、のちに齊藤先生から聞いた「家は自分の体の延長なのに、人に設計を頼むのはおかしな話だ」という吉阪の言葉は衝撃だった。そんなのありかい！と突っ込みたくもなるが、矛盾を隠そうとしなかった彼の思想は全体がうまく見通せず、まるでいびつな縫い目のように、ある場所にぽっと出てきたかと思えばすぐに隠れてしまい、とんでもなく離れたところからまた顔を出したりする。

吉阪先生とU研究室とセミナー・ハウスと私

富田玲子

吉阪先生との出会い

　私がU研究室の門戸を叩いたのは1963年4月のある日のこと。と言っても門はなく、街に連続する庭の中に、ピロティに乗る吉阪先生のご自宅とプレファブ小屋の研究室があった。庭では近所の子達とのら犬が遊んでいる。小屋の中には10人位の人達にまじってひげの吉阪先生がすっと立っていらっしゃり「君、ここはもう一杯なんですよ。場所がないですよ」と優しくおっしゃる。私はあきらめないで「あの梁の上が空いています」と切妻のプレファブ小屋の上の方を指して申し上げてみる。すると先生と大竹シニアは何かモゴモゴとおっしゃってついに入れていただくことになった。でもたくさんの人達の机をつめたら、一人の場所なんてすぐに作れて、梁の上にまで登らないで良かったのだ。その日の夕方、庭で焼肉パーティがあった。先生のアルゼンチン時代におなじみになったスタイルだ。牛肉の塊を靴拭き網において、薪の上で焼くのには驚いたが、焼けた肉はおいしくサラダもお酒もあって、よい事務所に入れたと感激する第1日目だった。

大学セミナー・ハウスとの出会い

　U研に入って始めてかかわった住宅が一段落して大学セミナー・ハウスの計画に参加した時には、すでに逆ピラミッドの本館の工事が始まっていた。しかし目玉や玄関の庇の形は決まって居ない。その担当の大竹ジュニアは、徹夜で描いた図面を持って現場に駆け込み、ぎりぎり間に合わせる。そんなペースで進められる工事を見て、建築とは出来上がるまで描き続けるものなのだと思ってしまったものだ。

　私が担当したのはサービスセンター大浴場の床と壁のタイル絵のデザインで、2ヶ月の間夢中でこれ

に取り組んだ。100枚はスケッチしただろうか。自分の描いたものが実際にできているのを見て何と嬉しかったことか！本館も中央セミナーもユニットハウスも竣工して、多摩丘陵の一角に現れた建物群を見た時、その一部に少しでも参加した私は幸せ感で一杯になった！これは大学セミナーハウス開館となった1965年のことであった。

　その後、講堂、図書館、教師館などが完成、これらの建物はひとつとして同じ形はなく、各々が個性を主張していて、美しい！

集まって住む形

　遡ること1962年「自然の静かな環境の中で教師と学生の小グループが起居を共にし、思索し、討議をし、談話を交え、人間的接触を図りながら密度の深い人生経験を持とうとするのがその目的である」という飯田宗一郎氏の夢に共鳴した吉阪先生とU研究室の先輩達は、これをどう形にしていくのかと日々議論したという。そして、二人で1戸の宿泊小屋（ユニットハウス）100戸、15〜30人の中・小セミナー室、50人の中央セミナー、100人の講堂、200人の食堂などの、段階的な集合のスケールがある【集まって住む形】の構想が生まれたのだ。この構想から出発して、敷地の特性を読み取り、各々の建物の配置と形を決め、建設監理をする作業が次々に続いたのだった。1968年までには、これらの建物が点在する〈大学村〉ができあがっていた。

〈学際村〉の中の長期館

　次第に〈大学村〉では、学生の長期滞在グループや社会人達の学際的研究会やシンポジウムが盛んに行われる様になってきて、この流れを受けて「大学

村の谷の向こうの斜面に研究・研修と宿泊が一体になった〈学際村〉」を作ろうという飯田館長の構想が生まれた。〈学際村〉は、60人くらいの人達が中〜長期間共同生活をする場所を目指すが、まずは25人からスタートするという計画目標が示された。この施設は長期館と名付けられ、私達は大竹さんや松崎さんのアドバイスの下に白紙から取り組むことになった。「一度やったことはやりたくない。私達には同じものをくり返して作る時間はない」という吉阪先生の言葉を胸にして「前のものとはちがうものを作る」ということが計画の出発点になった。では何がちがうのか？

長期館計画の課題

・25人の人々が共同生活をする一軒の家。
・ユニットハウスでは二人のスペースが最小単位だ

が、ここでは一人か？
・全体の一体感と個々人の空間の独立感の両立。
・大地とのかかわり方のちがいは？
・完結する空間ではなく、増殖していく空間。
・大地から空へ向かう空間。
・斜めの面ではなく水平垂直の面が基本。

【ぐるぐる、だんだん計画】…課題から構想へ

・基本単位は一人のスペース。隣り合う個人の領域が壁ではなく床の段差から生れる。
・それらの床が太い柱の周りをぐるぐるめぐりながらだんだんと上って行って搭状の連続空間が生れる。最上階の床の屋根は大空だ。
・1本の塔に5段の個人スペースと共用ホール。5本の塔が25人用の大部屋（セミナー室）を囲み全体で一軒の家になる。

・塔の中央の柱が木の幹のように斜面から林立する。柱から張り出して空中に浮く床の下を山道が通り抜ける。塔は将来何本かの増殖も可能だ。

この構想に基づいて夢中で計画を進め、ついに谷の向こうに大きな家が現れた！ 1970年のことだ。しかしこの構成は初めての試みだったので、実はこれで良いという確信はなかった。70cmの差の段々床で個人の領域ができるのか？ 自分の場所の一部を他の人が通り抜けて良いのか？ 5人グループで良いのか？ 設計はいつも実験だ。

1995年の開館30周年の日、U研の仲間達が集合して、長期館に宿泊することになった。とても嬉しいことに居心地が良くて楽しくて25年ぶりにほっとしたのだった！ 長期館ができ上がった後、さらにいろいろな建築や森が生まれ、〈大学村〉から〈学祭村〉へそして〈国際村〉へとセミナーハウスの活動は発展していった。

吉阪先生の夢

1979年には、吉阪先生が「15年前に素朴だった一つの活動は、年輪を加えるに従って豊かさを増した。まるで兄弟姉妹が賑やかに楽しく語り合っているようになった」とお書きになるほどになっていた。そしてその翌年、先生は尊い一生を閉じられたのだった。

セミナー・ハウスこそDISCONTだ。同じものはない、みんなちがう、人間がちがい、時間がちがう、そしてどれもおんなじだ。「この丘を崩してはいけない、建物が山を邪魔してはいけない」という吉阪先生の想いが守られていれば。

柚木村は今

2006年、100戸のユニットハウスの大半が取り壊される大事件があり、これをきっかけにしてセミナーハウスは新しい道を歩き始めた。多摩丘陵の宅地造成が押し寄せる中、セミナーの敷地には、貴重な自然が残され、地域とのつながりが深まり、自然を生かす活動が展開されている。吉阪建築を愛し、柚木村の土地に心を寄せ続ける齊藤祐子さん達が設計した食堂も作られた（2016年）。柚木村の21世紀の森はどう育っていくのだろうか？

参考資料：
「Takamasa Yosizaka Inter University Seminar House」
編著：齊藤祐子
建築資料研究社　2016 年

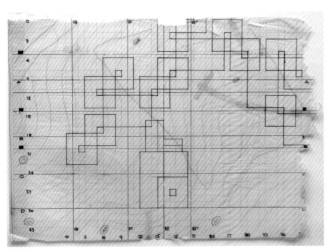

長期館　ダイアグラム、、、富田玲子、トレーシングペーパー・鉛筆・色鉛筆・インク、422×618

展示会場、長期館のコンクリート
構造模型。中心の塔の廻りを70cm
の段差の床スラブがぐるぐると回
りながら5本の塔をつないでいる様
子がよくわかる。

ことばの中で育ち
かたちの中に住む

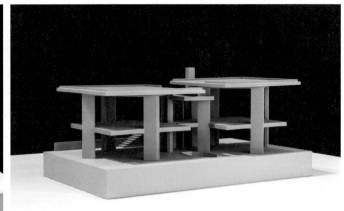

左：ヴェネチア・ビエンナーレ日本館
右：浦邸

コンクリートの構造模型　齊藤祐子

人工土地

「コンクリートというような半永久的な材料で
形を残し得て、終いには廃墟となって発掘され
るに至った時、あの時代の人々はと感嘆される
ようなものをつくっておきたいと私は考える。
数千年先に考古学者がオヤと驚く時を想像する
と、たまらない魅力を覚えるのである。」（「コン
クリートで住宅をつくる」『近代建築』1958年10月初
出［『住居の形態』吉阪隆正集4、1986年収録]）

コンクリートの人工土地にコンクリートブロック
とレンガの外壁を積み、建具や家具を取り付けたの
が、吉阪自邸。コンクリートの骨組みのまま、しば
らく宴会も開かれた。

コンクリートの骨組みと仕上げの明確な構成は、
U研究室の建築の骨格といえる。

躯体が建ち上がる時

U研究室では、設計がまとまり、いよいよ現場と
いう時に「さあこれから設計が始まる」と気持ちを
新たにする。

現場では、工事の進行と共に、現寸で窓の高さ、
サイズ、手摺や建具など手の触れるディテールを原
寸図で検討し、建築の身体性を形にしていった。そ
こに具体的な身体感覚が建築の生きる時間のリアリ
ティを実体化していくと考えている。そして刻まれ
ていくのが、時を重ねていく人の営みである。

けれど、そこで何よりも重要なのが、コンクリー
トの躯体が建ち上がる一瞬、建築がその組み立てを
現す時である。

生きられた時間から、構造の組み立てに遡る

吉阪隆正とU研究室の設計した建築は、半世紀50年
を超える時間を重ねてきた。共に設計をした建主も
代替わりをし、用途の変更、取り壊され姿を消した
建築もある。

時を重ねた身体感覚を注意深く取り除いていくそ
の先に立ち現れるのが、構造の組み立てである。
竣工した建築では隠されていくその骨格を、ここに
躯体の構造模型で表現する。

ベネチア・ビエンナーレ日本館、4枚のスラブ

展示室には床と天井の中心に空気を循環させる穴を開けた。柱から左右に持ち出したスラブを90度回転して4枚組み合わせると、中心に生まれる穴は構造的な造形である。

浦邸、正方形を二つ組みあわせる

1956年に竣工した浦邸は、現場で吉阪が描いたフリーハンドの造形と、建具の割り付けのモデュロールで空間を構成する。竣工から60年以上、竣工時の姿を変えずに手入れをして暮らしてきた。建築家と建主の住まいへの思いが時を重ねた稀有の住宅といえる。

居間のパブリックゾーンと個室のプライベートゾーンの二つの正方形を組み合わせて、ピロティのあるまちつくりの提案であった。

一つのブロックは床と天井の正方形と、45度回転した柱をつなぐ正方形と、二つの正方形を組み合わせた構成が見えてくる。

大学セミナー・ハウス、
人工土地の宿泊ユニットハウスと長期館

多摩丘陵の地形を生かして建物を配置する建築群。木造パネル工法の宿泊ユニットハウスは、PC杭を斜面に打ち込み、高床の人工土地、軽量コンクリートの床スラブを地形に沿って配置した。

内部に一歩入ると、迷路のような空間を巡るのが長期館。コンクリートスラブを中心の壁柱のコア周りに、回転しながら立体的に構成して、宿泊室を配置している。コンクリート躯体から、組み立てを発見することができる。

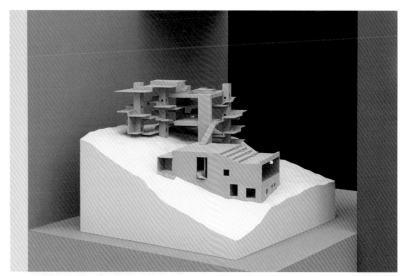

上：大学セミナー・ハウス長期館のコンクリート構造模型
下：大学セミナー・ハウス 宿泊ユニット、2群

模型作成：諏佐遙也

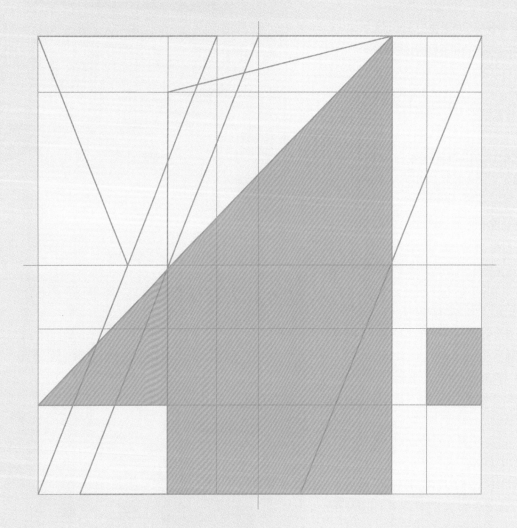

Chapter 4

山岳・雪氷・建築
Mountains, Arctic Land, and Architecture

幼少期にスイスで初めて登山を経験した吉阪は、山行に熱中し、早稲田大学の山岳部へと活動をひろげていきました。さらにはアフリカ大陸横断とキリマンジャロ登山や北米大陸横断、マッキンリー*登山などの探検隊を組織し踏破する功績などを残し、建築以上に熱心に取り組んだとも言われています。命を懸けて体得した自然からの知見は、寒冷地帯における農村民家の研究や雪氷の研究などにも発展し、最終的に厳しい自然に抗わない、独特の建築を生み出すこととなりました。1955年からヒマラヤ山脈のK2登頂を人生の目標としていた吉阪でしたが、残念ながら達成することはできずに1980年に急逝。その後、吉阪の遺志を受け継いだ早稲田大学登山隊が奮闘し、1981年にK2登頂を果たしました。

本章では、なによりも山を愛した吉阪と、山とのつながりで集まったU研究室のメンバーが設計から現場まで取り組んだ、厳しい自然と向き合う山岳建築の数々を模型や図面で紹介します。その中でも、雪が屋根に積もらないようにドーム型の形状をした〈黒沢池ヒュッテ〉は、1／3スケールで特徴的な構造を再現したストラクチャー模型です。

*現在の正式名称はデナリ

Yosizaka's first mountain climbing experience as a child in Switzerland led to his passion for mountaineering, which eventually inspired his activities in the Alpine Club at Waseda University. He already was even more enthusiastic about mountaineering than he was about architecture, consequently organizing ambitious yet successful expeditions across the African continent, summiting Mount Kilimanjaro, crossing the North American continent, and climbing Mount McKinley (today known as Denali) in Alaska.

Acquired at the risk of his life, Yosizaka's knowledge of nature led him to research the rural dwellings of arctic regions, and ultimately to the creation of unique architecture that confronted the brutality of nature, not by resistance, but by accommodation. Since 1955, Yosizaka had set his sights on summiting K2 in the Himalayas, however he was unable to achieve this goal and his life ended abruptly in 1980. Inheriting Yosizaka's legacy, the Waseda Alpine Club attained that goal of reaching the summit of K2 in 1981 with strenuous efforts.

This chapter presents the models and drawings of mountain architecture in harsh natural environments, from the design phase to construction. These buildings were designed and built by Yosizaka, who loved mountains above all else, and the team members of Atelier U, who were brought together by their connection to mountains. Among them is 'Kurosawa-ike Hütte,' a dome-shaped structure designed to prevent snow from accumulating on the roof, the distinctive structure of which has been reproduced for the exhibition at 1/3 the actual scale.

506・702
涸沢ヒュッテ

長野県　上高地涸沢
1959年計画、1961年設計、1963年竣工、
1968年増築

北アルプス穂高連峰の涸沢カール、標高2,350
メートル。夏山の登山客で賑わう涸沢ヒュッ
テは氷河が運んだ岩石が堆積したモレーンに
建つ。ここは雪崩の通り道にあたる。吉阪は、
冬の間、屋根に積もる雪の上を雪崩が越えて
いくように、岩の蛇籠を積んだ壁に埋もれる
ように新館を計画した。毎年4月には3m以上
積もった雪の下から小屋を掘り出して小屋開
きを迎える。
1951年に山岳関係の出版をしていた朋文
堂が建てた小屋は、二度雪崩に流された。
1953年本館、1958年に別館を建設。新館の
設計を山小屋について原稿を書いている吉阪
に依頼する。1959年戸沼幸市と鈴木恂が吉
阪と共に製図版を持って涸沢に登り、そこで
設計をまとめた。国立公園の手続きに時間が
かかり、城内哲彦が現場を担当して1963年
完成。その後は松崎義徳が毎年のように涸沢
に登り、増築を重ねてきた。

涸沢ヒュッテの夏、屋根の上に組んだデッキから穂高連峰を望む、デッキの材木は冬の雪の重さを支えるために室内を補強する材料に使われる

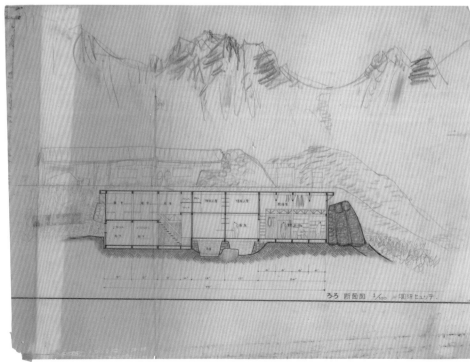

断面図、1959年9月、1：100、
鈴木恂、トレーシングペーパー・
鉛筆、397×510

山の無言の教えがまた私の良心を育てる。

美的感覚を、詩情を養うと共に、

そこでの困難を乗り切るための正確な技術を習得していった。

するとますます山に戻ることが、私の良心をたてなおす機会に

なっていく。

——1973年〈私、海が好きじゃない〉

涸沢カールの台地に建つヒュッテを冬の雪崩から守るのが、蛇籠を積んだ壁

左：新館設計のために涸沢に登った、右から吉阪、鈴木、戸沼、本館の前で。1959年9月
右：4月の小屋開きの準備、雪に埋もれた小屋を掘り出すために上高地からヘリコプターで涸沢カールに降りる。

左：4月の小屋開きの準備では、最初に火をたいて雪に埋もれていた室内の氷を溶かす、
右：ひと冬の雪の荷重を支えるために、仮設の柱で小屋の構造を補強している食堂の内部

涸沢ヒュッテの建築と雪氷対策
梅干野成央

『アルプスの村と街』（世界の村と街6、A.D.A. EDITA Tokyo、1973年）の冒頭、「異質なままの共存」と題した文章の最後に吉阪隆正はこう記した。

「矛盾の中に生きて、その矛盾の克服を求めることが、案外人生なのかも知れない。そんなことを、このアルプスの人たちから教えられる。矛盾や、競合や、秩序と混沌の間を右に左に泳ぐのが、面白いいろいろな発明をなさせ、楽しい造形を生み出すのではなかろうか。」

吉阪の好んだ登山も、自然と人工の矛盾のなかに生きるいとなみであり、吉阪が多く手がけた山小屋も、自然と人工の矛盾の克服を求めた先にできる建築である。

国際的な山岳リゾート・上高地から6時間ほど歩いてたどり着く涸沢。そこには、氷河がつくり出したカール地形によって、穂高連峰の雄姿を一望できる類稀な風景が広がっている。なかでも氷河の堆積物によって小高くもられたモレーンの上に建つ山小屋・涸沢ヒュッテからは、とりわけ極上の風景を堪能することができ、夏季にはこれを求めて多くの登山客が集まる。一方、冬季のそこは、雪崩の集まる過酷な場所でもあった。

涸沢ヒュッテは昭和26（1951）年に開設された。当初の建物はすぐさま雪崩に流され、その後にも雪崩との戦いが続いたことは想像に難くない。そのなか、昭和38（1963）年に吉阪研究室の設計によって新館が建設された。『山岳・雪氷・建築』（吉阪隆正集14、勁草書房、1986年）に掲載された山岳建築作品群では、

「穂高の涸沢のカール（氷河圏谷）の中心部、標高2400m。冬は完全に雪に埋もれ、その上を雪崩が通り過ぎる場所である。春になると3〜5mの積雪を取り除き、小屋を掘り出すのである。何度か雪崩で屋根を吹き飛ばされた。北穂沢と奥穂沢の2方向は厚さ5mの石積で小屋をすっぽり囲っている。ちょっと見ると石の砦の

　ようだ。」

と、涸沢ヒュッテの建築を解説する。

　石の砦と称すだけあり、雪崩が襲う面に石積みを
構え、自然の脅威に耐えるという姿勢を新館は欠か
さない。ただ、新館の特徴は、なんといっても斜面
に建物を埋め込んだ点にあるだろう。形態も伸びや
かで、地形と馴染んでいるように思う。その建ち方
は、自然に抗うことなく、むしろその脅威から免れ
るという姿勢に基づいている。建築という人工が異
質なものとして自然との共存を望んだ結果、自然を
肯定し、その脅威から免れるという姿勢を採るに
至ったのであろう。

　この姿勢は、涸沢ヒュッテを運営する人々の講じ
る雪氷対策によって、さらに追求されていく。雪が
積もり始める頃、涸沢ヒュッテでは冬季の過酷な環
境に備えて、建物の全てに仮設の柱と囲いが設置さ
れる。仮設の柱で屋根と地盤をつなぎ、仮設の囲い
で建物と地盤の隙間を埋め、滑らかにつないでいく。

こうして涸沢ヒュッテの建築は、モレーンの一塊へ
と化していくのである。仮設とはいえその数量は膨
大で、仮設の柱は220本、仮設の囲いにはられる板
は約1,000枚にもなる（平成23年の調査による）。この
雪氷対策は、毎年のように改良が加えられており、
仮設の柱と囲いの数量は増える一方なのだという。

　吉阪は、

　「日本の山に適した、日本独特の山の施設を、
　何世代もかかって立派にする努力をしてゆくな
　ら、いつかは世界中から日本の山の施設を見に
　きて、それにならおうという時代がくるかもし
　れない。」（「チロル山地の山小屋」『山と高原』1961
　年4月）

と、日本の山の建築の未来を期待した。涸沢ヒュッ
テの建築と雪氷対策、それは自然と人工の矛盾に向
き合い続けながら、着実にこの道を歩んでいるよう
に思う。

703・1207
黒沢池ヒュッテ

新潟県　妙高黒沢池
1961年計画、1966年設計

涸沢ヒュッテを建てた朋文堂の小林銀一氏が、「妙高にも山小屋が欲しい」と、吉阪に設計を頼んだのが、黒沢池ヒュッテ。8本の丸太の柱を建てて、八角形のドームを被せた小屋は、雪が積もらないように考えた。直径30センチの丸太の柱はなかなか見つからず、麓の神社の檜を譲り受けて運んだという。その後、日本アルペンスキー学校の植木毅氏が拠点として活動した。

2階、3階の宿泊室の床は、松崎の提案で頭が少し高くなるように斜めになっている。ドームの真ん中に開けたトップライトから光が落ちて、丸太柱の存在が力強い迫力で浮かび上がる。

管理棟を含めて数棟建てる計画であった。最初に宿泊棟1棟を建設した。

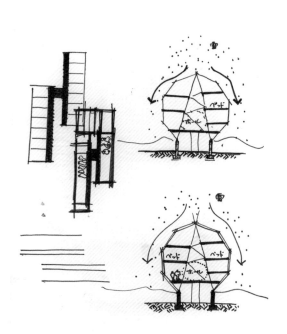

2階のホール、8本の杉丸太の柱
は3階手摺の高さまで組み上げる

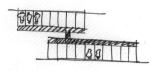

山田牧場ヒュッテ　断面スケッチ、ー、1971年、トレーシングペーパー・インク、447×289、雪とドーム屋根を検討する

妙高戸隠連山国立公園に建つ黒沢池ヒュッテ　2021年10月

構造模型、1:3
製作：村上建築工房、
村上幸成、稲吉三太郎、
筒井元気、伊東繭子、
協賛：高柳鉄平

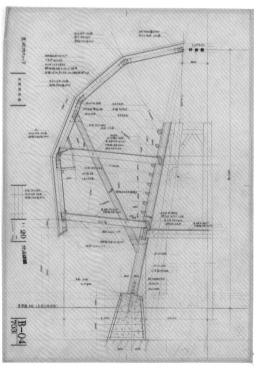

左：3階ドーム屋根のトップライト見上げ、宿泊室の床は頭から足に向けて斜めに床が傾斜している
右：断面詳細図、1:20、1966年4月24日、樋口裕康、トレーシングペーパー・鉛筆・インク、411×555

1403
野沢温泉ロッジ

長野県　野沢温泉／1968年設計

野沢温泉に建つスキーロッジは、雪下ろしをしなくてもよいドングリのような屋根。中心の階段の回りに宿泊室が螺旋状に並んでいる。木造の複雑な構造の加工は難しく、学校の体育館で仮組みをして工事を進めた。直角のない架構の組み立てを施工した大工は、その後も面白い仕事をして、この地域に不思議な形の建物が増えていったという。

1406
ニュー・フサジ

富山県　立山雷鳥沢／1968年設計

冬は雪に埋もれる立山地獄谷に建つコンクリート造の山小屋。立山には弥陀ヶ原の〈県立立山荘〉1963年、室堂の〈立山山岳ホテル計画〉1963年、〈ヒュッテ・アルプス〉1969年（現存せず）を設計した。
その他にも〈朋文堂 安達太良山小屋 計画〉1959年、〈大阪経済大学白馬ヒュッテ〉1961年、長野蓼科の〈早大山岳アルコー会ヒュッテ〉1964年、朋文堂〈山田牧場ヒュッテ〉などの山小屋の設計、計画がある。

もしも　本当に山を愛し、
山に教えられ、山と一つになるならば、
それは都会とも決して無縁ではなく、
都会を愛し、都会に教えられ都会と一つになれる。
そうしたら、山も荒らされないように、
都会も荒らされずに済み、
この世の中は楽しみを増すだろうにと思う。

——1967年〈岳人〉

上：冬でも雪が積もらないどんぐり屋根のロッジ
左：矩計　断面、1:50、1968年6月18日、樋口裕康、トレーシングペーパー・鉛筆・色鉛筆・インク、403×546

1702
大観峰駅 増築

富山県　立山／1971年設計

多数の観光客が訪れる、越中富山から信州大町を結ぶ山岳アルペンルートを完成させたのが佐伯宗義、〈立山黒部貫光〉と名付けた。幼少期にスイス・アルプスの山を歩いた吉阪と佐伯は立山で出会う。立山連山をトンネルで抜けて、黒部側の大観峰から黒部ダムまではロープウェイ、大町へと抜ける。城内哲彦が間組で設計した大観峰駅と黒部平ロープウェイ駅の増築をU研究室が設計した。立山の佐伯、次々と山小屋を建てた朋文堂の森泉と小林銀一の仕事を、山を愛した松崎義徳は〈パイオニア・ワーク〉と語った。

ロープウェイの駅、大観峰駅から黒部平駅、黒部湖、
後立山を望む。1995年

雪氷

1939年、早稲田大学の木村幸一郎教授（1896〜1971）の誘いを受け、日本雪氷学会（当時は日本雪氷協会）の設立（1939）に関わったことが雪氷と建築を結ぶ研究を始めるきっかけとなった。その研究は多くの山岳建築の設計に結実した。

吉阪デザインによるメダル。1970年
左：雪氷学会功績章　右：雪氷学会学術賞

上：冬の雪に耐える、雷鳥沢ヒュッテ（ニュー・フサジ）　1995年
左：立面図　北・東、1:200、1970年7月2日、松崎義徳、トレーシングペーパー・鉛筆・色鉛筆・インク、403×552

念願のヒマラヤK2。8,611m遠征
計画を、吉阪は早稲田大学山学部長
として準備を進めていた。1980年
に急逝した翌81年、早稲田大学K2
登山隊は西稜初登頂を果たす。ベー
スキャンプから望むK2

撮影：小松義夫

K2へ　大谷映芳

スキーを履いた長身のその人は、新雪におおわれ
た純白の広大な斜面を大きな弧を描きながら優雅に
さっそうと滑り降りてきて、私たちの目の前にすっ
と止まった。黒縁の眼鏡の奥にはにこやかなうれし
そうな目、口元には暖かそうな長いひげ、それが山
で初めて見る吉阪先生だった。山に溶け込んだまる
で仙人のような風貌で、私たち早大山岳部の部長に
なられたばかりだった。北アルプス白馬岳の神の田
圃に山岳部のヒュッテがあり、毎年冬山スキー合宿
を行っていた。スキーを履いて白馬岳登頂に向かう
とき、先生にお会いしたのだった。

実はその年、1970年4月にはネパール・ヒマラ
ヤのツクチェ・ピーク（6,920ｍ）で海外合宿が行

われ、三人が登頂したものの帰路に滑落事故を起こ
し、一人が帰らぬ者となった。山岳部は休部という
措置が取られ、部の立て直しのこともあり吉阪先生
が山岳部の部長につかれた。

山岳部は大学の体育局に属し、他の運動部と同じ
く教育の一環としての活動が認められる。部長は教
授の方がなられ、部の正しい運用や大学との調整役
という重要な仕事である。山岳部は山という自然の
中での活動が中心で、時には遭難事故を引き起こす
こともあり、普通の運動部とは違う難しい性格を持
つ。建築の世界では大御所であり理工学部長もされ
ていた先生だったが、忙しいなかにも部に対して独
特の観点から優しくも辛口のアドバイスをいただい

た。当時の山岳部では年の離れた大先輩は雲の上の人、それなのにヤギひげ、ホーチミンひげの大先輩と、若い部員たちは親しみを持って失礼な呼び方をしていたが、先生は自分の古巣でもある山岳部を暖かく見守ってくれていた。

K2遠征が実現する2年前の冬のある日、私は御自宅の庭にあったU研究室で先生と向き合っていた。世界第二の高峰に単独大学で登ることができるのか、技術的な問題もあるが準備期間、そして何よりも費用の問題で、私たちは遠征の実行に迷っていた。説明を聞いて先生はゆっくりと厳しい目で私を見つめながら言われた。「まだ十分な予算がないとしても、いま隊員たちの持つお金をまず集めなさい。本気でK2を登る気があるならば、まず覚悟を決め始めるべきだ！」多分私たちの気弱な態度が歯がゆかったに違いない。先生は若いころ、海外旅行も自由でないときに、数々の難関を乗り越えて日本人として初めてのアフリカ大陸のキリマンジャロ遠征や、北アメリカのマッキンリー登山を実現している。山の先輩としての心からの励ましで、K2遠征を実現してほしいという強い気持ちもおありだったと思う。場所を自宅2階の居間に移し、日本酒の酔いも手伝い話は盛り上がった。山の話を中心に先生の考えや若いころのことを楽しくお聞きしながら、私はK2へ行くことを決めた。

先生と最後にお会いしたのは1980年11月で、築地の聖路加病院の病室だった。K2登山の準備状況を報告し、頑張ってくださいと話された。帰り際に往復はがきを出され、返信のところに氏名住所を書くように言われた。それは先生からの最後のメッセージのためだった。そして、のちに知らされたことだが、容態がかなり悪くなられ苦痛と闘いながら

早稲田大学カラコルム・ヒマラヤ遠征計画概要

目的及及期日
△ 印度カラコルム地方バルトロ氷河の東方にある古顕第二の高峰K2（8611m）を目標とし周辺一帯を偵察する
△ 1955年（昭30）5月より8月の4ヶ月に渉りK2の登路を偵察するため同峰周辺を調査する

人間構成
△ 隊司　今村　関根　吉阪　近藤
　シェルパ　5人（内1名サーケー）
　ポーター　100人
　通訳　1人
　報道班　未定

旅行至路
△ 往路　先発2名船にてカルカッタに上陸、印度内は飛行機にてダージリン、スリナガル、ラワルピンディを経てスカルドに至る。本隊は飛行機にてスカルドに直行する。
△ 帰路　ボンベイ、カルカッタ又はマドラスより船による。

費用概算
　準備費----100万円
　旅費----120万
　運泊費----150万（内外貨として150万日本金）
　装備費----150万
　シェルパ及人夫費----200万（内外貨として100万日本金）
　食糧費----100万（内外貨として50万日本金）
　事務費----50万
　雑費----80万（内外貨として80万日本金）
　合計　950万円（内外貨として380万円日本金）

早稲田大学カラコルム・ヒマラヤ遠征計画概要　1955年、K2の登路調査の企画書、隊員は今村俊輔、関根吉郎、吉阪隆正、近藤等

なかば意識を失った状態の中で先生は、「自分はいまK2を登っている」と話されたという。

先生の励ましを胸に、K2登山は成功裏に終わった。愛用されたピッケルは最終キャンプに設置し、先生の遺骨の一部を頂上近くに埋めケルンを積み祈った。先生のあの一言がなければK2遠征はなかっただろう。年を経てもなぜか、先生の表情と声ははっきりと脳裏によみがえる。山が舞台ではあったが、偉大な人との時間が共有できたことは、今でも大切なたからで誇りに思う。

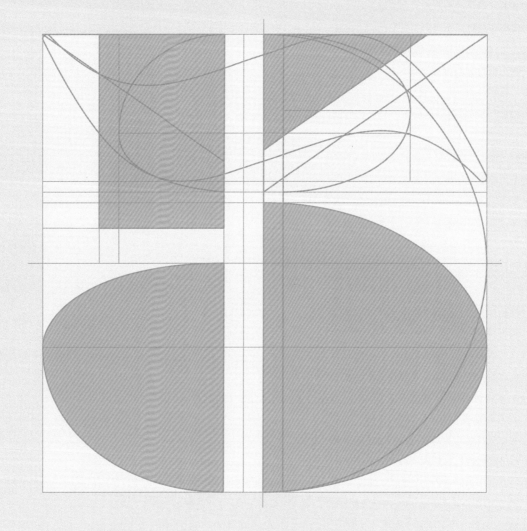

Chapter 5

原始境から文明境へ

From Primitive to Civilized Borders

吉阪は集印帖を常に携帯し、ペンで写生をして絵具で彩色をしていました。どこに行っても背筋を伸ばし、対象を定めて描いたスケッチからは、独特の風景を見る視点、人々の生活や暮らしへの眼差し、色や造形を捉える感性を感じることが出来ます。屏風折りに小さく折り畳んだ紙を自在にひろげることができる集印帖のスケッチブックを、吉阪はパタパタと呼び愛用していました。このパタパタに描くスケッチのスタイルは父・俊蔵から受け継いだものです。U研究室では吉阪が旅から戻ると、現地のお酒とともにその場にひろげられたスケッチを見ながら、旅の話を聞くことがなによりも楽しい時間だったといいます。

　吉阪の〈パタパタ・スケッチ〉は、現在国内で描かれたものが64冊、海外のものが76冊遺されています。

　本章ではアフリカ大陸横断と北米大陸横断の探検紀行をはじめとする世界中を旅した記録と、パノラマの〈パタパタ・スケッチ〉で吉阪の旅を辿ります。

Yosizaka always carried an accordion style 'shuincho' sketchbook with him, sketching with a pen and adding color to the sketches with paint. A tall figure, Yosizaka stood erect wherever he went, and sketched with a fixed subject, revealing a unique perspective on the landscape, possessing an eye for the daily lives and lifestyles of the people, and keen sensitivity in capturing color and form.

Yosizaka referred to his sketchbooks as 'Pata-Pata,' in reference to their accordion-style folding of a long, narrow sheet of paper that could be freely unfolded to a desired size. This style of sketching on the Pata-Pata sketchbooks was passed onto him from his father, Shunzo. It is said that the most enjoyable times at Atelier U were when Yosizaka returned from his travels; he would spread out his sketches and everyone would gather around and listen to his travel stories while tasting the local spilits of the places he had been to.

Sixty-four of Yosizaka's Pata-Pata sketchbooks that remain contain his sketches made in Japan and 76 contain those of sketches produced overseas. Through the display of these panoramic Pata-Pata sketches, this chapter documents his travels around the world, including his expeditionary journeys across the North American and African continents.

赤道アフリカ横断

1957年12月～1958年3月

早稲田大学赤道アフリカ遠征隊は1957年12月から翌年3月まで、東海岸のケニアからベルギー領コンゴまで10,000kmの大陸横断を国産自動車で遂行したが、この遠征ではキリマンジャロ登頂がもう一つの目的であった。キリマンジャロは6,010mの主峰ギボ峰とマウエンジ峰からなる双頭の巨大な山塊である。吉阪は今村隊員と二人でマウエンジ峰を登攀した。さらに2名の女性隊員による日本初の6,000m級の山の登攀も行われた。

この大陸横断の旅では克明な記録やスケッチが残されており、衣食住、言語、音楽などを深く洞察している。この大陸横断から引き続きフランス、イタリアに足をのばしているが、西欧文明に対する違和感は今後の思考に大きな影響を与えた。

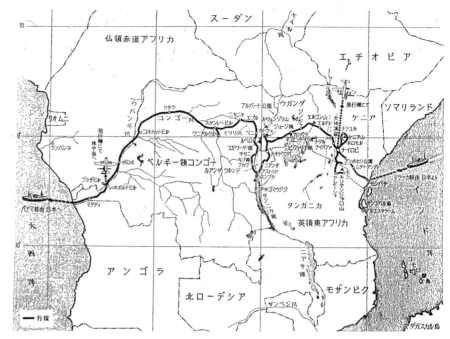

赤道アフリカ横断行程

人類に共通の物差しなんて
あり得るだろうか

アフリカの密林の中に住む小人たちは、木々の一つ一つをそこに住む小さな虫の成長の一齣一齣に私たちの及びもつかぬ知識を持っているし、森の中にさえずる声に西洋音楽の楽譜などでは表現し切れないほどの抑揚を見出し、これを歌にして楽しむ。

彼らにとってはその何キロ四方にしかならない生活圏は無限に等しい広さを持っている。

──1958年〈アフリカ横断一万キロ〉

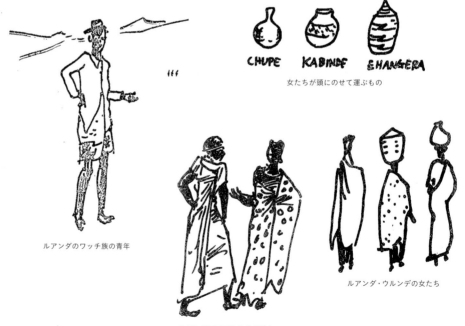

ルアンダのワッチ族の青年

女たちが頭にのせて運ぶもの

CHUPE　KABINDE　EHANGERA

ルアンダ・ウルンデの女たち

ルアンダのアストリドの婦人

右：ギボを下山する女子隊員。前方がマウエンジ（5355m）
左：マウエンジ峰最高地点の直下にて

キリマンジャロ登攀後の大陸横断の旅ではスケッチや日記とともに多くの写真が残されている。刺激的で貴重な体験であったことがうかがえる。

北米大陸横断・マッキンレー山西南稜登攀

1960年4月〜7月

吉阪隊長と5名の隊員による早稲田大学マッキンレー山遠征隊は1960年5月にマッキンレー山西南稜を初登攀した。

天候不良や隊員の体調不良などと戦いながらの登攀はのちに「ワセダルート」としてマッキンレー主峰への新しいルートを見出す結果となった。

登攀後から7月にかけてアラスカ、カナダを横断し、ボストンへ、さらにバンクーバーまでの25,000kmの自動車（プリンスのバン）による横断の旅は町やそこに住む人々との交流の旅でもあった。

そしてこの旅行は「丁度安保闘争の真最中に行われたので、日米関係の悪化防止に僅かながら民間外交をつとめるということになった。」（〈原始境から文明境へ〉序文）

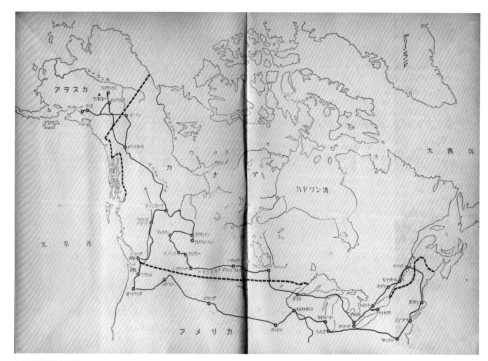

北米大陸横断全行程

タルキートナの登山基地　左から鬼頭、菊島、吉阪、寺谷、今村の各隊員

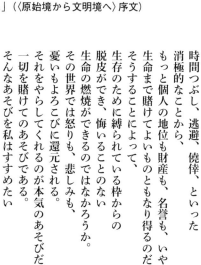
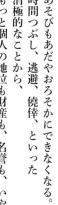

あそびもあだやおろそかにできなくなる。

時間つぶし、逃避、僥倖、といった消極的なことから、もっと個人の地位も財産も、名誉も、いや生命まで賭けてよいものともなり得るのだ。

そうすることによって、生存のために縛られている枠からの脱皮ができ、悔いることのない生命の燃焼ができるのではなかろうか。

その世界では怒りも、悲しみも、憂いもよろこびに還元される。

それをやらしてくれるのが本気のあそびだ。

一切を賭けてのあそびである。

そんなあそびを私はすすめたい

──1967年〈デザイン批評2〉

ベースキャンプでの情報交換

マッキンレー山カヒルトナ氷河のベースキャンプ

毛筆でしたためられ隊員に示された「心得」
は努力、支援、責任、決断などの言葉が散
りばめられている。

マッキンレー山遠征隊員心得

一、君の今日の行動は一番些細なことまで評価された。その評価は同時に早稲田大学の、日本人の評価として拡張解釈されえる。なお肩をゆるがせにはできない。たとえ唯一人の遊歩ということも差し控えたまえ。

二、我々が今日努力していることは、後々の人々の努力と支援の結果である。それを知らず、面白いことを経験できたのは、我々が幸いことばかりを喋り得々たるにすぎぬ。大勢の援助が、どれだけ身に期待できるか感じ逃げられるまでもあるまい。

三、君が努力する多くの収穫を得るには、隊長の指示に従うこと。お返しさせるところに正比例する。従って、大丈夫、決して、をなしに、つまり信頼することは、その人々が最大の収穫を得る。特に任務分担者の同意が大切。

四、隊の成果を分担するに、夫々の任に対して責任者を設け、隊長は連絡、指示、結果の報告検討などをあげる。副前の決意、役者の同意は大きい。

五、若い先鋭を予定している時、異説紛々かしい言
時、最初の次は隊長をたてる。ものは努力するもの
に合わせて中止などを考える。これは若くなる時一番
決定に従うべし。

昭和五年二月吉日
隊長 吉阪隆正
以上

1970年9月 スイス紀行、アルプスのパノラマ

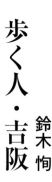

歩く人・吉阪

鈴木恂

吉阪隆正はよく歩く人であった。体型的にも、痩せ型だが脚の長い大きな人であった。自らを、アルキテクトを捩って「歩キテクト」と称し、足跡で飾った印を押した洒落た葉書をくれるような人でもあった。街の中を際立った大股で歩いた。しかし北アルプスの山中ではゆっくりと、ただし人とは違ったペースで、やはり大股で歩いて、こちらのペースをおおいに狂わせた。

これも昔の話になるが、「急ぎますから、歩きます。」と言って街中に消えた吉阪をわたしは車の中から呆然と見送ったことがある。それは「車でお送りします」と声をかけた時の返答であったが。以来、車にお誘いをすることを厳禁とした苦い思い出である。

百人町にあったピロティのある吉阪自邸には、広い庭があったが低い土盛りがあって、車の乗り入れを拒絶していた。コルビュジェの設計した住宅のピロティとは、どこか違っていて、吉阪に問うたこともあった。あくまでも歩く人のみが歓迎されるピロティであり、人工土地でありたいという答えが返ってきた。

思えば、吉阪の恩師に当たる今和次郎の「民家研究」も、「歩くこと」の上に築かれた学問である。山中の一軒の民家でも、ひと塊りの集落でも、歩いて向かわねばならない。そうしなければ見落としてしまうものがある。歩いて小路をたどり、扉を叩き、敷居を跨いで、生活の現場に接近せねばならない。これは民家だけではない、あらゆる空間は、多くの場合、歩くことや触ることで理解され始めるのだ。吉阪の「訪ね歩き、探し歩き、見歩く」姿勢の原点は、この辺りにあるのかもしれない。

吉阪の歩く方向や範囲は自然に広がった。わたしが学生として在学していた7年間は、その山場にあった。およそその3分の1の時間、吉阪は海外へ出歩いていたことになる。「赤道アフリカ横断＋キリマンジャロ登山」、「北米大陸横断＋マッキンレー登山」そして「2年間のアルゼンチン滞在」その他である。

それは最初、特に第三世界へ向けられた行程であったが、直ぐに「地球を丸ごと見歩く」という範囲にまで拡張していく。このころ学生であったわたしは、あちこちに吉阪不在の訴えをした覚えがあるが、その論調は直ぐに反転し「不在に学ぶ」、「不在

の教え」などと言った声明に変わった。それは、吉阪が「世界を歩いている」ことへの羨望と、「歩いた収穫」、「歩いた路の話」を、学生達がどれほど待ち望んでいるかということに気付いたからでもあった。

（私が1959年から3年間在籍した吉阪研究室の建築設計活動は、このような「先生の歩み＝不在」の拡大に呼応するかのように激烈なものになったが、これは本展覧会の建築作品の展示で見ていただきたいと思います）

　吉阪の「歩み」の現場での記録は、膨大なスケッチ帳に残された。それは情景描写の写真記録とは違って、「歩く人・吉阪」の刻々の記録である。何を見て、何を捉えて、そこを歩き回って、そこで何を考えたか、弛まざる「描き歩き」の長大な記録である。そしてそのスケッチ帳は140冊に及ぶのだ。縦は15.6cm程だが、長さが2mに達するものもあるような、横に広がる集印帳（御朱印帳）を徹底して、時には表裏まで使うことである。

　つまり延々と水平に広がる対象を描け、吉阪の好きな山並みや地平線のうねりを捉えることができる。

路地や街並み、そして長い街路の賑わいを描くことができる。移動しながら対象を選び、そこに自身の移動位置を、つまり見える対象を描くだけではなく「そこを歩いていること」を記すのである。そこに絵巻物がもつ得意な物語性や時間性を含める描法を応用したかもしれない。または、あくまでも見歩くスピードで、生きている地球の動態の部分を切り取ろうとしていたのかもしれない。

　いずれにせよ、わたしは壮大な夢を追って大股で歩く吉阪の姿を、こうして描かれたスケッチから想像するのが好きだ。水平に伸びてゆく画面を通して、ときどき心地よい吉阪の足音が聴こえる。

〈アルキテクト〉の印、「子遠さんに彫って頂いた「歩歩徒・アルキテクルト」という印、一歩一歩をふみしめて前進をうまく表現して下さったので愛用しています」稲建クラブの初刊行によせて。篆刻は古田悠々子

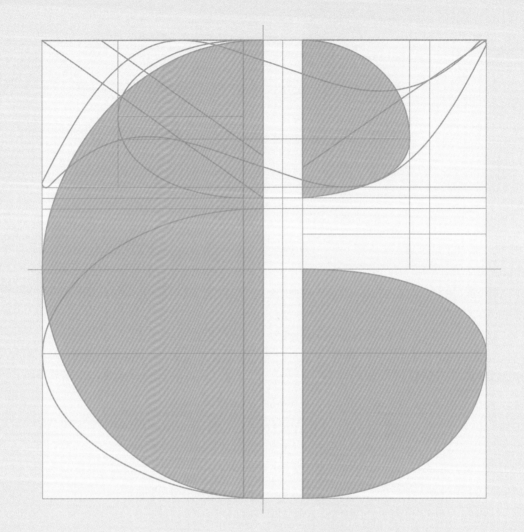

Chapter 6

あそびのすすめ

Encouraging Play

好きなものはやらずにいられない、
生きるか死ぬか生命力を賭けて　1980年

　吉阪は寝食を忘れて好きなことに打ち込む「本気のあそび」を実践していました。

　自身を「アルキテクト ─ 歩きテクト」を称して建築をつくり、まちを歩き、山に登り、人を育て、相互理解と平和のための〈有形学〉を提唱し、地球を駆け巡る旅をしました。

　そして、吉阪は身につけ、手に取ることの出来る小さなもの、指輪やループタイ、メダルなどをデザインして、自分の手でスケッチや図面を描き、油土で模型をつくりました。建築の設計でもタイル割り付けの模様や手摺、ドアの押手、家具や数字のサインやシンボルマークなどのデザインに至るまで、遊びごころあふれる作品を多数手がけています。日常の中に見出す何気ないものや旅先で見つけた石ころなどを注意深く観察する姿勢は、吉阪のデザインの「楽しさ」の根底を築いています。また〈メビウスの輪〉や〈サイコロ地図〉、〈一筆描き〉などに森羅万象の原理を見出し、数多くのダイアグラムを描きました。

　本章では、旅先や街中で描き続けた〈パタパタ・スケッチ〉と、案内状の裏に描かれたダイアグラムなどを集めました。

I can't help but love,
risking your life force to live or die. (1980)

Devoting his life to doing what he loved, Yosizaka practiced 'wholehearted play,' forgetting about sleeping and eating. Referring to himself as an 'Aruki-tecto' (a play on words coined with the Japanese word *aruku*, meaning 'walk' and 'tect,' from the suffix of the word 'architect'), he traveled the globe creating architecture, strolling through towns, trekking up mountains, nurturing his apprentices, and advocating a field of study he termed as 'Yukei-gaku', or in English 'iukeiology' (defined as 'a study in favor of form,' with 'yu' meaning 'existing,' and 'kei' meaning 'form'), towards mutual understanding and peace.

　Yosizaka also designed small objects that could be worn or held in the hand, such as rings, bolo ties, and medals. By hand, he sketched and drew, and molded models in a medium made from a mixture of oil and clay. In his architectural design work, he was also involved in the creation of playful details from tile patterns, handrails, and door handles to furniture, number signage, and graphic symbols. Yosizaka's careful observation of casual objects found in daily life and the stones he encountered on his travels forms the basis of the 'playfulness' in his designs.

　Yosizaka also discovered the principles of the whole of creation in the universe in such devices as his 'Dice Map' (an ingenious representation of the globe in the form of a dice), the Möbius strip, and single stroke illustrations, and drew numerous diagrams on the backs of his notes and other such places.

　In this chapter, displays of his diagrams and favorite items and traces his travels through his 'Pata-Pata' sketches, which he continued to draw along his travels near and far.

パタパタ・スケッチ

ポケットから取り出した集印帖をひろげて、背筋を伸ばし対象に向き合い、短時間でスケッチを仕上げていく。

パノラマのように描かれたスケッチはまちや村、山や自然、建物、出会った人や食べ物など、多岐にわたる。手を動かすことで深く対象に入り込み、思いやる気持ちを心に刻むことを私たちに示している。

トルコ・イスタンブール、トプカビ宮。1974年10月

パキスタン・ダラ アダムケ村、タラ パルファクにて。1978年9月

アメリカ・ハーワード、ボストン。1978年2月

東北、訪中、中国・八達嶺長城、上海市六合路、上海玉仏禅寺、上海 江苏路と西南京路、岩手・花泉の人形。1979年8月

Sultan の 龍宮の水槽.
シャワが 炎に噴水となって下へ.

下ノ部屋に溜めさせて陶器番
中国もみうし(明清)

羅 タラ・パルファク にて 喜会.

Washington Park. (Dorchestery)
78.2.20

Harvard Square 78.2.18

雨模様の午後、講演資料を包んだ風呂敷と長靴姿でひげの吉阪隆正教授は現れた。1979年秋、学生時代の名古屋での講演「定住圏構想と鎖国」、それが初めての出会いであった。貧しさの中で物質循環の最効率化を工夫することで生まれた風光明媚、デザインに日本独特の型が生まれた鎖国時代。1億人を超える社会では一つには纏まらない。ある単位でバラバラにし、個々が自立成長しながら全体として纏まりをもつ定住圏構想が必要であると。後にそれは「不連続統一体」の提案であると知った。翌1980年に吉阪隆正教授逝去。建築の領域に留まらない広がりのある思想に衝撃を受け、私はその周縁を探るようにして1982年吉阪自邸の解体直前に上京した。高田馬場のマンションの一室を埋め尽くす大量の直筆原稿とスケッチ、それが亡き吉阪先生との再会であった。既に吉阪隆正全集17巻の刊行が

決まり、原稿を読んでは論別に仕分けし、全国に散らばる門弟の方々にその原稿コピーを発送する作業を担当した。生原稿に向かう日々は半年近く続き、その間夢枕に立つ先生の独特な太く低い声にうなされること度々であった。一方大量のスケッチは早稲田大学鈴木恂研究室に保管され、整理、研究の後、會津八一記念博物館に寄贈された。それを機に2002年「吉阪隆正全スケッチ展」が企画され、その展示構成を担当した。

さて描かれたスケッチは原稿とは異なり発表するつもりのない裏の表現と言えるが、吉阪隆正の内面の広がりを知る上では貴重な資料である。スケッチは2種類に大別され、一つはコルビュジエの元で働く1950〜52年パリ時代のクロッキー帳。古くから残るパリの家並みや路地の特徴を描くために、風景をトリミング（多くがA4縦位置）し、深い奥行き

吉阪隆正 地平への眼差し
パタパタ・スケッチでパノラみる

内木博喜

中国・広州、仏山 祖廟、昆明 西山体亭
寺、成都 北 宝光寺曲塔、峨眉山 報國
寺、楽山 磨崖仏 陵雲寺。1979年11月

重慶賓館214号室の窓から、
広安門大街。成田にて。

を表現している。クロッキー帳は41冊1,319枚に及ぶが、自ら手繰り寄せた風景の断片を集積することで、パリの街やその生活の全体像を時の蓄積も含めて捉えようとしている。そしてもう一つは通称「パタパタ・スケッチ」と呼ばれる集印帖型の画帖で合計140帖。主に1963年以降に描かれるこのスケッチは絵巻物のように横長に描いていく手法であるが、長いものでは2mを超える。描き方は画帖を右から見開き、そこに左から描き風景をつなげていくという吉阪マジック、その精度は神業である。奥行きのある生活の断片が連続していくため、拡げると多焦点をもつ生活の場面がパノラマ映像のように流れる。視点は高みには向かわず、常に足元の人々の生活にある。大地と空の接点を見つめる地平への眼差しである。吉阪隆正にとって描くことは、物をよく見て知ろうとすることであり、そこから何かを発見する

こと。そしてそれは創造の始まりでもあった。吉阪自邸や浦邸、ビエンナーレ日本館で提案された大地の解放、大地は万人のものであるという建築思想の出発点である。

　大量の生原稿の中で出会った「時をきざむ」という文章学生に向けた「時をきざむ―20才から50才位までの人生の一番活躍する時、毎日5分乃至10分でもいい、スケッチをすると32年目には1万1688枚も描いたことになる。これだけの数になると量は質の変化をもたらす可能性がある。下手くそもそれなり独特の味を生み出すものだ。スケッチで時をきざんだ一つの例―」机上においてあらゆる情報を容易に手に入れることのできる現代社会、時をきざむように描かれた大量のスケッチは太く低い声で語りかける「動け、移動せよ！ 人や街に直に触れ、体感し、発見し、思考せよ！」と。

アーツ

赤ん坊なんかアーッていうだけで、
もう通じちゃう
物体は通じる
造形は通じる
これは黙っていてもよい　1979 年

吉阪は世界中から種々雑多なものを
収集した。切符から石、人形や彫像、
魔除けのオブジェまで、様々なおもし
ろいものに囲まれていた。同時に指輪、
ループタイの飾りや記念のメダルなど
のデザインをして「建築より時間を越
えて残ります」とも語る。

ここに、吉阪愛用の懐中時計、竹の
ストック。吉阪デザインの早稲田大
学専門学校の記念指輪、ループタイ
と文鎮、1977年巳年の卒業記念指輪、
高田馬場〈れだ〉のマッチ。そして
収集した石や人形などと、案内ハガ
キの裏に描かれた〈ダイアグラム〉
を集めている。

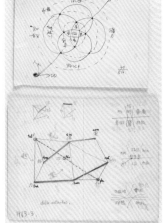
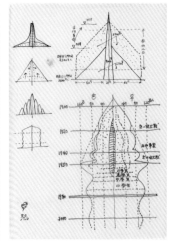

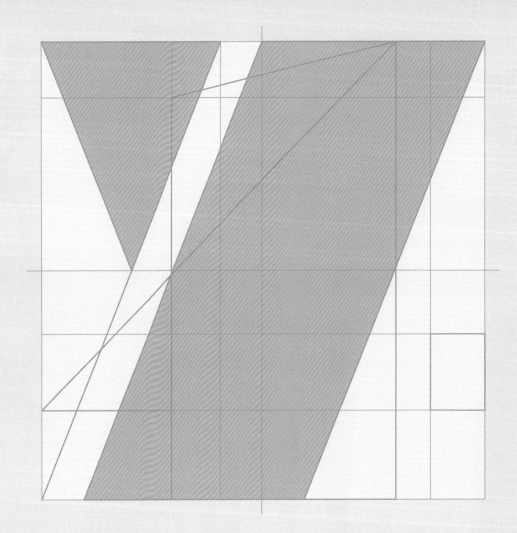

Chapter 7

有形学へ

Toward Yukei-gaku (Iukeiology)

1966年、都市計画の研究を行う研究室として早稲田大学大学院に新たに設立された吉阪研究室は、主に都市や農村地域のフィールドワークや研究、計画を行いました。

吉阪は〈有形学〉や〈発見的方法〉などの独自の理論を展開し、「都市が人をつくるのでなく、人が都市をつくる」との理念から「列島改造」やメガロポリスの台頭とともに進行していた都市の人口爆発や環境汚染、無秩序な開発による地域コミュニティの崩壊、農村の過疎化問題、そして防災への視点など、当時の社会状況を深く掘り下げて分析し、ときに人間の暮らしの原点に立ち返りながら、社会に対し提案し続けました。

本章では、都市計画研究室としての出発点となった〈大島元町計画〉や学問分野を超えた早稲田大学グループによる〈21世紀の日本列島像〉、〈東京計画〉の提案をはじめ、これまで展覧会で紹介されることが少なかった東京、仙台、津軽、そして韓国や農村での調査など、1965〜80年までに様々な地域で実施された調査やプロジェクトを総覧します。

人類が平和に暮らせることをめざした〈有形学〉を基に、ミクロからマクロまで、スケールを自在に変化させながら提案されたユニークな計画の数々は、これからの未来を考えるための新たな発見を含んでいることでしょう。

In 1966, the Yosizaka Laboratory was newly established in the graduate school of Waseda University as a research laboratory for urban design and planning, primarily conducting fieldwork, research, design, and planning in urban and rural areas.

Developing his own theories, such as 'iukeiology' (which explained how design signifies a community's worldview and social relationships to create a characteristic form of settlement generated by organic morphological processes) and heuristic methods of research, and basing his approach on the principle that 'cities do not create people, but people create cities,' Yosizaka developed a number of theories on the urban population explosion, environmental pollution, and regional development caused by unregulated development, which had been progressing along with the 'archipelago remodeling and transformation' and the rise of the megalopolis. Through in-depth analyses of the social conditions of the time, including the collapse of communities, the depopulation of rural areas, and disaster prevention, he consistently delivered proposals to society to return to the basics of human living.

This chapter presents a comprehensive overview of the research and projects conducted in various regions from 1965 to 1980, including the Oshima Motomachi Plan (a reconstruction proposal for Oshima Island after a great fire in 1965), which served as the starting point for the Urban Design and Planning Laboratory; the Image of Japan in the 21st Century and the Tokyo Plan proposed by his Waseda University laboratory team, which transcended academic disciplines; and works that have rarely been presented in exhibitions on his surveys of Tokyo, Sendai, and Tsugaru, as well as Korea, and various rural areas.

Based on 'iukeiology,' which aimed to enable human beings to live in peace, these unique plans varying in scale from micro to macro contain new discoveries that may offer nourishment for our thoughts of the future in architecture and design.

吉阪隆正の「都市計画」はどのようなものだったのか？本章の試みは、都市計画を専門としていた早稲田大学の「吉阪研究室」の活動や思想を明らかにすることである。そこで、吉阪とともに同じく都市計画研究室を構え並走してきた戸沼幸市、研究室のプロジェクトで重要な役割を担っていた5名（寺門征男・田中滋夫・幡谷純一・重村力・藤井敏信）と、吉阪の教えを受け独立し今日まで実務家として地域計画に携わってきた2名（井上隆・富田宏）の8名に話を伺った。

戸沼氏には、学部時代の国立西洋美術館の仕事や山岳建築の石積みの手伝い、学内の「建築展」で発表された「不連続統一体」の概念など、都市計画研究室開設前の吉阪のすがたや、そのなかで重要であった、U研究室の設計パートナ、大竹十一の存在、設計競技「21世紀の日本の国家と国土の姿を求める」についてとその後の遷都論まで伺った。戸沼氏は「21世紀の日本のすがた」として現在も論考を進めている。

寺門氏からは、ツクマンから帰国した吉阪との出会い、早稲田大学産業技術専修学校の立ち上げ、都市計画を専門とする吉阪研究室の設立、そして困難な状況のなか何度も試みられた韓国集落調査などの話を伺った。田中氏からは、早稲田大学で都市計画を教える際のカリキュラムや転換点となったプロジェクトである大島元町復興計画、吉阪と秀島乾の関係、仙台のプロジェクトについて伺った。幡谷氏からは吉阪研究室から独立していった数々のアトリエのうごきや自身が立ち上げた「漁村計画」の活動、そして地井昭夫の漁村へのまなざしについて伺い、富田氏からは漁村計画をめぐる当時の社会状況を解説いただいた。重村氏には、吉阪の平和理念と第一次世界大戦・第二次世界大戦との関係、研究室や自邸での様子、大島元町復興計画や仙台のプロジェクト、象設計集団の設立、吉阪が晩年に追究した「都市の原単位」について伺った。藤井氏には、吉阪とともに中国を旅した様子、登山家としての吉阪、仙台、米沢での調査と吉阪の最期について語っていただいた。井上氏からは、当時広島にいた自身から早稲田・吉阪研究室がどのようにみえていたか、早大・都市計画と東大・都市工学の関係、「首都圏総合計画研究所」の立ち上げとその後の取り組みについて伺った。

ここでは、それぞれの生い立ちから吉阪との出会い、研究室での日々、その後の仕事の様子まで、各々の半生を自由に語ってもらう手法をとった。そこから、書籍などでは未だまとまっていない吉阪研究室の歴史を、「口述の歴史（オーラルヒストリー）」として編み出せないか、と考えたのである。この成果は、紙面の都合で掲載できなかったこともあるが、それでも約40ページにわたって以降に掲載している。ユニークな建築造形で語られる吉阪とアトリエ「U研究室」の設計活動とは違ったすがた、そして「かたち」を通した平和と相互理解という切実な希求の一端が理解できるのではないかと思う。

話を伺う最中、とくに感銘を受けたのは、誰もが「私と吉阪先生の話」をもっているということである。そして、各々の観点から吉阪に関する深い理解が語られる。かつて建築評論家の川添登は「吉阪の思想は、直接その人格に触れて、はじめて理解されてくるという性格のものだ…このように人格と分ちがたく結びついているのは「学問」というよりは、むしろ思想というべきであろう」と書いている。まさに、吉阪とともに時間を過ごし、「生きた仕事」を見て

吉阪研究室のオーラルヒストリー
吉阪とともに都市計画のプロジェクトに携わってきた8名の証言

きた方々には、かれの思想が宿っているように感じられた。それと同時に、それらを吉阪の死後生まれた新しい世代に——筆者もその世代の一人であるが——受け継ぎ、また新たな挑戦へのヒントとしてもらうには、どうすれば良いか、考えさせられた。第7章「有形学へ」では、吉阪研究室の6プロジェクトを、時代の証言であるオーラルヒストリーをもとにしてまとめることを試みている。（吉江俊）

お話を伺った方々

戸沼 幸市（とぬま・こういち）　早稲田大学名誉教授。1933年生まれ、早稲田大学建築学科を卒業後助手、初期吉阪研究室、U研究室に在籍。1966年から都市計画専修コース着任。

寺門 征男（てらかど・ゆきお）　千葉大学名誉教授。1939年生まれ、1964-80年吉阪研究室在籍。

田中 滋夫（たなか・しげお）　株式会社都市デザイン代表。1943年生まれ、1966-68, 1969-71年吉阪研究室在籍。

幡谷 純一（はたや・じゅんいち）　元・（株）漁村計画研究所代表取締役。1944年生まれ、1968-75年吉阪研究室在籍。

重村 力（しげむら・つとむ）　神戸大学名誉教授・神奈川大学客員教授。1946年生まれ、1969-78年吉阪研究室在籍。

藤井 敏信（ふじい・としのぶ）　東洋大学名誉教授。1946年生まれ、1970-80年に吉阪研究室在籍。

井上 隆（いのうえ・たかし）　（株）首都圏総合計画研究所取締役会長。1949年生まれ、1971-74年吉阪研究室在籍。

富田 宏（とみた・ひろし）　（株）漁村計画代表取締役。1955年生まれ、1980年早稲田大学建築学科卒業。

経歴は P.255　参照

有形学会　台湾　2017年7月1日

ル・コルビュジエのアトリエ時代前の
都市計画の取り組み

　吉阪隆正が早稲田大学に都市計画の研究室を構え
たのは1966年のことだったが、都市への興味はそれ
以前からあらわれていた。29歳で早稲田大学専門部
工科講師に着任した1946年には、東京都商工経済会
のコンペティションで銀座消費勧興計画・渋谷消費
勧興計画にて1等を獲得している。そして翌年にも
フランス戦災都市復興計画、早稲田文教地区計画を
発表している。建築家ル・コルビュジエのアトリエ
で働き、帰国して住宅をはじめとした建築設計に精
力的に取り組む以前は、このように戦後復興の文脈
から都市のデザインに挑戦していたのだった。この
ときのパートナーは、戦後・東京の近代都市計画で
中心的役割を担った秀島乾（1911-1973）であった。

「都市計画専修コース」の設立へ

　吉阪は、それまでの設計活動は彼のアトリエ「U
研究室」の仕事として、大学の研究室では都市計画
を行うと決めていた。そして「都市計画専修コース」
の設立にあたっては、吉阪自身に都市計画の実務経
験がないことから秀島乾を再び呼び寄せ、約半年の
あいだ共に教鞭をとることにした。しかし、しだい
に二人の方向性の違いがみえ始め、吉阪は法律や条
例に即した都市計画の実務を教えるのではなく根源
的なこと、地球規模の視点に立った空間デザインの
思想こそを教えるべきと考えた。結果的に秀島は都
市計画専修コースを離れることになるが、これが早
稲田大学の「都市計画」とそれに先立って設立され
た東京大学の「都市工学」とが異なる姿勢をもつよ
うになる、大きな分かれ道だった。社会基盤の整備
や土地利用のゾーニングなどを中心とした「都市工

学」的なアプローチと異なり、吉阪は「絵で考える」
ことにこだわった。そして、どのような風景が実現
するのか、そこで人びととはどのような暮らしをする
のかについて、日本列島のスケールから人びとの触
れる都市のテクスチュア（肌理）まで横断的な視野
で考えるということが、都市計画専修コースの中心
に据えられたのだった。

　吉阪は「都市計画では食えないけれども、来る気
はあるか」といって初期の学生に声をかけていたよ
うであるが、それは、建築デザインに立脚する新し
い都市計画を、それがどんな仕事になるか分からな
いが始めてみようという決意であった。吉阪研究室
を卒業していった学生たちは各々の事務所を立ち上
げていった。それは日本の最初の都市デザイン事務
所が現れてくる、黎明の風景であった。

アルゼンチン滞在の経験から

　吉阪が都市計画専修コースを立ち上げ、研究室の
活動の中で追及してきたことを、彼自身は「有形学」
ということばで説明する。

　吉阪は研究室を構える前の1960年から2年間、ア
ルゼンチンのツクマン大学に招聘されていた。当時
の中南米では、新首都ブラジリアが数年のうちに出
来上がったように、国家が主導して都市を建設して
いく「ナショナル・ビルディングの時代」を迎えて
いた。そのため各大学では新しい建築教育のカリ
キュラムとして、個人の持ち物や生活空間から建築、
街や国土に至るまでの人工的な環境の全体を計画の
対象とする改革が行われつつあった。吉阪はここか
ら、有形物の一切を扱う「有形学」の構想を得る。

　建築評論家の川添登は吉阪のアルゼンチンでの
経験ついて、近代的なアーバン・デザインの進行す

（縦書き左）

吉阪隆正の〈都市計画〉をたどる
都市と人間存在を往還する思考
　吉江 俊

る様子と、それとは逆に近代の取り残してきたもの
を中南米の人びとが大切にしている様子を目の当た
りにしたことが肝心であったと指摘する。「マヤや
インカなど文明の遺跡を残し、未開と文明とが同居
し…民族のるつぼのなかで、日々の暮しを楽しんで
いるラテンアメリカの人びとに、より深い共感をお
ぼえたに違いない」(川添登「有形学は可能か」『吉阪隆正
集 第13巻 有形学へ』p.279)。こうした状況をみた吉阪
の頭には、フランスの人文地理学者ジャン・ブリュ
ンヌのことば——その存在を示し、またその存在様
式やその行動の力を表現して、そして我々にその過
去を推定せしめる「有形的」なるもの——が残響し
ていた。このブリュンヌの本は、「考現学」の提唱者・
今和次郎が勧めていたものだった。地球上で日本の
ちょうど裏側にあるアルゼンチンでの経験と、人文
地理学の交差するところに、「有形学」としか呼び
ようのない学問領域が萌芽したのである。

構築環境の学としての「有形学」

「どんな形をとるのか。ある形はどんな影響を及
ぼすのか。どんな形が好ましいのか。いやそれより
前に、ある形が生み出されるのはどういう仕組に
なっているのか。どうやったら形を生み出す力を養
えるのか。形のある世界についていろいろと知りた
いのだ」(同書、p.15)。吉阪は有形学の発想の原動力
について、このように書く。

中南米だけではなく、当時は世界人口も100億人
に達すると言われ、限られた陸地の中に人びとは「よ
ほどうまく」人口環境を築き上げなければならない。
そのときには利益の追求だけでなく、形をもつ世界
と人間の関係をうまく統合する知恵が必要である、
というのが吉阪の主張である。川添は有形学を「アー

最初、吉阪先生は都市計画専修コースをつくると
きに、自分は都市計画の実務をやってこなかった
から、秀島乾さんに実務を担当してもらいたかっ
たみたいです。ただ、半年やってみて吉阪先生と
の違いがはっきりして、秀島さんは専修コースの
カリキュラムからは外れました。そこが一つの
早稲田の都市計画の路線選択だったと思います。
——田中滋夫

当時は東京オリンピックのブームの中で、やっと
建築だけでなく都市計画が認知されるようになっ
たころだよね。それで、私が大学院進学の相談に
行ったときに、先生が「私は都市計画をやりたい
んだよ。一緒にやりましょう」と言うんですね。
「そのかわり、就職はまずだめだという前提で、そ
れでよければ一緒にやりましょう」と言われた。
——寺門征男

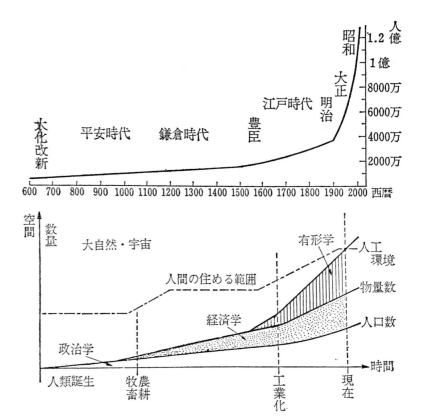

日本の人口の推移(上)と、環境の変化に対する学問のあり方(下)

207

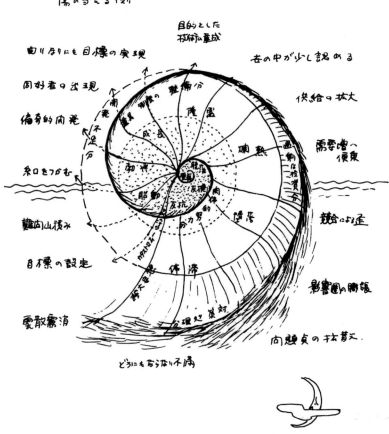

『東京　まちのすがたの提案』の冒頭で示された「生命の綱」の曼陀羅。何かの目標を立て、
その達成の手段を求め、完成を目指す間に踏むであろう道筋が描かれている

バン・デザイン」のことだと換言するが、筆者は「構築環境（ビルト・エンバイロメント）」の学ととらえる。吉阪の師・今和次郎は「考現学」と称して、人びとの身に着けているものや生活のなかの品々を採集して回り、近代化＝西洋化の諸相を同時代の夥しい「もの」の様相から捉えた。それは、今の生きた時代が「ものの時代」であったからで、「考現学＝モデルノロジオ／modern-ology」では、「もの」を通して「近代（モダニティ）」を描くことができると考えられたのである。時代は下って高度経済成長期のただなかでは、もはや人工物の台頭は国土の全体を覆いつくさんばかりの勢いであった。われわれが何に囲まれているのか、なにを提案すべきなのか、それを理解するための「構築環境の学」として、有形学は位置付けられるだろう。

「相互理解」に向けて

　有形学のもうひとつの軸は、相互理解の依り代として「かたち」をとらえる、ということである。吉阪は別のところで、「『有形学』を考えた動機は、人類が平和に暮らせるようにとの願いだ」と書いている。かたちがいかにわれわれの相互理解の前提となりうるのかは、例えば次のように説明される。「共に生産にはげむために、まつりが行われたのも、こうした手段を通じて連帯を忘れないためではなかったのか。そして更に、これらが瞬時に移りかわってしまわないようにと、物の形に託することが考えだされた。色や、材質や、形や姿にこれをとどめて、いつでもあの時の興奮を思い出せるようにと」（同書、p.44）。そして、こうも書く――「戦争や革命の血を見る変革ではなく、空間の組み立てに時代の必要を提案し実現することで逆に意識改革はできないも

のだろうか。それは生活改善運動でもある」（同書、p.116）。構築環境の学として、そして相互理解の手がかりとして「かたち」を考える、これが「有形学」の根幹のコンセプトである。

「有形学」と都市デザインプロジェクト

　有形学について、吉阪は体系的なテキストを残しておらず、晩年に書いた『生活とかたち（有形学）』も矛盾に満ちている。しかしながら、吉阪研究室で行ってきたひとつひとつの都市デザイン／地域計画の仕事は、その思想を十分体現するものになっているのではなかろうか。先に述べたように吉阪研究室のアプローチは、当時の「都市工学」の手つきとは一味も二味も異なるものだった。それは都市を俯瞰的にみて交通や土地利用の計画をしていくよりも、人びとの暮らす地面に降り立って、彼らをどのような環境が取り囲んでいるのかという視点に立脚し、住民が洗濯物を干す風景から日本列島のスケールまでを横断していた。

　これ以降では、吉阪研究室のなかでも代表的なプロジェクトとして「大島元町復興計画」、「21世紀の日本列島像」、「弘前・津軽」、「杜の都　仙台のすがた」、「韓国集落調査」、「東京　まちのすがたの提案」の6つを取り上げる。今回は紙幅の都合上、高田馬場再開発計画や沖縄の計画など重要な仕事が扱えなかったが、ここで取り上げた事例だけでも吉阪の「有形学」の思想を感じ取れるよう筆を尽くしたつもりである。

　当時の都市計画の世界では、東大の都市工学科を卒業して頑張っていた「御三家」というのがいたんです。土田旭さんがやっていた都市環境研究所（1970年設立）、林泰義さんの計画技術研究所（1969年設立）、それから土井幸平・南條道昌・大村虔さんたちの都市計画設計研究所（1967年設立）。その3つが、この業界で都市計画に携わっているアトリエだった。

　早稲田はそういうものがなかったんだけれども、吉阪研究室を出た方々が先陣を切って作っていった。まず泉耿介さんたちの都市環境計画研究所（1971年設立）が、新大久保の駅のそばで産声を上げたんですね。それと前後して、幡谷純一さんが漁村計画研究所をつくったり、佐々木政雄さんがアトリエ74建築都市計画研究所を始めたり、田中滋夫さんが都市デザインをつくっていった…。まさに吉阪研究室を卒業した方々が都市計画の事務所をつくっていった時代だったんですね。——井上隆

大島元町復興計画

1965年〜1969年

都市計画研究室の最初の仕事
山の上から市街地まで、
ひとつながりの想像力

大島が楽しい世界になるための一番の源は水を得ることだと考えた。自然はここに年間3000ミリの水を与えてくれる……村毎に競ってデッカイ奴を作るがよい。その村が先ず栄えるだろう。これは聖なる仕事だ。全員でかかれ。難しい仕事じゃない。何千年も前の人達の知恵なのだ。

———大島元町復興計画・報告書（1965年）

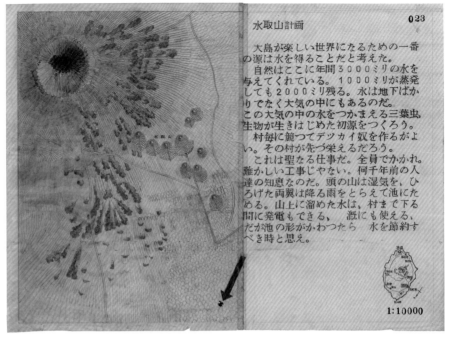

水取山計画 023

大島が楽しい世界になるための一番の源は水を得ることだと考えた。
自然はここに年間3000ミリの水を与えてくれている。1000ミリが蒸発しても2000ミリ残る。水は地下ばかりでなく大気の中にもあるのだ。
この大気の中の水をつかまえる三葉虫、生物が生きはじめた初源をつくろう。
村毎に競ってデッカイ奴を作るがよい。その村が先づ栄えるだろう。
これは聖なる仕事だ。全身でかかれ。難しい工事じゃない。何千年前の人達の知恵なのだ。頭の山は湿気を、ひろげた両翼は降る雨をとらえて池にためる。山上に溜めた水は、村まで下る間に発電もできる、漑にも使える、だが池の形がかわったら 水を節約すべき時と思え。

1:10000

大島元町復興計画の第1次報告書の目玉、「水取山」の計画。三原山にへばりつくように、村ごとの貯水池がつくられる。

「大島元町復興に対する提案」。大火が生じてから1週間で自主的にまとめられたもので、U研究室・吉阪研究室共同の「DISCONTグループ」の署名がある。

正月明けに研究室に行ったら、吉阪先生が新聞の切り抜きを持ってきて「これだ」っていうわけ。それで、「大島に行こう」って言う。先生はすぐにスケッチと一筆を書いて現地に送っている。でも現地からは反応がないわけです。だから手紙は出しっぱなしで、勝手に行ったんです。大島町から依頼された仕事ではないんですね。

———寺門征男

大島大火、建築計画から都市計画へ

　1965年の新年が明けたころ、吉阪隆正は新聞の切り抜きを持って研究室にやってきた。1月11日、東京都の南に位置する伊豆諸島最大の島・大島で大規模な火災があったのだ。火災は夜から翌朝まで続き、大島の中心部はほとんど焼失した。408世帯・1203人が罹災し、図書館や大島支庁、郵便局や農協などの施設も全焼する「大火」とも呼ばれた火災であった。

　吉阪は早稲田大学の研究室メンバーと自身が主宰するアトリエ「U研究室」のメンバーたちで「DISCONTグループ」を結成し、ただちに大島へ向かった。事前に復興計画のスケッチを描いて、飛行機にて少人数で大島へ持参したが、現地からは反応がなかった。DISCONTグループは何の正式な依頼も受

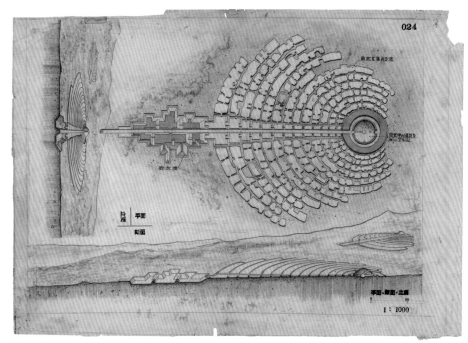

024

「水取山」の平面・立面図。「空気中の湿気を水にする山」、「雨水を集める池」、「貯水池」の3つからなる。

大島で面白いのは、家のあるところだけではなく、海から山頂まで全部計画するという発想。まちのなかに椿の並木道があったら、それは上の方にいくと農地の防風林の椿になっていって、その上だと森になっていって、さらにその先は三原山の砂漠で、そういうところに水取山をつくろうということ。大自然から亜自然や人工世界、さらに人が集住する世界までを全部連続的にみるということを、先輩や吉阪先生から教わった。

——重村力

けずに、自主的に船で現地に向かったのであった。吉阪が設立に尽力した早稲田大学附属の夜間学校である産業技術専門学校（早稲田工手学校として設立されたが吉阪が建築学科主任を務めた1964年に専修学校として再編し、若き菊竹清訓など、気鋭の建築家たちが教鞭をとるカリキュラムをつくりあげた）の学生たちも加わり、「再建第一案」「第二案」を提案し、各方面に配布して回った。

　火災から1か月が経った2月頃から大島の住民組織や元町復興協議会も吉阪らの活動に興味を示し、積極的な支援を受けるようになった。しかし、大島町から正式に復興計画の委託を受けたのは9月のことで、そのころには区画整理などの都市計画の主要な骨格はすでに決定されていた。吉阪らの復興提案は、町の区画整理の方針にはときに反発しながら、

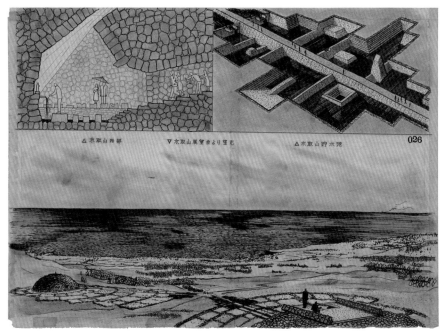

△ 水取山内部　　▽ 水取山展望台より望む　　△ 水取山貯水池

026

「水取山」からの見晴らし。巨大な土木的景観というよりも、自然のランドスケープである。

住民たちを味方に付けて練りあげられていった。

大島の大火は、吉阪が都市計画の研究室を始めようとしていた矢先に生じた出来事であり、大学院生やU研究室、産専の学生、早稲田大学を卒業し民間の事務所で働いている人びとなどが入り乱れて調査や提案を行っていくこととなった。その内容は必ずしも一貫したものではないが、人間の暮らす市街地から大自然の環境までをひとつながりに捉えてデザインを提案していくような、建築計画と地域計画、さらにその範疇を超える大島全体の自然生態系までもが一体となった計画が描かれていったのだった。

「水取山」の挑戦

第一の報告書が、1965年の11月に提出された。ここでは参道と海岸遊歩道の「二本の直交するミチ」の計画が提案の中心であった。さらに、ここで示された大島全島への提案として目を引くのは「水取山」の計画である。これは、大島の中央にそびえる火山・三原山の斜面地に、村ごとに住民たちがつくりあげる貯水池で、第一次報告書のなかでもひときわ目立つ提案であった。「大島が楽しい世界になるための一番の源は水を得ること」だという発想から始まり、つねに雨雲をまとう三原山に降る雨水が地下深くまで染みてしまい、地上が砂漠と化してしまう現状を問題視する。そして、「頭の山は湿気を、ひろげた翼は降る雨をとらえて池にためる。山上に溜めた水は、村まで下る間に発電もできる。灌漑にも使える」という独特の形状の「水取山」の提案に至るのである。

水取山の提案は荒唐無稽なようにも思われるが、住民に向けて語りかけるような力強い文章が書かれ、説明会も行われた。石積み、

防水のポリエチレン膜が安く済むことを簡単な計算で示してもいる。図面ではその独特な造形が目を引くが、決して土木的なスケールの計画ではなく、実際には集落ごとの住民が力を合わせて低予算でつくりあげるのである。この提案は大火により喪失感を感じていた人びとに大きな共感を得て、強い支持を受けることになったという。

つくりあげていく過程こそを重視する

第二の報告書は、1966年の7月に提出された。ここでは「実現のための計画」として、参道に不要になった都電の敷石である御影石

を敷き詰め、石畳の道として再生する提案が行われ、すぐに実現した。さらにこの道の出発点となる浜宮公園や吉谷神社に隣接する公園も、参道の結節点となる広場として造成する計画が示され、参道を横切る商店街の提案も行われた。それらはいずれも住民たちの手によって、小さな計画の積み重ねとして実現される提案であった。「つくりあげてゆく過程そのものが重要であり、そこに起るいろいろな行為こそ生活環境の軸である」という考えがここで浮上する。生活環境をみなでつくりあげる過程こそが根本である、という発想は、行政によるトップダウンの計画に対して

海岸遊歩道計画の半分。大きな面積を占めているのは、両墓制の名残がある大島共同墓地

住民主体のまちづくりが唱えられる数年後を先取りしている。

第三の報告書は1967年の5月に提出された。第一・第二の報告書が、復興の現場から考えられた様々な提案を掲載していたものだとしたら、第三の報告書はそれとは対照的で、大島全体の膨大な調査分析をまとめあげたものだった。冒頭文で吉阪は、「霊感や直観にたよっていた予言から、少しでも、科学的な確実性の高い、将来像の予想への努力こそ今日の課題といえよう」と強調する。この報告書は2冊分のボリュームがあり、前半は大量の地図やグラフを占めていた。

「発見的方法」

大島の焼け跡を歩き回って計画をつくる様子は、当時の他の大学で試みられていた「演繹的な」都市計画の方法とはまったく異なっていた。当時博士課程にいた地井昭夫はこれを「発見的方法」と呼び、これは以後の吉阪研究室の方法論を決定づける概念になった。発見的方法とは、確信の持てる方法論を何ももたないまま、自らの眼と足で歩き回るうちに、「私たちによって作り変えられるべき世界」ではなく、全く逆に「私たちひとりひとりがそれによって支えられている世界」を発見していくようなやり方である。

大島復興計画のその後

第3の報告書が提出されようとしたころ、大島では町政の交代があり、吉阪研究室は公の発言の場を失った。第三報告書は正式な発表の場もなかったという。そして1967年から2年間は地域計画から建築の設計へと関わり方が変化し、U研究室が複数の公共建築を手掛けた。1年目には早速5つの建物が立て続けに出来上がった。

「大島町立第一中学校・体育館」や「大島町立クダッチ・更衣所」、「大島町役場 野増出張所」もこの頃つくられた建築だ。更衣所はコンクリートブロックを積み上げた簡素な建物ながら、窪地の空間から海を眺める視点場をつくっている。野増出張所はまちの目印となる尖塔を有する建物で、大島で初めてのRC打ち放しの建築物であった。

吉阪らが参入する前から決まっていた区画整理による復興が進むと、それは住民に大きな動揺を与えると同時に、U研究室や大学院のメンバーたちにも無力感を与えることになった。「元町の北への発展を妨げる」として計画された元町共同墓地の移転に最後まで反対していた大竹康市は、1970年にブルドーザーで造成された跡地を前に立ちつくした。「つくらないことも創造である」と大竹はいう。われわれが発見し、住民にそれを受け止めてもらえれば、それは創造として完了したのだと。地域のものをまずは発見し、それが住民によって発見されるのを手伝うことが「創造」の行為であるということは——地井昭夫の「発見的方法」と通じ合う考えだが——今にいたるまでわれわれの多くが全く見過ごしてきた、もうひとつの「計画」のすがたを言い当てている。

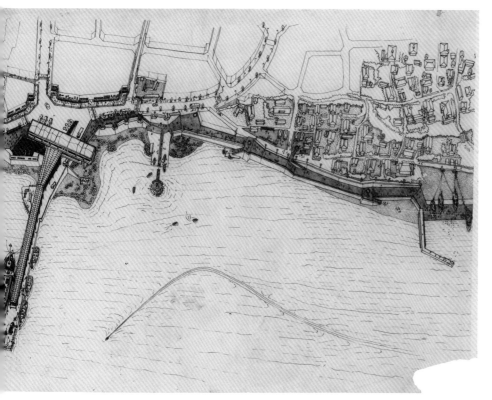

海岸遊歩道計画のもう半分。船着き場、親水空間、小さな漁港

21世紀の
日本列島像

1968年〜1972年

逆さの日本列島、
ピラミッドから網の目へ

巨大なマン・マシン・システムの生活機構の
自動進行を、自然を再生させるという最もプリミティブな人間的要求によってチェックしようというのが、東京再建計画の主旨なのである。それはまた、日常的パニックをさけ、大きなパニックにそなえることにもなると思うのである。
——吉阪隆正

「21世紀の日本列島像」ということで政府がコンペティションをしている、という新聞の切り抜きを持って行ったのは私なんですよ。そうしたら、先生は「やる」と言って、その夜電話をかけまくったんです。各学部の名物先生というのを、私は吉阪研究室で取り組めるかな、と思っていたわけだけど、一晩で一気に垣根を飛び越えた活動になったんですね。
——寺門征男

計画の発端——文理を超えた研究共同体へ

計画の発端はこうである。この取り組みも、大島の復興計画と同様、新聞の切り抜きから始まった。当時「オーバードクター」として研究室の学生たちをまとめていた寺門征男が、「21世紀の日本の国家と国土の姿を求める」と題した設計競技を佐藤栄作首相（当時）が主催していることを発見し、その募集広告が掲載された新聞の切り抜きを持ってきたのだ。吉阪はその場で切り抜きをポケットに入れ、その夜方々に電話をかけてただちに設計競技に取り組むグループを立ち上げた。早稲田大学は総合大学であるから、様々な学部・学科がある強みを生かすことを吉阪は求めた。商学部教授で経営学を専門とする宇野政雄などに声をかけ、1968年には「21世紀の日本・早稲田大学グループ」が結成された。計画には吉阪とともに都市計画専修コースで教鞭を

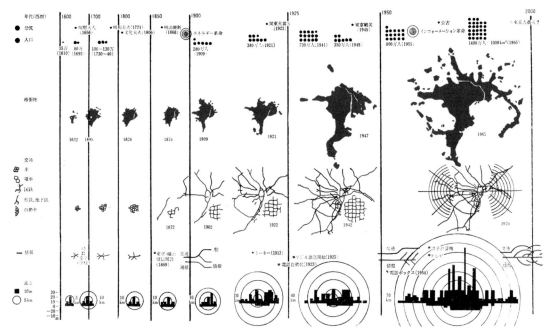

東京400年。市街地の広がりと鉄道の広がり、都市のスカイラインの高さの変化を図示している。

とった松井達夫・武基雄（専修コースはこの
3名から始まった。松井は土木工学科、武と
吉阪は建築学科の教員である）に加えて、吉
阪と協働した経験のある都市計画家の秀島
乾、建築計画の安東勝男、吉阪研究室助手で
あった戸沼幸市が指揮をとり、U研究室や大
学院の学生達とともに取り組んだ。

　この計画は1970年に政府総合賞を獲得し、
71年に『ピラミッドからあみの目へ：21世
紀の日本列島像』として内閣官房内閣審議室
から冊子が発行された。40ページほどの冊
子だが、逆さにされた日本列島が表紙を飾り、
手書きの印象的な地図やダイアグラムが1ペー
ジずつ掲載された、力強い提案書であった。
翌年、この成果はより緻密に検討され、吉
阪・宇野の編著というかたちで『二十一世紀
の日本』（紀伊國屋書店）上下巻が出版され
たのだった。

国土計画の焦点1
──マン・マシン・システムからの脱却
　この計画は「国土計画」と「地域計画」のふ
たつに分かれる。前者では、人口配分、産業
配分、ネットワーク、自然維持という4つの
観点からの全体計画と、首都を北日本に移転
するという「新首都北上京計画」が提案され
た。

　ほんの100年前、日本には3000万人しか
住んでいなかったが、21世紀には1億3500
万人が同じ面積に住むだろうと言われている
……計画はこのような投げかけから始まる。
そしてふたつの国土システムの革新、つまり
「人間-機械系から人間-機械-自然系へ」の変
化と「ピラミッドからあみの目へ」の変化を
構想しなければならないという。

　ひとつ目の焦点で触れられている、「人間-
機械系」は「マン・マシン・システム」とも言

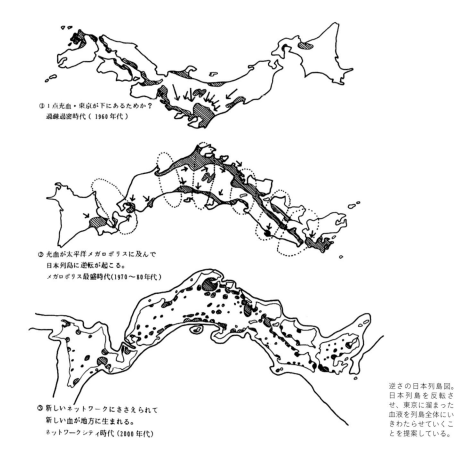

① 1点充血・東京が下にあるためか？
　過疎過密時代（1960年代）

② 充血が太平洋メガロポリスに及んで
　日本列島に逆転が起こる。
　メガロポリス最盛時代（1970〜80年代）

③ 新しいネットワークにささえられて
　新しい血が地方に生まれる。
　ネットワークシティ時代（2000年代）

逆さの日本列島図。
日本列島を反転さ
せ、東京に溜まった
血液を列島全体にい
きわたらせていくこ
とを提案している。

い換えられ、吉阪がたびたび使うことばであ
る。吉阪は、江戸時代は「マン・システム段
階」にあり、それは機械力導入以前の都市時
代ともいえ、市街地の組み立てや大きさが人
間の身体的な能力と呼応していた時代だった
という。それが1860年代から1960年代にか
けて、「マン・マシン・システム段階」に入り、
60年代以降はその「第二段階」に突入してい
るという。それは人間（マン）に基礎をおい
てできていた都市空間が、産業革命によって
もたらされた機械によって性格を変えていく
段階である。第一段階と第二段階の違いは、
情報技術の台頭だ。もちろん、1960年代に

は、まだ情報技術の影響が都市空間の全体に
まで及ぶことはなかったが、吉阪はそれが「市
街地が分担していた機能が拡散分布し、関東
生活圏が一つのシティとして構成されてゆく」
という変化を引き起こす可能性があるとみて
いた。いずれにせよ都市の肥大化は、人間個
別の存在をないがしろにし、人びとは帰属す
るものがなく路頭に迷うことになる。そこで、
「人間-機械-自然」の三つの循環構造が描か
れる必要があるというのだ。

　この計画は緑地を、国立公園や国定公園な
どの「保存緑地」、自然にあまり手を加えず
に共生する「自然緑地」、自然環境を積極的

北上京の全体を示した模型

僕が大学院のころ、丹下さんが勉強会をやろうと言いだしてね。吉阪さんと僕とが呼ばれて参加したときに、槇さんも来ていたかな。「21世紀の日本をどうするか」という主題で…丹下研に行ったときには、「DISCONTINUOUS CONTINUITY」という冊子を持って行った。ぱたぱた開くような作りの冊子だった。議論するのではなく、提案をもっていくわけだね。　　——戸沼幸市

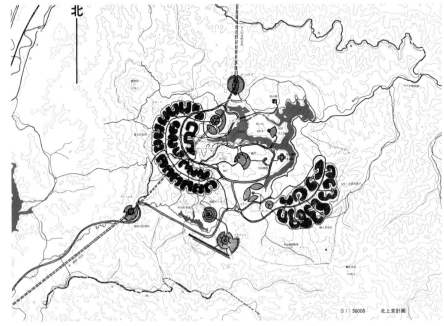

北上京の配置図

に整備しレジャーに役立てるものや生産緑地などを含む「環境緑地」、日常生活圏における緑地である「生活緑地」の4段階にわけて、それらのデザインによって国土全体の「秩序ある緑地化」を目指している。

国土計画の焦点2
——ピラミッドから網の目へ

　もうひとつの焦点は、「ピラミッドから網の目へ」である。都市というある種の空間単位を「1日行動圏のサイズ」とするなら、21世紀における日本列島はまるごとひとつの都市だということができ、ネットワークと生活は一体化してひとつの機構となっているだろうと予測される。そうなってくると、「1日行動圏」である国土全体の中で、人びとはどこに住むのだろうか、と吉阪は問いかける。吉阪の答えは、人間は再び自然のあるところを志向するだろうということだ。そして、国土の7割を占める山地のなかで見出されてきた平地や丘陵地が小さな空間単位となって生活文化を育むだろう。これらは10〜30万人ほどの自治体となって、ネットワークという柔構造のシステムをつくりあげていくにちがいない。この構想に立って、メガロポリ

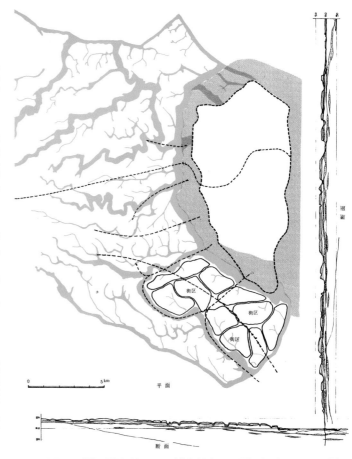

「東京絵図2001年」と題された絵。海上公園、森と化した
山手線内側が描かれる。

シティーとキレメの関係。見えなくなっている自然地形を生かし、川筋を掘り起こすことで、東京を
20-30万人段階、3万人段階という二つの段階に区分してゆく。

ティックな構造からネットワーク構造へ、ピラミッド型の中央集権的構造から分権的自治機構への転換をいかに誘導するかが、21世紀の日本列島の構想の主題となるのである。

新首都を北日本に建設せよ

以上の問題意識のもと、吉阪は「首都が東京であることの役割は現在、既に終わった」と言い切る。

日本の首都は歴史的に九州（邪馬台国）から近畿（平城京や平安京）、関東（鎌倉、東京）へと北上してきた。そこで、今度は東北に新首都を建設する番だ。吉阪は東北の「北上」の地を「国土における虚点」であるとし、ここに「北上京」と名付けたまちを建設することで21世紀の幕開けとしようと力説する。北上京は盛岡のやや北東に位置し、山間の水辺を囲うようにして集合住宅区・個人住宅区を配し、その中心に皇居、最高裁、議会、国立劇場・美術館、ホテルなどが地形に沿って

分散配置されるという構成である。北上京についてはこれ以上多くは語られていないが、東北への首都移転というテーマは、吉阪の死後、戸沼幸市に引き継がれることとなる。

地域計画の焦点1──東京再建計画

「国土計画」と対になる「地域計画」は、東京再建計画と青函圏計画のふたつを柱としている。東京再建計画では、東京湾を埋め立てて都市を際限なく拡大させようとした丹下の

これが内閣総理大臣賞をもらって、そのお金をどうするかという議論がありましてね。当時で200万円ぐらいもらったので、吉阪さんが僕らに相談して、とにかく人口論が大きな問題になるから、香港をみんなで見に行こうと。横浜港と香港を往復しているバイカル号というのがあったので、4泊5日で香港まで行って、向こうで2泊3日停泊して、それでまた4泊5日で帰ってくることにした。その間ずっと洋上シンポジウムをやろうということになったんですよ。

——重村力

「東京計画1960」やメタボリズムの運動とは異なり、東京の中心である山手線内部を自然に還すことを提案している。この公園は「昭和の森」と名付けられ、すでに放射状に張り巡らされている東京のどの鉄道からもアクセスできる。一方臨海部の「江東0m地区」は「海上墓地公園」とする。いずれくるであろう次の首都直下地震はここに甚大な被害をもたらすであろうから、墓地公園は震災の教訓であり、同時に東京のオアシスにもなる。

さらにここでは、東京の微地形に沿って生活の単位をゆるやかにわける「キレメ計画」が提案される。吉阪は、「21世紀の東京計画は、自然地形を再び生き返らせ、人間尺度によるキレメを入れることにより、(都市に生きる人間の)存在感・所在感の回復を目指す」と、その意義を打ち出す。キレメの計画は見えなくなっている自然地形を生かし、川筋を掘り起こすことで、東京を20-30万人段階、3万人段階という二つの段階に区分してゆき、人間的スケールを回復するというものであった。

地域計画の焦点2——青函圏計画

地域計画の二つ目の対象は、札幌・函館・青森・三沢・盛岡、そして新首都・北上京までを含む、海をまたぐ「青函圏」である。これらはリニアモーターカーや大型船によってつながれ、アメリカ、オーストラリア、ソ連やアジアへ向かう交通の結節点になるという。

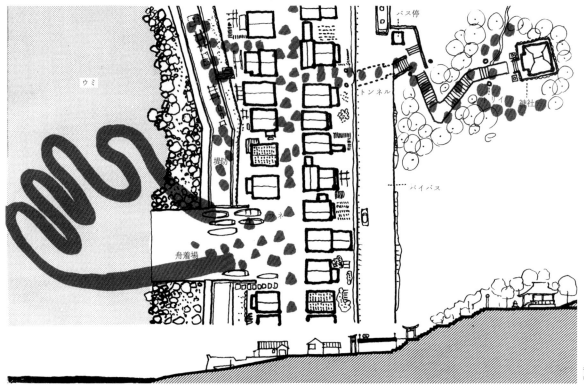

青森県下北地方の計画。「手とふところ」の概念図

吉阪さんが亡くなったときは僕がちょうど国の首都機能移転委員会に出席していたときで、亡くなる時にはぎりぎりで間に合ったぐらいだった。当時は首都機能移転というのを随分一生懸命やっていたから…。いまだに僕は「21世紀の日本のすがた」を吉阪さんから宿題に残されたと思っています。──戸沼幸市

海は広場だ

自然を育てよう

	自然の領域
	林野
	牧草地
	果樹園
	水田
	畑
	魚貝海草畑
	海洋牧場基地
	外洋

人間活動の領域

高密型
浮遊型
------ 通過交通

青函広域生活圏の模式図と「青函圏2001」と題されたダイアグラム

「青函圏は日本の玄関である」と、この計画は主張する。

具体的な提案は青森県の下北半島で行われた。まず、元々点在していた半農半漁の村々をつなぐネットワークが提案される。それぞれの村のなかには「手とふところ」──相手と結び合う「手」としての港、相手を迎え入れる「ふところ」としての作業場、広場、神社の境内、みち空間など──が計画される。ここで提案されている「手とふところ」は、ネットワーク・シティをつくるひとつひとつの村や集落が備える、基本的な空間的装置になるはずである。

さらに、青函圏の海は陸地に囲まれて、広場のような様相を呈している。ここに接するように学校、病院、劇場、動物園、アパート、ホテル、市場、役所などを浮かべようという提案も行われた。

ふたつのアジアの結節点として

大がかりな提案が続いたが、この計画にはもうひとつの、さらに広い視野に基づいた位置づけがある。それは、日本はふたつのアジア──東南アジアやオーストラリア、ハワイを含む「太平洋アジア地域」と、「大陸アジア」──という、ふたつの文化圏の結節点にあるということである。

そこで吉阪は、日本はアジアリージョンの地域の接点として、平和につながる文化統合体を形成する役割をもつべきとする。そして、「日本海環状ループ（日本海大陸棚・韓国・北朝鮮・シベリア・サハリン・日本を通る円環）」と「太平洋環状ベルト（台湾・東南アジア・オーストラリア・南米・北米・アラスカ・千島・日本を通る巨大な円環）」のふたつの環を構想し、それぞれの「ヘソ」にあたる日本海の大和堆とハワイ島に国連機能を関連させることも提唱している。

「21世紀の日本列島像」の提案は、広大な視野で、当時の都市の肥大化への批判と人間のスケールの再構築、国際社会での日本の役割とを空間として提示する力作であった。

「21世紀の日本」

早稲田大学の教員が分野を超えて集合し、「早稲田大学21世紀の日本部会」を立ち上げ、1968年に「日本万国博覧会　日本政府館における「21世紀未来像」設計作業報告書」をまとめた。1971年には、国主催の設計競技「21世紀の日本の国家と国土の姿を求める」に応募し、東北へ首都を移転する「北上京」の提案、山手線内部を緑化する東京再建計画、青函圏の集落をつなぐネットワーク提案を行ない、政府総合賞を獲得した。『日本の未来設計─Ⅰ　アニマルから人間へ』『日本の未来設計─Ⅱ　ピラミッドからあみの目へ：21世紀の日本列島像』を冊子にまとめ、1972年には一連の取り組みを『二十一世紀の日本─〈アニマルから人間へ〉〈ピラニッドから網の目へ〉』上下巻の書籍として出版し、「21世紀の日本」の提案が論理的に補強されている。

早稲田大学「21世紀の日本」研究会
研究グループ

生活：宇野政雄、伊藤秀三郎、窪田昇、寿里茂、西宮輝明、平田富太郎、二神恭一、道明博、宮川彬、吉井敏子、吉阪隆正
社会：武田良三、近江哲男、外木典夫、正岡寛司、菊池幸子、村田勝彦
政治：勝村茂、河原宏、増田与、秋元津郎、浜地饗
経済：小松雅雄、田中駒男、和田禎一、中島健一、結城清吾、岡山隆、㈱渋谷行雄
交通：西野吉次、石渡徳弥、太田正樹
科学技術：高木純一、春日井博、塩沢茂、十代田三知男、坪内和夫、中井重行
環境：松井達夫、安藤勝男、武基雄、秀島乾、戸沼幸市
事務局：澄山睥、川上晃、庄野道哉、和田行弘、吉田幸子、花形妙子

計画案作成グループ

U研究室：大竹十一、松崎義徳、岡村昇、富田玲子、大竹康市、横林康平、樋口裕康、三宅豊彦、岡本慎子、沼野洋、竹内雅海、上貞幸丕、下間淳、伊藤一雄
大学院建築・都市計画研究室（43年度）：山口堅三、星野芳久、伊久美嘉男、竹内泰夫、寺門征男、地井昭夫、青野紘、小路紀光、安藤洋一、北村忠司、関研二、泉欣介、山形繁美、鈴木啓二、松永巌、石渡修一郎、菊地大麗、阿波秀貴、石寺安臣、木村和美、佐々木政雄、中村茂樹、幡谷純一、難波祐介、李在雨、右田邦昭、塩野功

219

弘前・津軽

1969年〜1974年

東北・農村へのまなざし
生活文化の網の目を描く

われわれはここに先ず全地域がどれだけの類型によって成立しているかを検討し、それらの標本ともなるべきモデル地区をとり上げて、それぞれの個性を如何に生かすべきか、また全体とのつながりをどのように結ぶべきかの提案を試みた。その主たるものは、中心市街から末端集落という一元的なピラミッド状の在来の考え方に対し、密住地と疎住地とを対等に扱いながら、その中間に両者の触手の結節点をつくることである。　　――吉阪隆正

新都市計画法と「生活環境計画」

　吉阪が都市計画を専門とする研究室を開設して間もない1968年、国は高度経済成長とともに無秩序に進んだ市街地開発への対処として「新都市計画法」を制定した。これにより1919年以来の法制度（旧都市計画法）は再編され、市街化区域・市街化調整区域の区域区分や開発許可制度などが定められた。

　吉阪研究室には、1969年に弘前市から調査依頼があり、都市全体の土地利用計画や交通計画、開発すべき区域を決定するための基礎資料を作成するよう依頼があった。吉阪はこの依頼を受けながらも、大学としての自主的な研究テーマや考え方を模索しながら、自治体の依頼にも応えるようにすり合わせていく姿勢をとることにした。

　初年度の調査はアンケートとフィールド調査の二本立てで、通学路や遊び場の行動調査、住民の住環境に対する意識調査などを行い、計画単位となる地区のブロックを設定するなど試みた。続く1970年には、具体的な土地利用計画や交通計画の提案を行っている。1971年には津軽地域広域市町村圏協議会からの委託を受け、弘前市を中心としてさらに広域の「津軽」全体の集落調査を行うことになり、3年間の調査を実施した末、1974年3月に報告書がまとめられたのだった。

21世紀は北日本の時代だ

　吉阪が弘前や津軽に関心をもったのは、実際には依頼より前の、「21世紀の日本のすがた」の構想に遡る。吉阪は日本列島を逆さにひっくり返し、「21世紀は北日本の時代だ」と言ったという。そして、首都機能を東北に移転する「北上京」を提案したのだった。吉阪研究室は北日本の現場を見るべく中古のワゴン車を購入し、東北地域の主要都市を調査

弘前市の計画単位図。当時最先端の、都市を方眼で区切る「メッシュ・アナリシス」により地域を分析し、「開発を必要としない地区（黄）」、「保存すべき地区（緑）」、「再開発を必要とする地区（赤）」、「短期の開発地区（水色）」などを決定している。

して回った。各都市の市長には、訪問する際に大学から挨拶状を送ってもらったが、弘前市からのみ「待っています」という返事があったという。弘前市からの仕事の依頼は、そのことがきっかけになったのだろうか。

フィールドワークか、計量か

弘前市の調査では、地区の特性を明らかにするため、地図を100m×100mのメッシュ（格子）に分割し、そこに人口や土地利用、建物の状況などに応じた着色をしていった。この「メッシュ・アナリシス」はそのころ流行した先端の解析手法であった。当時の吉阪研究室はこのような統計や解析を行う学生と、泥臭いフィールドワークを行い空間の提案を行う学生と、ふたつの特徴のあるメンバーが同居していた。そして前者の学生たちは、当時助手として吉阪研究室のプロジェクトに携わっていた戸沼幸市が受け持ったという。戸沼は1972年に助教授に就任し独立したが、その後も吉阪や研究室とは深い関わりを続けた。

弘前で提案されたこと

弘前の提案内容はやや専門的なので、ここで全体を解説することは避けるが、その革新的な提案の一つは「バス・ペデストリアンシステム」であった。これは車の往来を減らしてバスを充実させ、それ以外はなるべく徒歩による生活を促すというものだ。このとき提案された「土手町買物公園」は、主要な商店街である土手町に車の侵入する時間を制限し、地域一帯をS字の川沿いに展開する買物公園（ペデストリアン・パーク）として再生しようとするものだった。

弘前市の積雪都市計画

1973年の調査は、これまで研究室が行っ

弘前の積雪都市計画で提案された、歩行者専用道路の積雪時の様子

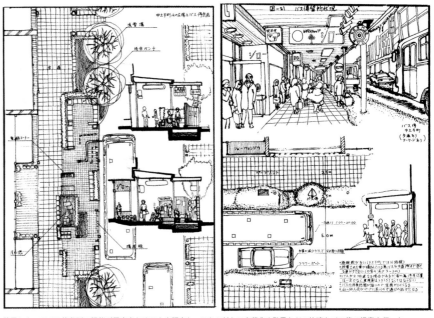

積雪によってバス停留所の機能が阻害されることを調査し、これに対して有蓋化や融雪などの快適なバス停の提案を行った。図は中土手町バス停の現況（右）と計画（左）

てきた生活環境計画や交通計画が積雪時にも機能するかを検討したものだ。当時の研究室の学生たちは、実際に真冬の積雪がみられる時期に調査に乗り出し、かじかむ手で必死にスケッチや実測をした。雪が積もったときとそうでないときの、有効道路幅はどれくらい変化するのか。交通量の変化はどうか。積雪時のバス停留所の様子、公共交通はどの程度機能するのか…。これらの積雪時の暮らしの調査からは、津軽地方で象徴的な意味合いを持つ「岩木山」が、日本海からの季節風を遮ることで、その陰にある弘前を積雪から守っているということも浮かび上がった。これらをまとめ、積雪都市計画は「大型流雪溝計画」、「生活道路確保のための圧雪単位計画」、「車道・歩道完全分離の裏道歩行者路開放計画」という3つの柱に収斂していった。

津軽というモザイクから、網の目の構想へ

「津軽」という場所のもつ独特の風土や暮らしのすがたは、吉阪研究室のメンバーを魅了した。人びとの精神的支柱ともいえる岩木山がそびえ、平地から山地へと至る地形の上に、モザイク模様に人間の営みが広がっている。平地では稲作が、斜地ではりんご栽培が、山では畑や林産物の生産が行われていた。

これらの全容を把握するため、弘前から津軽へと視野を拡大する最初の手掛かりは、津軽を有機的な「ブロック」に分類し、その関係を図示することであった。そして、次にその無数の生活文化圏を網の目のネットワークでつなぐ構想が行われた。中央から放射状に延びる道路によって「中央－周縁」のヒエラルキーを形作るのではなく、網の目によって無数の個性ある生活を等価に扱うことが、津

研究室の中でも、寺門さんや地井さんなどについていってデザインを中心にやりたいという人と、戸沼幸市さんが助手で来ていましたから、統計や分析をやりたいという人がいました。戸沼研究室ができて吉阪研究室から分かれるまでの間は、デザイン志向でやるのと、統計などを基にした計画思考でやるのがわかれていましたね。
——田中滋夫

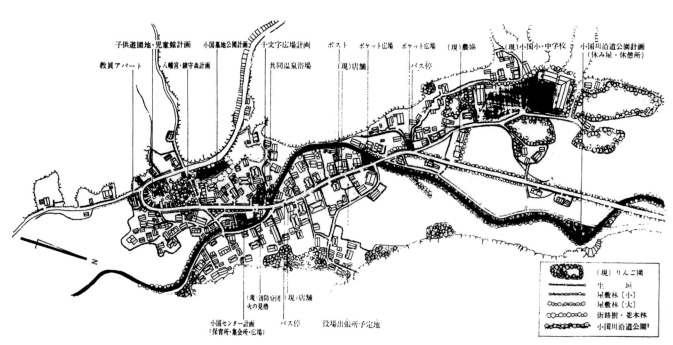

弘前市小国町の計画。小国川、沿道公園、街路が複雑に絡み合うなかに屋敷林、生垣が丁寧にく描き込まれている。

軽という地域で目指されたことだった。

　ネットワークの結節点には地域拠点が構想され、平地にあるまちと山地の農村を結び付ける役割が期待された。モデル計画として提案された「小国センター」は、もともとある共同温泉に接して計画されたものだが、温泉の前にはパーゴラで夕涼みができる「つきあい広場」が用意され、さらに隣接地には大きな屋根の集会室、保育室、調理講習室、談話室、消防分団、火の見櫓、消防車の車庫、それらの中央には広場と縁側が設えられる提案であった。

　モザイク状に暮らしの広がる津軽の大地は吉阪たちの想像力を掻き立て、「21世紀の日本のすがた」のなかに描かれた「ピラミッドから網の目へ」を具体化していくような提案に結び付いたのだった。

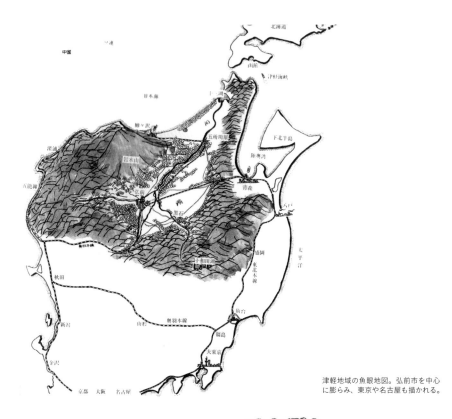

津軽地域の魚眼地図。弘前市を中心に膨らみ、東京や名古屋も描かれる。

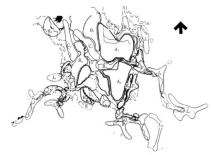

土地利用による地域分類。水田率を軸とした地域分類で、AからLまで分けられている。

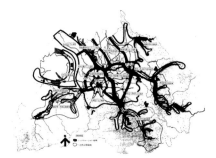

集落整備のための地域類型ブロック。「弘前近郊水田地帯」、「弘前南りんご地帯」、「目屋・いわき川流域地帯」などに分けられた。

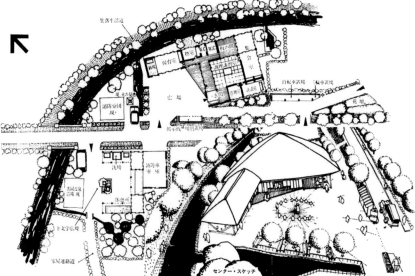

「小国センター」の提案

223

杜の都
仙台のすがた

1972年〜1973年

都市のかたちから
生活者の存在までをつなぐ
〈不連続統一体〉

巨大と弱小との中間に30万人前後の人口集
中地区を有する都市がある。これは巨大都市
の持つ公共施設をもち得る最低だし、中小都
市のもつ人間関係の密度を軽うじて保ち得る
最大である。またこれは流入流出によって人
口の入れかわりがあり、その程度によって保
守ともなり、革新ともなる境界的存在だ。こ
れらの両極を合わせ持つことができれば、好
ましいことだが、両極は矛盾する。その矛盾
を克服止揚するところに提案の意味があろう。
　　　　　　　　　　　　　　　——吉阪隆正

佐々木嘉彦さんという東北大の先生が早稲田に来たんですね。
実は吉阪さんと同じ今和次郎の弟子だった。それで仙台の話を
講義してくれたときに、「そうか、都市を語ることは都市計画
なんだ」と初めて思った。それまで受けていた講義は法律をしゃ
べるだけだったんです。佐々木さんは仙台をどうにかしたいと
思っていたので、生きているんですよ。
　　　　　　　　　　　　　　　——藤井敏信

海

原

川

山

与兵衛沼・小松島
東照宮
台ノ原
一本杉
青葉神社
輪王寺
丸田沢
八幡神社
国見峠
西公園
大年寺
三神峰
霊屋
天主台
青葉山
三居沢
大白山

0　1　　　　　5km

仙台を「山・川・原・海」に分け、そのきわにアメーバ状の緑を計画していく。赤で示された中心部には「緑の手」が伸ばされている。

躍進の東北、計画のはじまり

　ながい間、日本の大都市を陰から支えてき
た東北地方、なかでも仙台にとって1970年
代は飛躍の時代であった。東北新幹線の着工
決定とともに、1971年には仙台市の再開発
を検討する官民一体の「デベロッパー委員会」
（という名の、ステイクホルダー組織）が発
足した。当時の仙台をめぐる政治的状況は、
宮城県が保守で仙台市が革新という、ふたつ
の勢力がせめぎあう政治的風土にあった。都
市計画の方針を決めることは困難を極めるな
か、商工会議所が中立的な事務局を務める
「デベロッパー委員会」が立ち上げられたの
だった。この委員会は新仙台駅の位置と仙台
市の土地利用・交通体系の骨格をまとめた。
吉阪研究室がこれに参画したのは、計画に対
する市民のコンセンサスを得る段階であった。

　仕事を仲介したのは東北大学で農村計画を
専門としていた佐々木嘉彦（1916-1995）で、
ル・コルビュジエにならぶ吉阪隆正のもうひ
とりの師匠である、「考現学」や「生活学」の
提唱者・今和次郎（1888-1973）の同期の門
下生であった。

　デベロッパー委員会が地元大学の教員で
あった佐々木に仕事を依頼したとき、佐々木
は「これは絵にしなくてはダメだ」と考え、
ちょうど都市計画研究室をはじめた吉阪に連
絡した。そこでは、「半分以上を絵で表現し
てほしい」というやりとりがあったようであ
る。吉阪研究室は、実際に調査と様々な独自
の提案を豊かな写真・絵・ダイアグラムによっ
てまとめあげた。

　デベロッパー委員会で吉阪研究室の提案が
披露されると、「これはこのままでは勿体な
いので印刷しよう」という意見が上がり、翌
年印刷製本の予算がつけられた。そこで、吉
阪研究室を卒業し独立して事務所を構えてい

仙台の鳥観図。こうしてみると、緑の額縁や緑の手は自然なすがたをしている。

たメンバーたちや、編集者の松井晴子、写真
家の宮本隆司らとともにもう1年かけて、正
方形の冊子『杜の都　仙台のすがた』がまと
められたのである。

「日本列島改造論」の時代に
人間の存在を取り戻す

　この計画が提示されたのは田中角栄による
日本列島改造論が発表された翌年であり、
様々な政党が都市改造のビジョンを提示し競
い合った「計画の時代」であった。こうした

　ちょうど仙台が急速な発展をしていく
なかで、県が保守で仙台市が革新だっ
たんです。それで商工会議所が事務局
になって、県と市の両者が参加して計
画案を作ればまとまるだろうというこ
とになって…地元大学の佐々木先生に
相談したんですね。そのときに佐々木
先生は…吉阪先生と相談した結果なの
かわからないですが…「50％以上絵で
提案すること」というのを条件にして、
研究室に仕事が来たんです。

──田中滋夫

225

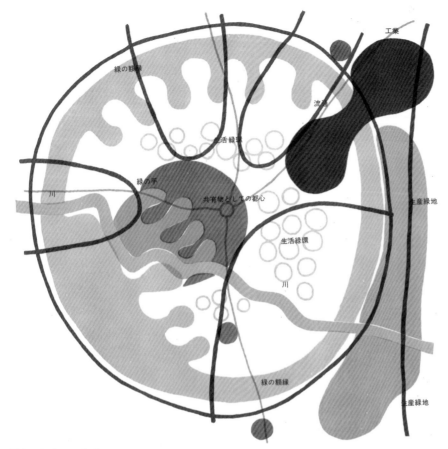

「仙台の組み立て」のデッサン

住まい方の「まとまりときれめ」の具体的なプラン

時代背景に照らすと、仙台の計画が掲げる方針は、当時の成長への高揚感と真逆に向かっているように思われる。

　吉阪は、台頭するメガロポリスに対して人間の能力の限界が訪れることを予言し、巨大化・怪獣化する都市像と仙台で計画するまちのすがたを対置した。仙台のデザインの主題は、巨大な都市と弱小な都市の矛盾する性質をデザインにより克服止揚することである。そのために、ここでは暮らしの「まとまりときれめ」の単位をつくり、それらをつなぐ「緑

環」と、全体をくるむ「緑の額縁」とを計画している。さらに、「働くと休むの間には〈遊ぶ〉がある」と論じ、建物の機能複合による出会いの創出や、十字に市街地を貫かない「U字切込み」による迂回した交通動線の計画など、徹底して機能別の分業・合理化・生産と消費の分断を批判し対案を提示した。

　日本列島という視野から、関東圏、仙台、仙台のなかの各エリア、そして建築空間へとスケールを変えながら抽象度を変えてゆくダイアグラム、それらを俯瞰する「魚眼図」に

よるマスタープランの表現は、吉阪がこれから都市に取り組む際に必ずモチーフにする「巨大な都市と個人の暮らし」をどのように往還しながら計画へと向かうかを体現する集大成となっている。

「大への志向」と「小への志向」

　先に述べたように、巨大都市と弱小都市の中間にある「30万人前後の人口集中地区を有する都市」であった仙台では、その相反する性格をデザインによって克服止揚することが都市計画の主題となる。吉阪はこれを「不連続統一体」ということばで表し、大きなまとまりとして巨大都市にも接近する公益経済圏をつくるという「大への志向」と、切れ目を細かく入れて小都市の雰囲気を保ち、住む人の所属感を生む「小への志向」を同時に満たす考え方だとする。前者は「内容的」なもので、後者は「物理的」なものだというから、言い換えればこれは社会空間と物理空間のデザインを包含する概念である。吉阪は、都市が肥大化するとともに人びとが巨大都市に埋没するようになり、自分は今どこにいるのか

という存在の実感が失われていくことに対して、当時皆が熱中したメガロポリスとは異なる考え方を提示しようとしたのだった。

「不連続統一体」の3つの意味

　ところで、吉阪の唱えた「不連続統一体（Discontinuous-Unity）」ということばには、大まかにいって3つの意味があるため、少々混乱する概念となっている。仙台から少し離れるが、ここで確認しておきたい。

　第一に、設計のありかた、協働のありかたとしての「不連続統一体」である。吉阪研究室が大島元町復興計画に携わっていたころから同時並行で進んでいた「八王子セミナーハウス」は、しばしば吉阪の「不連続統一体」を理解するための恰好の事例として挙げられる。まずそれは、「どこでも／いつでも／それぞれが／こんなことでも／おもいきって／なんでも／ていあんしよう（不連続統一体＝DISCONTの頭文字を使った吉阪のことば遊び）」という説明に表れているように、7期・15年間にわたったセミナーハウスの計画最中に事務所を出入りした様々な所員たちが、各々の創造性を発揮しつつ空間をつくりあげていったという、設計のプロセスとして理解できる。吉阪は空間を構想する際に、そのときどきの所員を隣において、対話しながら進めていったという。吉阪を中心に人びとが「集まり散じる」状況のなかで、セミナーハウスの空間は次第に出来上がってきたのである。

　第二に、空間造形としての「不連続統一体」がある。セミナーハウスでは、出来上がった空間はそれぞれユニークな造形をもちながらも、たがいに関係をもっている。本館の逆ピラミッドを目の当たりにしたあと坂を下っていくと、中央セミナー館の大きな（今度は逆さではない）ピラミッドに出会う。小さなユ

ニットがばらばらしたかと思えば、遠くには積み木のように集まり積み上げられた造形が目に入る。野外ステージのギザギザのガラス屏風からは、同じくギザギザの教師館のファサードが相対してみえる。矛盾したものをそれぞれ認めつつ、それら各々の独立を損なわずに統一を与えること、それが空間造形論としての「不連続統一体」の考え方である。

　そして三つ目の「不連続統一体」は、仙台の計画で重要なテーマとして掲げられた「大なるものと小なるものの克服止揚」である。

それは、たんに「ばらばらだけれどまとまっている造形のことだ」ということではなく、これまで説明してきたことからも、より深い世界認識の根底に関わる問いであることがわかる。その背景には、経済や政治の巨大な力がはたらいて都市を劇的に変化させつつある1970年代に、人びとの存在意義が軽視され、一人ひとりが何を思いながら、どんなふうに生きていくのかが無視されるようになったことに対する危機感がある。しかし、人間ひとりのことを深く考えるだけでは、都市デザイ

U字切り込み型の幹線道路は、中心部に到達する前にUターンで引き返してしまう。中心部は歩行者の空間として守られる。

ンはできない。都市という大きな空間を考えることと、人間一人ひとりの存在を考えることの間には、絶望的な隔たりがある。それは、Googleマップで縮尺を拡大縮小すればいい話ではないのだ。

　吉阪はこの相反する、「大への志向」と「小への志向」をどうやって同時に考えるかということに、1980年に亡くなる前の最後の10年間、挑んだ。仙台は、相反する性格をデザインによって克服止揚することができる、絶妙なスケールだったのである。

まとまりときれめで仙台を組み立てる

　仙台では、実際にどのように「不連続統一体」の計画が試みられたのだろうか。冒頭に掲げられた「仙台のデッサン」では、仙台がひとつの細胞のように図示される。そして細胞のフチは「緑の額縁」が包み込み、中心には「共有物としての都心」が抱かれる。都心には青葉山から伸ばされた「緑の手」が差し出され、その周りには人びとの生活が広がり、「生活緑環」がそれを彩る。外からやってくる道路は都心に至る前に引き返し、仙台の中

心は守られる。

　ひとつの細胞のような仙台の生活環境は、8種類の特徴をもったまとまりに分節され、それらひとつひとつが核をもったさらに小さな細胞のように計画される。外側のニュータウンや郊外団地では500mから800mの直径で緑地のきれめがつくられ、それぞれに地区センターなど公共・半公共的施設が用意される。その内側の住宅地は商店街を核とした単位でつくられる。そして、これらの小さなまとまりの間を、生活緑環をはじめとした交通網がつないでいく。

U字切り込みと8の字ルート

　切れ目を入れて「小さなまとまり」の集合となった仙台では、次に、それらをどうやって繋ぐかが問題となる。したがって仙台の計画では交通計画が要となるわけであるが、その様子は都市工学のアプローチ（いうまでもなく、都市工学こそ交通計画を得意としてきた）とは随分異なるものだ。

　まず、吉阪は自動車の交通を抑制すべきとする。近代化の中でも鉄道の発達は、鉄道駅を中心とした徒歩圏のまとまりとしてのまちを形成してきた——つまり「まち」を崩さない方向に働いてきた——が、自動車の普及は市街地を無制限に拡大させ、都市全体を麻痺させている。そこで仙台の計画では「車優先から市民生活中心へ」という転換を図り、仙台の中心部には幹線道路を入れないという、驚くべき提案を行っている。

　仙台の外側に張り巡らされた環状線から中心に向かって走る幹線道路は、中心部に至る前にUターンして戻ってしまう。これを吉阪は「U字切り込み型」と名付けた。その代わり、市民生活の足を務めるのは地下鉄やバスといった公共交通と、「生活緑環」と名付け

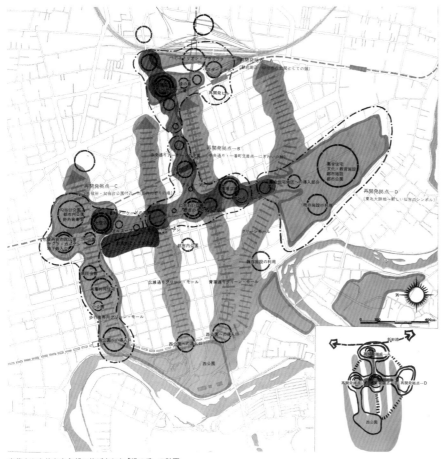

青葉山から仙台中心部に伸ばされた「緑の手」の計画

られた徒歩のネットワークである。

　バスの経路は「8の字」を描いており、それが高密に張り巡らされている。ふつう、バスのルートは出発地と目的地の往復になるが、ゆがんだ8の字を描くことで、それぞれの住む場所から300m以内にバス停が配置され、全体がカバーできるという計画だ。

「コミニテ」の基礎となる生活緑環

　仙台の市街地全域には、歩行者専用の網の眼である「生活緑環」がめぐっている。緑環は既存の細かい路地を利用してつくられ、学校・公共施設・公園・寺社や史跡などを結んでいる。緑環は直径500mから800mほどの楕円形をしており、その真ん中を商店街が結んでいる。この緑環では、沿道の住民たちによって植物が育てられ、「つつじの道」「笹の道」「つばきの道」「桜の道」のように、異なった風景が作り出されていく。こうして得られる地域への所属感と共同で植物を育てるということが、吉阪のいう「コミニテ（コミュニティのことだが、吉阪は日本人が発音しやすいようこう呼んだ）」の基盤になる。

　緑環の直径の決め方については、「なぜなら（それが）人が連続的なまとまりとして認識しうる寸法の限界だからである」と言い切

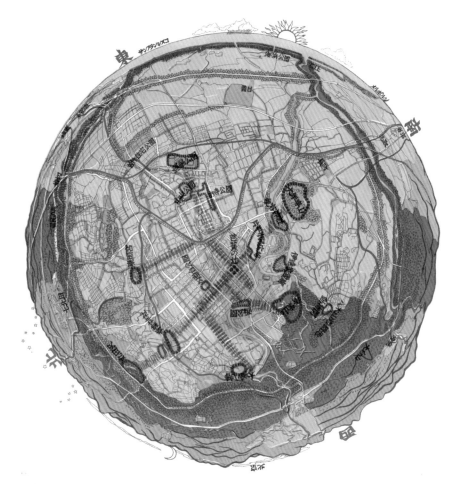

仙台の「マスターデザイン」を示す魚眼マップ。書き込まれた15の地区やエリアについて、個別に詳細な提案がなされている。

原町・小田原・苦竹地区の計画を示す魚眼マップ

長町地区の計画を示す魚眼マップ

宮町地区（左）・八幡地区（右）の計画を示す魚眼マップ

る。吉阪は、人口の大きさや空間の広さなど
について、それが住んでいる人間からしてど
のように受け止められるのか、ということに
敏感であった。「10万人のまちは、中央の広
場で待っていれば知り合いが通りかかるちょ
うどよい大きさだ」というような、マクロな
都市像と暮らしを横断する見事な表現が、吉
阪研究室ではいくつも使われていたという。

「緑の網の目」と「緑の手」

　吉阪は、ロンドンやパリを引き合いに出し
ながら、都市には象徴が必要だという。しか
し本計画で提案されたのは物理的なランド
マークというよりも、中心を彩る「緑の手」や、
周縁を縁取る「緑の額縁」といった、生活の
背景となる環境である。

　緑の手は、青葉山から仙台駅のある中心部
に向かって伸ばしたように描かれる。これは
既存の5本の街路を指に見立ててそれらを並
木道として整備していくもので、大掛かりな
物理的象徴を新たに作るのではなく、むしろ
実現してもそうと言われないと気付かないよ
うなアイディアである。この緑の手は、街路

樹の充実、車道幅の制限、沿道に立ち並ぶ事
務所ビルの一階を公共的に利用することなど
を通して、つまり小さく地道な工夫によって
実現される。

　仙台の計画では、地図上に有機的な模様が
塗られた印象的なダイアグラムが次々と登場
するが、決してそれらは既存の市街地を破壊
して実現しようとするものではない。「緑の
手」にせよ「生活緑環」にせよ、それらはす
べて既存の街路やまちの骨格を活かした方法
で提案される。つまり地図上に描かれるユ
ニークな図像は、吉阪たちが考えたというよ
りも、仙台の〈場所〉から沸き上がってきた
かたちなのである。

魚眼マップ

　吉阪は、計画冒頭の文章の最後に、「広い
地球大の視野の中で考えると同時に、全体の
一部であっても住んでいる人間にとっては中
心であるということを忘れないこと」と書い
ている。これを視覚的に表したのが、本計画
で何度も登場する魚眼マップである。魚眼
マップは、計画対象地が変わるたびに何度も

描かれている。

　この魚眼マップは、一般的な都市計画で用
いられる地図とは異なり、主観的な地図であ
る。つまりまず中心が決められ、そこから近
いものほど大きく克明に、遠いものほど小さ
く簡略化して描かれることになる。それだけ
ではなく、二次元平面の地図では描かれ得な
い海や山、太陽などの遠くのものまで、水平
線の向こうに描かれる。魚眼マップは、通常
の地図を使ったマスタープランよりもずっと
広い視野で地域の計画とそのまわりの環境を
位置づける表現方法である。

　同時に、魚眼マップはどの場所でも計画の
中心になりえることを示すことができる。通
常の都市計画で作成される一枚のマスタープ
ランでは、「ここが計画の中心であり、こち
らはその周縁である」という関係が地図の中
でつねに固定化されてしまう。『杜の都　仙
台のすがた』という本は様々な場所に住む仙
台市民の間でのビジョンの共有を目指してつ
くられたため、読み手である住民の住む場所
に応じて、そこがつねに中心に据えられて、
新しく提案されたまちのすがたがどのように

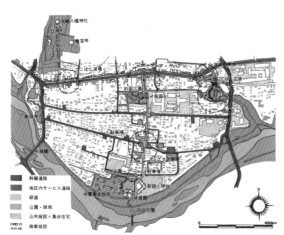

15の地区・エリアのひとつ、八幡地区の整備計画

六郷七郷地区を「海浜レクリエーション地区」とする計画

見えるのかが説明される必要があるのである。

　仙台の計画を説明する際に欠かせない魚眼マップは、「大なるものと小なるものを克服止揚する」、つまり人間個人の存在と都市スケールの計画を同時に考えるという吉阪の姿勢を端的に表現している。

仙台の計画のインパクト

　仙台の計画にはさまざまな小さな工夫が描かれており、決して「都市計画」とは呼べない規模の提案が随所にちりばめられている。例を挙げれば、「街路の舗装にせとものや木の切りかすを埋め込む」、「自転車置き場のデザイン」、「ガードレールをベンチに」、「雑草が生え土がみえる歩道」、「草のはえる車止め」、「大谷石を使った町内掲示板」、「木陰の休憩所」…。しかし、これが吉阪の考える、

「都市計画」のすがたなのだ。

　『杜の都　仙台のすがた』はその後、1973年の都市計画学会「石川栄耀賞」（年間の最も優れたものを讃える賞）を受賞した。当時の受賞理由には、「これまでの都市の総合計画の多くは、行政側の立場から公文書的な文章や専門的な図表で記され、また全体計画のみを示すものであり、市民にとってはなじみ難く…さらに生活像の把握がしにくいもので

あった」ことが述べられ、仙台の計画がそれを打破するものであったことが解説されている。まさに、吉阪の考えていた「都市工学」的なるものへの違和感、早稲田の「都市計画専修コース」がなすべきことについて、狙い通りのまとまった成果が得られたということであろう。すでに建築設計では有名であった吉阪の「都市計画」の活動は、仙台の計画をもって一躍注目されることとなった。

このパースは研究室の絵の上手いメンバーが分担して、学生が好き勝手描いた。それはもう、中途半端な絵を描くとだめだから、ひっちゃきになって描くのが吉阪研だったから。U研究室の描くものは設計図で、出来上がったのが絵（作品）だけど、われわれはこれでおしまいで、これが絵なんだからという思いで描かなきゃだめだよと。──田中滋夫

小さな「どこにでもできる計画」たち

古い集落や町並みを訪ねたときの、あの感じが思い出せるだろうか？ 小さなスケールの家々が軒を寄せ合って集まっていながら、一つ一つはそれぞれに生きていて、道に対しておもむきの異なる表情を見せている。あるものは開かれ、あるものはやや閉ざし、盆栽や鉢植えがはなさきを飾り、低くつきだした庇が道を覆うことがあるかと思えば、町並みを切るように小路が現れる。私が小さな広がりでたたずみたくなる場所の感覚はこういうものだ。同様に歩を進めると湾曲した道に沿って、少しずつ違う景色が広がり、時折さらに向こうに見える景色が私を誘う。

私は東京の混み合ったいくつかの街の中でこういう場所を見つけている。また各地の札所巡りにある門前町でも体験してきた。京都の北にあってよく訪れた有名な温泉町＝城崎にある内島団地でこれと同じ感覚を味わうことになって篤いたのである。最初に足を踏み入れたとき、やすらぎを感じた。いま述べたこと以外にもう二つ理由があるように思える。建築家がここを訪れたとすると、第一に家々の美学的一貫性を個々のオブジェクトから見るのではなく、一つとなった組み合わせとして感じるはずだ。屋根の連なりのリッチなシルエットを、歩きながら振り返りながら、さまざまな方向に感じることが出来る。第二に、住戸の基本単位は実は多様なエレメントから出来ている。アルコーブ、テラス、東屋、パーゴラ、湾曲して自立する塀の断片などである。クリストファー・アレグザンダーのパターン・ランゲージの多様な組み合わせを暗示するようだが、あのような教義的な強いシステムとは対極にある。私が感じたやすらぎは、そこにいる間、よそ者のように感じることはなかったことから来る。むしろやわらかに招かれていて、そこをつかうように誘われている感

じがしたのだ。こういう効果の背後には一体どんな秘密が隠れているのか？

吉阪隆正の理論ではさまざまな建築や建築の部分が、明白な相互矛盾と様式の差異を超えて、一つに結びつく。吉阪は個々のアイデンテイティを保証しつつ、さらにそれ自体アイデンテイティをもつ一つのまとまりに統合するには、この方法しかないと確信していた。Team ZOOには多くの異なるグループがあるが、いるか設計集団は吉阪の二つの基本的理論、「**不連続統一体**」と「**発見的方法**」にもっとも近い立場を維持しているように見える。いるか設計集団は学校計画や幼稚園の計画で、これを実現することに成功した。これらの作品は、多様に異なる建物の形や空間こそ、建築群の調和だけではなく人々の営みにおいても、こころを惹く新しい創造的な状況を創り出すことを示している。

発見的方法とは一種の受け身の方法である。新しい建築プロジェクトに際し、一切の抽象的な解決の理論や特定のフォルムへの事前のこだわりを排して、敷地における発見、人々や状況から学ぶことを優先する方法だ。敷地や状況や人々こそ隠された資源であり、注意深い調査や参加という過程を経て表すことが出来るものだ。このようなデザイン態度から帰結する結果は当然不均質で多様で重層的なものになる。時折それらは完成してないかに見え、古くから発展してきた集落や街の景観のように無秩序であるかのようにさえ見える。

西欧的モダンであれ日本的伝統であれ、古い古典的な建築の感覚から見ると、形式的な統合や幾何学的整序に欠けるかもしれない。だが居住者や学校の生徒たちは、そこで生活しながら住み手にとっての発見を享受している。そこには空間の豊かさがあり、

もっと重要なことは、豊かな関係を持つ建築と場所が、人々のさまざまな結びつきを誘発している。

　私にとって興味深いことには、それぞれの部分が一つの一貫した形式を持つ概念に結びつかず、かつ大きな一つのまとまりを心の中に維持するという「生き生きとした不均質さ」の考えは、中国の道教（タオイズム）と日本の禅の基本概念に通じる。**岡倉覚三**（天心）は1906年に『茶の本＝Book of Tea』（"The Book of Tea" by Okakura Kakuzo, 1906）を英語で書き、まさにこの思想を解き明かした。岡倉の視点がいまも評価され効力があるのか私は知らないが、いくつかの言葉はまさに吉阪やいるか設計集団のような設計方法を広い文脈から位置づけるだけではなく、私たちの環境を生きるに足るものとするための考え方を示してくれている。岡倉は茶室と茶に関連し遥かに超えた類似点を見いだすことが出来る（『茶の本の百年』シュパイデル他著、三徳庵・ワタリウム編、小学館スクエア刊、2007年）。

　『茶の本』の第4章茶室の非対称の概念つまり**不完全の大切さ**にふれた長い一節が私は好きだ。「道教と禅の完全という概念はそれ（儒教と北方仏教）とは違っていた。それらの哲学の弾力性は、完全そのものより完全を求める過程に重きを置いた。真の美は、不完全を心の中で完全なものにしようとする人だけが発見することができる。人生と芸術の力強さは、伸びようとする可能性の中にある。（中略）意匠の画一性は、想像力の新鮮さにとって致命的であると見做された。」（『茶の本』岡倉天心著、桶谷秀昭訳、講談社学術文庫、2004年）ここでは想像力は使い方＝使いこなしと拡張して考えてもよい。

　虚の思想または**語らぬ部分を残す**という道教の美学は創作活動を一層深いものにしている。建築の美学においては、自発的な使い方を誘発し、個々の建物の間の定義されない**余白**を創るにとどまらず、進んだ関係を創造する一種の開かれた世界を導き出す。**関係と相対性**はメダルの両面のようなものだ。どちらも自動的で閉鎖的な状況をきらい、絶対的価値を求めない。道教の考えでは、物事はすべて相対的であり、善も悪も実は社会と歴史によっていかようにも解釈できる。岡倉は言う「道教とは相対性の崇拝である。」「道教の絶対は相対である。」これは同時に物事の関係を重視することにも通じ、それによって「（心の中で）物事の釣り合いを保って、おのれの場所を失わずに他人に譲ることがこの世のドラマにおける成功の秘訣である。」ということになる。

　私は岡倉の言葉に現在のプリッカー賞をはじめとする建築賞に代表される世界を一新し、挑発するものを見いだすのだ。これまで語ってきたような見方をデザイン過程における知的態度のシークエンスとして表して見た。

発見から自由な立場へ
　自由な立場から創造性へ
　　創造性から不完全性へ
　　　不完全性から相対性へ
　　　　相対性から開かれた世界へ
　　　　　開かれた世界から個へ
　　　　　　個から集団へ
　　　　　　　集団から発見へ
　　　　　　　　　そして
また始まる。

　これもまた新しい形式やばかげたものになるかもしれない。だが、これを逆さまに読むこともでき、また拡大して考えることもできるのである。

翻訳：重村力
「いるか、吉阪と道（タオ）について」
（初出『いるか設計集団　Since1978』
建築ジャーナル別冊、2012年所収）
を本書収録に際して改題、改筆。

韓国集落調査

1970年〜1976年

隣人に目を向け、
生活の根源を探る

人類はこの間に人口が倍増し、新しい文明を築き上げる必要に迫られている。このためには久しく忘れさられていた知恵を見なおすことも、あるいは見落していた問題をとり上げることも重要な手がかりとなるのではなかろうか。それは単に過去のよき時代への郷愁に依存するような方向ではない。自らの足元から問題をほりおこすことであり、それをたすけてくれるのは、近くにいる人々なのだ。
——吉阪隆正

集落調査の記録

韓国では必ずパタパタ（集印帖）を使ってスケッチをしていた。60年代後半までは、よくカメラで撮影していた。でも写真ではもののテクスチャは分からないということで、やっぱりスケッチじゃないといけないと盛んに言っていたね。それで、パタパタに水彩で絵を描くときは、最初のころは水を入れるため駅弁で売っている小さい汽車土瓶を使っていたんだ。それがいつの間にかプラスチックになって…。——寺門征男

集落調査の記録

新しい文明模索のときだ

　吉阪研究室では約7年にわたって、韓国の集落調査を行っている。同時期に取り組んできた他の計画と比べると異質な活動にみえるが、何が目的だったのか。

　日本が敗戦から復興を遂げ、経済成長のただなかで「もはや戦後ではない」と宣言した1970年、吉阪は今が新しい文明を模索すべきときだと考えていた。戦後からこの間にかけて、世界人類は倍増し、近代技術は宇宙規模で展開して人びとを隔てていた空間の距離は解消され、地域条件の差はみるみる克服されていった、そのときである。

　吉阪は、こうした技術や社会の変化を受け

入れる「人間側」は一定ではなく、そして各々限界があるという。「地球を一体とする広い動きの他方に、日常の、古来と殆ど変らない狭い世界が共存できなければならないのである。生活とはそこに根があり、その生活の仕方の上に文明は築かれるのだ」。

　韓国の集落には、欧州・米国や日本の近代化の波とは無関係にみえるほど土着的な暮らしが見て取れる。時間の流れはひとつではない。「われわれからみて遅れているものを教え導く」のではなく、複数の時間が共存しなければならないのだ。そして研究室のみなが訪れた当時の集落のすぐ隣では、大規模な農業構造改革とともに新たな住宅地の建設が進んでいた…。

　新しい文明模索のときには、もう一度どこに原点があるかを探らなくてはいけない。そして、「身近にありながら隣人の価値を認めず、その交流を促進しないところには、停滞か、衰退かが結果としてあらわれ、時に滅亡に陥る」と、吉阪は強い言葉で主張する。こうした考えが、韓国集落調査の原動力となったのである。

韓国集落調査の経緯

　この調査のきっかけは、吉阪研究室に長期間留学していた李在雨（当時博士課程、1976年にはソウル国民大学副教授）が、研究室のメンバーとともに韓国集落調査を行いたいと長らく話題にしていたことに始まる。1967年には日本建築学会の80周年で、吉阪は韓国で記念講演を行っており、そこで「文化交流のみち」を直観する。さらに1968年から1970年には金真一（漢陽大学教授）が早稲田大学に留学し、吉阪研究室で活動していたこともあり、調査の話は現実味を帯びてきた。こうして、1970年には大学院生たちによる

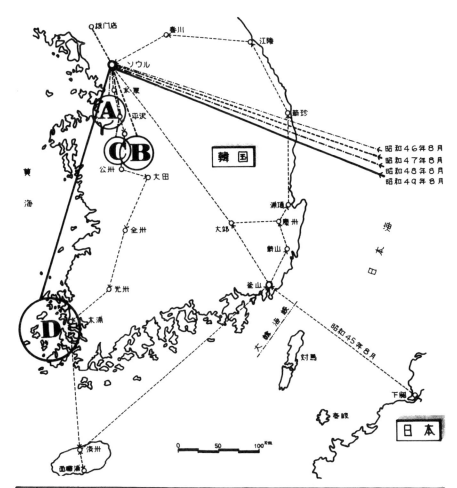

回数	調査地区名	調査期間	調査班の構成	
			早稲田大学側	現地側
1	都市と農山漁村　視察 釜山、浦項、慶州、蔚珍、江陵、春川、ソウル、大田、光州、木浦、済州	昭和45年8月1日〜 8月18日	吉阪隆正、戸沼幸市、寺門征男、中村茂樹、李在雨、外11名	金真一（漢大） 金鍾國（・） 廉亨民
2　A	京畿道 平沢郡下 青北面、梧城面、玄徳面と浦升面の5つの里	昭和46年8月1日〜 8月30日	吉阪隆正、寺門征男、李在雨、中村茂樹、東正則、外2名	金真一（漢大） 廉亨民（漢大） 外数名
3　B	忠清南道 公州郡 正安面 長院里 古弓院地区	昭和47年8月15日〜 9月10日	寺門征男、中村茂樹、李在雨	金真一 廉亨民 外数名
4　C	忠清南道 公州郡 正安面 内村地区	昭和48年8月1日〜 8月30日	李在雨	金真一 廉亨民 外数名
5　D	全羅南道 新安郡 岩泰面 （文部省科学研究費補助金 海外学術調査 による）	昭和49年8月10日〜 8月27日	吉阪隆正、戸沼幸市、寺門征男、李在雨、中村茂樹、 協力者：幡谷純一、佐々木政雄、小林忠男	金真一 廉亨民 外数名

調査ルートと調査地。本格的な集落調査は、A「平澤（ピョンテク）地域・浦升面子午（ポスンミョンチャオ）集落」、B・C「公州（コンジュ）地域・古弓院（コクンウォン）集落および内村（ネチョン）集落」D「多島海・道昌里（トチャンリ）集落」の4箇所で行われた。

海外研究旅行と称して、韓国一周が企画されたのである。1970年といえば、日本で初めて「ジャンボ旅客機」（ボーイングB747型機）が登場し、海外旅行の最初のブームが到来したその年であった。

これに続くかたちで、日本の吉阪研究室側では李在雨が、韓国の漢陽大学側では金真一がそれぞれ窓口となって、1970年から1973年まで共同調査が行われることとなった。この調査は私費で行われ、依頼主もいない自主的なものだった。そして1974年には文部省科学研究費を獲得し、韓国建築学会からの正式な招聘を受けて調査へ行くことになった。獲得した研究費は272万円、現在の物価に換算すると約560万円であった（消費者物価指数ベース）。このころ吉阪は日本建築学会会長に就任し、金真一は韓国建築学会理事に就任していた。

韓国の70年代
——緊張した政治状況下での調査

1970年代の韓国は緊張した状態にあり、社会調査は共産主義勢力のものとして警戒されていたため、集落調査は難しい挑戦であった。1973年には政治家でのちに大統領になる金大中が日本滞在中のホテルから拉致された事件（いわゆる「金大中事件」）が起き、日韓関係は動揺し、活発な調査はできなくなった。文部省からの科学研究費の助成を獲得した1974年には朴大統領による緊急措置が立て続けに4度発動され、5月には日本人二名が逮捕された。日本国外務省も韓国旅行は見合わせるべきとする通告を出すなか、日本建築学会と韓国建築学会はなんとか学術調査の業務査証を出すべく奔走した。同年8月には朴正熙大統領夫人の陸英修が暗殺され、これ以上の調査が困難となった。1975年には追加の調査もできず、1976年に一つの区切りとして報告書がまとめられたのであった。それでも吉阪研究室のメンバーは韓国内で幾度も拘留されながら、強い信念のもとに集落調査を続けたのだった。

「相互交流」と「相互理解」としてのフィールドワーク

韓国集落調査が行われたころ、高度経済成長とともに進んだ国土開発に危機感を覚えた建築家たちは、デザイン・サーヴェイと称して農村や漁村、伝統的集落の空間調査を行い、緻密なスケッチや図面にまとめていた。1960年代から20世紀末にかけて、ルドルフスキーの『建築家なしの建築』から原広司の『集落の教え100』まで、人びとが生活の中でつくりあげてきたヴァナキュラー（風土的）なかたちの研究はひとつの系譜をつくりあげており、吉阪らの調査もその系譜に並べられ

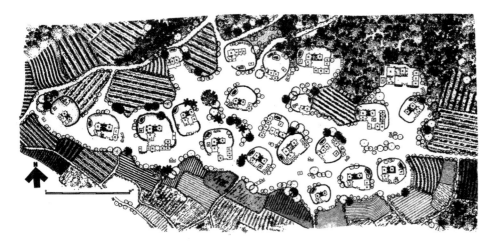

（上）平澤（ピョンテク）地域・浦升面子午（ポスンミョンチャオ）集落集落配置図

（左）集落調査の記録

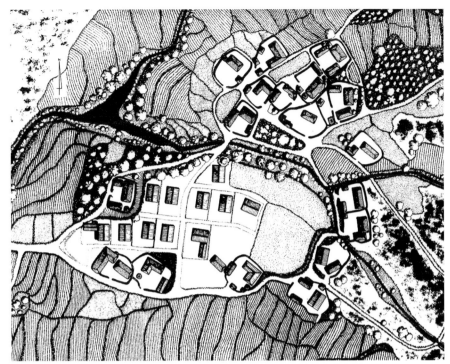

古弓院 (コクンウォン) の集落配置図

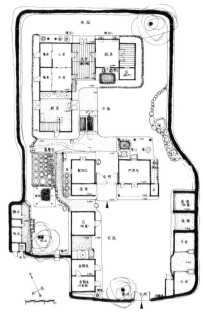

古弓院 (コクンウォン) 集落の最大限住宅の平面図

古弓院 (コクンウォン) 集落の最小限住宅

るのではないかと、一見して思われる。

　しかし、先述した緊張下にある韓国で、幾度となく危険な目に遭いながら調査を続けてきた原動力には、もっと別なものがあったはずである。それは、第一次大戦後に生まれ、日本が第二次大戦に向かっていく気風の中で大学に通った吉阪の「世界平和」への強い信念と、「相互理解」への希求であろう。

　吉阪は報告書の冒頭で、「〈フィールド・ワーク〉——国民レベルでの相互交流・友好の媒介として」と記す。韓国集落調査には、当時のデザイン・サーヴェイのように消えゆくものを美しく清書された図面に残そうとする目的はない。ここでは現場で速記的に描かれたドローイングと、集落や暮らしの構造を見抜き簡略化したダイアグラムが描かれる。吉阪

研究室の調査団は、辺境にある集落の暮らしにじかに触れながら記録を行ったのだった。当時講師として調査の指揮にあたった寺門征男が撮影した写真には、集落の子どもたちと調査団が交流し、ともに歩き食事をとり、Tシャツ一枚になってくつろいでいる様子が記録されている。この調査は、何かを明らかにする「手段」であるという以上に、調査自体が、人間と人間の交流のための「目的」なのだ。そう思い直してみると、「フィールド・ワーク」という名は実に示唆深いではないか。

集落から3つの住宅をみつける

　研究室の調査団が集落にやってきて行ったのは、住宅全数の克明な記録ではなく、3つの住宅の描写である。彼らはそれを、「標準

とにかく現場にいって発見しろとか、なぜそういう空間になったかを考えろというか感じでしたね。当時神代雄一郎さんとか宮脇檀さんが行っていた「デザインサーベイ」では、「ミコノス」などを論じていたけど、それがどうやってできたかとか、現在の生活とどう関係しているかとかは、やっていない。

——幡谷純一

サーベイの図面の背景にある、社会的・産業的なものをちゃんと整理整頓していたんですね。

——富田宏

集落調査の記録

格な階級制度のなかには「屋舎制限令」と呼ばれるものがあり、身分によって建てられる住宅の広さや構造、部屋の種類が厳しく決められていた。この制度は1894年に階級制度とともに廃止されたが、その名残が集落に色濃く残っていたのである。

生活とかたち
——韓国集落から発見されたこと

調査を通して何が発見されたのだろうか。まず、ほとんどの集落は有畜農業を営み、人びとは牛や馬、豚や鶏とともに暮らしていた。しかも大規模な飼育ではなく各戸単位で飼われており、庭先や道では鶏が歩き回り、川では牛が水浴びをしていた。これは効率性を追い求める農業に対して「自給的農業」とも呼べる、人と自然の深い関わりであったという。

集落の生活は「背山臨水」の風水観に基づいており、山を背に川を見渡して南を向いて暮らしている傾向があるという。これは北西

型住宅」、「最小限住宅」、「最大限住宅」と名付ける。これらの観察によって、集落での暮らしの〈かた〉と、豊かさのありようを比較しながら論じていくのである。この方法はすべての集落調査で一貫して採られてきたものであり、短い期間のうちに多くの集落を回る調査団にとって有効な手段であった。

この3つの住宅区分は、李朝の封建社会における「庶民」「中流」「上流」にも対応するものである。というのも、約500年続いた厳

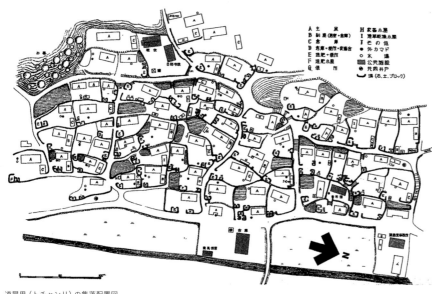

A	主 屋
B	副屋（寝室・食糧）
C	倉 庫
D	台所・便所・家畜舎
E	台所・便所
F	便 所

H	家畜小屋
I	穀類乾燥小屋
J	その他
○	外カマド
◎	水 場
▨	公共施設
◈	共同井戸
□	塀（石、土、ブロック）

道冒里（トチャンリ）の集落配置図

吉阪先生の卒業論文は北支蒙疆（ホクシモウキョウ）を旅して、五族協和的な発想で、漢族・満州族・蒙古族・朝鮮族などの住居をみていくわけです。そういうものの指導は……十代田三郎とか木村幸一郎や今和次郎の影響があったと思うんですね。幼少期のジュネーブから続く話ですけど、フィールドで広く人間の文化をみていって、そのなかの営みとして建築を捉える発想なんですね。
——重村力

から吹く冬の風を防ぎ、川の氾濫があればすぐに対応できる立地である。そして集落内の道は未舗装で、そこに共同の井戸、共同の洗濯場、共同の作業場などが集まり、道は共同的な場として利用されている。墓地は「山所（サンソ）」と呼ばれ、子孫繁栄につながるといわれる「地相のよいところ」、つまり緩やかな山丘の中腹や眺めの良い静かなところに置かれ、半球型の格好をしている。

　集落のなかでも最小限の住宅は、厨房と「温突の部屋」——温突暖房を焚き、冬は暖かく過ごせる——のふたつで構成されており、この「温突の部屋」が、ときに食堂となり、寝室となり、育児の場となり、書斎となる。そこには、いまの日本の「nLDK式」のように部屋を機能によって分ける発想はない。

　生活に着目すれば、この集落では男女ともにあぐらでの生活が一般的で、正座や椅子を使った生活はしていない。また家の中には味噌・醤油などの調味料を壺に入れて保存しておく場所があり、そこはミミズや湿気がこないように日当たりのよい位置に、高い台をつくって設えている。

　以上のように、調査では明確な結論がまとめられたわけではないが——調査自体、やむなく中断せざるを得なかったなかで——集落の構成原理、住宅のかたちに顕れる生活の知恵や社会・制度的背景、人間と環境の関わりなどが解き明かされていったのだった。

韓国集落調査から学ぶこと——第三の道を

　みてきたように韓国集落調査は、西欧やアメリカばかりを目指した日本の近代化が見落としてきた「隣人」から、新しい文明構想へ向けたヒントを探ろうと、果敢にも調査を続けてきた取り組みであった。

　高度経済成長とともに進んだ国土開発への

批判が巻き起こるなかで、近代技術と大都市の台頭を称揚するのでもなく、それとは逆に昔ながらの暮らしや田園の風景といったロマンチシズムに回帰しようと主張するわけでもなく、比較都市論的、文化人類学的な視野へと向かった意欲的な活動であったといえる。少し抽象的にいえば、「AかBか」という二者択一の論争が生じているときに、それらを俯瞰して第三の提案を行うのが、都市をめぐる吉阪の活動に一貫した態度である。

吉阪は、大文字の歴史で描かれる大きな世界——われわれがひとつの世界だと思い込んでいるもの——に対して、韓国の集落のような狭くて小さな世界があることを説く。このふたつの対比は、『杜の都　仙台のすがた』や『東京　まちのすがたの提案』のなかで描かれた「拡大する大都市と零細化する個人」のモチーフと似て非なるものだが、どこか奥底でつながっているように思える。

吉阪による義昌面集落のスケッチ

吉阪による道昌里集落のスケッチ

239

農村公園

1975年〜1980年

1975年から1980年にかけて吉阪研究室とU
研究室は主に東北地方の農村生活関連施設の
計画を行い、青森県三戸町と八戸市の2箇所
で農村公園の設計を行った。
圃場整備や都市化が進む中、公民館や共同作
業所の前庭に子供の遊び場を確保することを
主な目的とした集落単位の広場が完成した。

吉阪による日時農
村公園スケッチ

りんご集荷場と公民館の前庭につく
られた日時計の公園

青森県三戸町目時農村公園
1977年建設　　現存せず

　林檎の集荷場と公民館のある土地に、この児童公園が加えられる。

　それは町の物質的、そして精神的中心を形成するだろう。

　北側に小学校のある丘があり、他の三面は水田に囲まれている。

　太陽と大気と水の力を人々は工夫して使うことでここに生活を営んできた。

　それを象徴するものとして、ここに日時計と風見と水面を提案することにしたところ、町の賛成を得た。現代文明を表現する金属と樹脂とによって作られた平和の鳥が、風見の上にとまって、世の動きに目を向けることを教えてくれる。

　またその影は地上で、時を知らせる日時計の針になる。春秋の彼岸の日に、この影は一直線に西から東に向かって動き、この広場を横切る軸線を描く。それは入口と公民館とをつなぐ線である。

　冬はこの軸線の北側に、鳥の影が時を刻む。

　雪に埋もれても凸凹によって文字盤の存在が知れる。

　夏は鳥の影がこの軸線の南側だけにあるので、北側を花壇で飾ろう。

　風見のポールの南には、夏のための子供の水浴、ジャブジャブ池がある。

　その形は、太陽の一日を描く。日の出、日没、日の出と、その間をつなぐ一本の水平線。昼と夜だ。

　夜、照明によって闇の中に平和の鳥が空に浮かぶ。目時の町の人々の平和を祈って。

　　　　　　　　　　——1977年　吉阪隆正

三戸目時公園の設計に当たって、「正に天を地上に、科学としてとらえた」(「世界の建築・天をつくる」)日時計や月時計の事例を参考にしながら、天空の原理をかたちにする検討が重ねられた。一方、空に浮かぶ「平和の鳥」のエスキースも進められ、その鳥の影が時間や季節を示す水平式日時計(ベレキノン式日時計)を選択し、地上に大きな「八の字」を描く公園が完成した。

高周波で曲げ加工された鉄パイプ製の日時計の目盛りと時を刻む鉄板製の「平和の鳥」

青森県八戸市高屋敷農村公園
1979年建設　現存せず

八戸市の北端に位置し、沼を埋め立てた敷地に建つ公園である。急速に都市化が進む中、隣接する住宅団地の子供たちの遊び場、野球の練習場が求められた。さらに敷地内に集落集会所が建設予定であるため、盆踊りが出来る広場も確保して、地域の新しい拠点に育つことを願った。

「メビウス」と「泣き笑い一筆書き」を手掛かりに、新しい敷地に親しみと楽しさが感じられる遊具やバックネットをデザインした。また周囲に広がる畑での作業を考慮して、トイレや水場、ベンチなどを配置した。

右：泣き笑いバックネット
下：メビウスの遊具と吉阪

大小さまざまなの輪ををつくってみたり、
これを平たくたたんでみたり、
立体的な彫刻につくりあげたりしてみると、
何か人生を教えられているような気がする。
──〈FM東京の放送原稿〉1978年

右：メビウスの遊具
下：吉阪による高屋敷
農村公園スケッチ

津軽、秋田・太田町、三戸、八戸、盛岡、福島・矢祭町などの村やまちが、1972年から1980年までの8年間に私が吉阪に同行した地域です。

ほとんどが東北地方ですが、これは「21世紀の日本」で提案した「北上京」によるところが大きかったからでしょうか。

主に調査は吉阪研究室、計画はU研究室が作業分担ですが、秋田・太田町では文学部の社会学の先生が主導して、横断的な調査・計画チームが作られ、その一員として違う視点から農村を見る方々に出会えたのは貴重な体験でした。

地域に入るとまず村を歩きまわり、そしてどの集落にも必ずある集会所の平面図を採取・利用形態の聞き取りを行い、敷地に身を置いて計画の骨子を定めてゆく、そんな地域との付き合いが2年、3年と続けられました。

多忙な吉阪でしたが、日本にいるときは地域に出かけることを優先しました。
「自分自身でいろんなところを見て歩こう、その土地土地の自然や風土の中で生活している人たちを直接に見て私が感じていることなどを拾ってこないと、どうしてああいう形の街ができ、どうしてああいう家に住み、というようなことがわからない」（「日本の都市・世界の都市」吉阪隆正全集13、勁草書房、1985年）と述べている通り、まちや村を歩き、スケッチすることで土地の構造や地域の成り立ちを把握し、また地域の財産を探し、課題を捉えました。その行動は疾風のように早いものでした。

どんな時も軽装で、分厚い資料やファイルは持たず、集印帖（パタパタ）とサインペンをポケットに忍ばせてよく歩きます。会議や打ち合わせは短く、限られた時間の中、敷地やその土地を見て空気を感じることに多くの時間が割かれました。夜の酒宴の席は早々に引き上げ、翌日は早朝からTVの中国語講座に向き合い、前日のスケッチに色をつけ、朝食前に一仕事を終えているのです。

後日U研究室での打ち合わせで広げられるパタパタのスケッチは何よりも分かりやすく地域の特質を示していました。

三戸の集会所の計画では、地域のシンボルである名久井岳という600mほどの形のいい低山と敷地を結ぶ軸線に着目しました。

三戸、八戸の農村公園では、集落集会所と連続する子供のための広場ととらえ、日時計やメビウスの輪をモチーフにしましょうと私たちに提案しました。

常に手を動かし形姿を探っていて、日時計やメビウスのスケッチや原理を説明する模型が次々と吉阪から示されました。

ある時、出張帰りの列車で吉阪から、「こんなものを作りました」と見せられたのが手製の美術史年表でした。ちょうど集印帖の「パタパタ」のように小さく折りたたむことができ、電車の中で広げても邪魔にならず、どこでも学習するその姿勢と「手製」ということに感銘しました。

少ない睡眠時間は移動の列車や会議中に補充して、起きている限り描き、作り、思考と学習の濃縮した時間が集積して行きました。

いつも背すじを伸ばし大股で歩く吉阪に接していましたので、1980年9月の突然の入院に我々は大きな衝撃を受けました。定期的に聖路加の病床を訪れると、「見舞いに来てくれた人のお礼にと花のスケッチを描いています」と入院中でさえ手を動かしているのでした。今抱えている計画案の説明をすると「平面はまとまってきたので立面ですね」との言葉から、

疾風アルキテクト

嶋田幸男

回復して建築の設計をするのだとの意思を感じました。

　63年の生涯は疾風のように休むことなく、地球を歩き、膨大な言葉を残し、今に生きる建築を数多く設計しました。そして今こそ吉阪の問題提起に対して「あなたはどう応えるか」と問われている気がします。

率先して高い場所に登り風景を俯瞰し、集印帖にスケッチした。

東京
まちのすがたの
提案

1975年〜1976年

巨大都市に自然と人間の
居場所を取り戻す

経済活動も、政治組織も、そして物理的な市街地空間もこれに伴って大がかりな方へ重点が置かれるに従って、個人の存在は零細化へ傾いていった。…そして全体の大きな渦の力は、小さく土地にしがみついていた人々を根こそぎ流れに連れ込んで、過疎過密といわれる現象や、流動する人口の不安定さを生み出した。…そこから再び小さい協力の生れだすまで、人々は孤独の中に苦しむことになる。
——吉阪隆正

まぼろしの「東京再建計画」の具体化

　吉阪研究室が立ち上げられてまだ間もないころ提唱された「東京再建計画」（21世紀の日本列島像の一部）が、現実のものとなるかもしれない機会がやってきた。東京都首都整備局地域計画部から、東京の課題調査と空間の提案、具体的な整備の手法までを提示してほしいという依頼があったのだ。

　依頼の背景には、1968年の新都市計画法の成立があった。本書の「弘前・津軽」の箇所でも書いたことであるが、同法により公聴会を開いで住民の意見を聴いたり、都道府県が独自の計画を立てることができるように

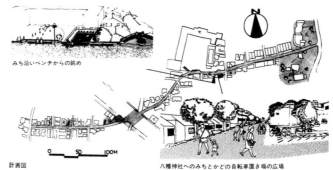

みち沿いベンチからの眺め

計画図

八幡神社へのみちとかどの自転車置き場の広場

滝野川第6小学校前の「シンボル道路」の計画。東端は八幡神社である。

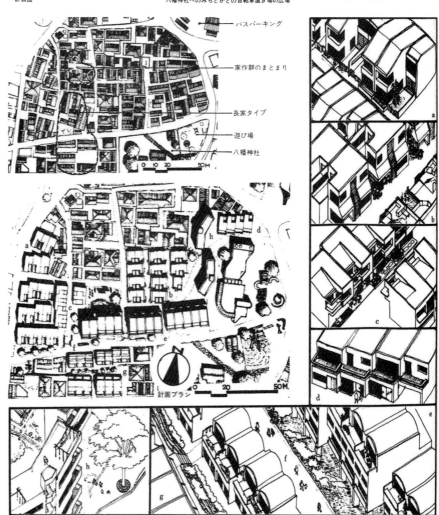

バスパーキング

家作群のまとまり

長家タイプ

遊び場

八幡神社

計画プラン

滝野川地区で計画された、街区単位の改良図

なった。これは「都市計画」を始めようとしていた吉阪研究室の追い風となったのだった。東京都では美濃部亮吉都政下で「広場と青空の東京構想」が謳われ、地区単位での環境整備が模索されはじめたときであった。そこで、まだどのようなものか想像のつかない「近隣社会環境整備計画」なるものを、吉阪研究室に委託してみよう、ということになった。吉阪たちにとっては、これは大胆な構想で終わった「東京再建計画」を、より緻密に現実的な計画に落とし込むチャンスでもあった。

この成果は1976年に『東京　まちのすがたの提案』という冊子にまとめられた。文字と同じか、それ以上の量の図や地図が描き込まれた力作で、3つの地区を事例に「構想」、「手法」、「分析」、「設計」を提示したものだった。この成果は、吉阪研究室の卒業生らが立ち上げた首都圏総合計画研究所が引継ぎ、『世田谷まちづくりノート』として、世田谷区の計画にも盛り込まれている。

「東京キレメ計画」の終着点

計画の対象地は3つであり、「同種の悩みを抱えている地域」が多く該当しそうな、3つの異なる典型として選ばれた。ひとつは中仙道沿いの「北区滝野川地区」で、戦災を免れた古い地域が残る一方で当時のいわゆる「ミニ開発」が進行し、混沌とした密住が形成されつつあった。ここに、「低層高密の住みよさ」を実現することが主題となった。

もうひとつは「板橋区若木・中台地区」で、新河岸川や荒川の崖地がある高低差の激しい

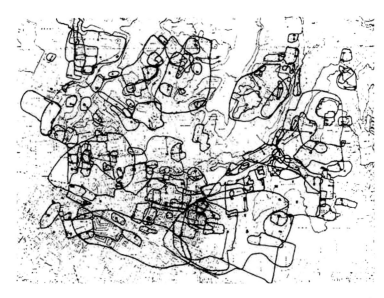

板橋区若木・中台地区で実施されたアンケート調査から分析された「近所のまとまり」

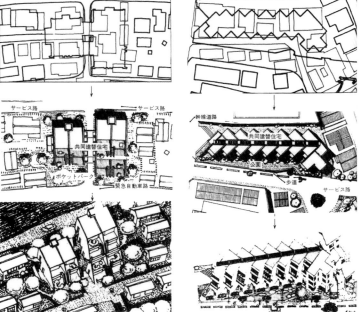

住宅群の共同建替えのイメージ

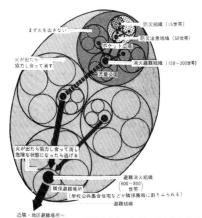

日常時のネットワークと緊急時のネットワークの合体を示した模式図

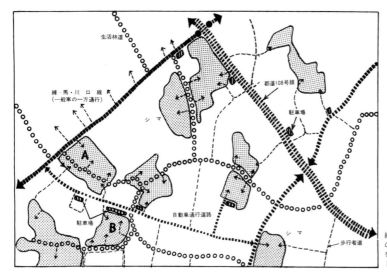

練馬区土支田地区の「シマの分散地」をつなぐ交通ネットワーク

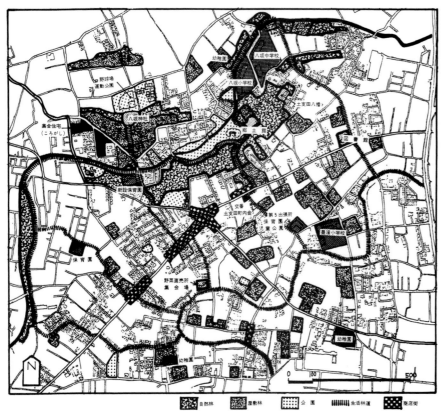

練馬区土支田地区の計画全体図。緑の網の目と生活施設が書き込まれている。

地形にあり、農業とともに営まれてきた生活に工場が進出しつつあった。「崖の緑を取り戻そう」というのが計画の主題となった。

　最後のひとつは「練馬区土支田地区」で、旧来から農業が営まれ土のにおいが残る地域であるが、都心に人口が流入するにつれて新興住宅地が島状に点在するようになっていた。ここには「農と住の共存をめざして」という主題が据えられた。

　共通しているのはいずれも小さな公共の場を設け、人びとの生活のよりどころとなる空間を小さな単位でつくりあげていこうとする姿勢である。『東京　まちのすがたの提案』では、5年前に提唱された「自然地形を掘り起こし、まとまりとキレメをつくる」構想が、より地域に沿ったかたちで再提案されている。

ロヂ・ミチ・シマという単位

　具体的に、いかにして人間的スケールの「小さなまとまり」が回復されていくのか、みてみよう。低層高密住宅地である北区滝野川では街区よりも小さな単位である「ロヂ・ユニット」が提唱される。これは建築の形態や敷地利用の形態などが、路地を単位として群として調和していることが発見されたことから、「ロヂ」を環境単位に据えようというものだ。

　農と工住の混在地である板橋区若木・中台では自動車道路と歩行者道路の組み合わせによるみちのネットワークが提案された。同時に、住宅をいくつか間引き小さな「ポケットパーク」を計画する提案もある。これらは「湯上り公園」、「工場跡地児童公園」、「道路利用児童公園」など様々で、市街地に埋め込まれた小さなものだ。

　農道が骨格となった住宅地である練馬区土支田では「生活林道（別名・林業ミチ）」や農地に囲まれた住宅地の単位である「シマ」が

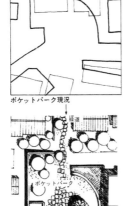

住宅間引きポケットパーク現況　ポケットパーク現況　商住移転ポケットパーク現況

「2つ山公園」のイメージ

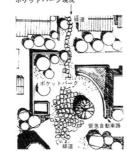
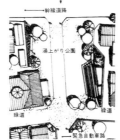

ポケットパークの
計画イメージ

「シマづくり」の核となる共同物干し場

街路の半分が子供の遊べる砂場となっている「砂場みち」の提案

注目された。生活林道はバスの直線ルートと重なるように連続した円環を描いており、仙台で提案された「生活緑環」のようでいて、「8の字バスルート」のような完結しない有機的な形態をしている。「シマ」のほうはというと、土支田地域に点々と開発された新興住宅地それぞれに「シマの顔」をつくろうという提案があり、「砂場みち」や「共同物干し場」、防火用の貯水池を利用したベンチ、まちかどに植えた大木、集会所と一緒になった住宅などの風景が描かれる。

　いずれもひとつひとつは建築やそれより小さな計画であり、これらを積み重ねて東京に生活のまとまりを得ようとしたのだった。

東京計画の批判性
——住居学からはじまった都市計画

　東京の計画で吉阪は、高度経済成長とともに開発が進む日本の国土をみて、個人の存在が弱まり拡散してしまうことに強い危機を感じた。そして、「小さい協力」を取り戻すために、都市の計画単位を「小地域」の個別条件に立脚した計画へと、ブレーク・ダウンしたのである。

　この計画は、東京オリンピックや大阪万博の記憶が残るなか、メガ・フォームによる建築や人工地盤で農村を覆うような未来的な都市像が模索された当時には、いかにも地味なものであったろう。巨大化していく都市に逆行するかたちで、「身近な公共の場つくり」や「ふるさと意識」の醸成、「いまある良さの活用」などを説いた本計画は、しかしついに人口減少に転じた現在の日本の都市を考えてみると、異なる輝きを放っている。

　思えば吉阪の思考の軌跡は、国境をまたいで人類の営みを観察するジュネーヴの地理学教育から始まり、生活学の今和次郎と合流し、各国を回りながら生活学的・人類学的視野から人間の暮らしや営みに寄り添い、「かたち」の原点に思いを巡らせてきた。これまで紹介してきた一連の取り組みは、そうしたものの集大成である。それは人間に寄り添いながら巨大な都市に立ち向かうという、相矛盾することへ同時に取り組まなければならないとする、近代都市計画の原罪とも呼べる難題を、自ら背負い込む覚悟の軌跡であった。

吉阪先生は、私にとって父親のような存在でした。また、先生の奥様を私はいつもお母さんと呼んでいました。初めて吉阪研究室にはいった時、入り口に竹林を背景にした先生と大きな虎の置物が一緒に写っている等身大の大きな写真に驚きました。今でも不思議な写真だとおもっていますが、吉阪研の人たちにとっては皆思い出の深いものでしょう。

毎週の研究室会議中、先生は学生の報告を聞きながら度々居眠りをしていました。しかし、大事な話題になると眠っていたはずの先生は、突然目を開け批評や解説を始めるのです。半分睡眠しながら話もちゃんと聞いている、凄い技術だと感心させられました。研究室の先生の机の上には必ず開いた手帳が置いてあり、その上に必ず先生の日程が記入してありました。先生はよく世界中を旅していましたが、海外旅行中の日程も必ずその手帳に書いてありました。先生のご自宅は、大学からそう遠くない百人町にあったので、先輩たちに誘われてよく訪ねていました。先生が旅行から帰国すると、先輩たちとお宅で旅行中の珍しい話などを聞くのが楽しみでした。

長男の吉阪正邦さんが結婚された時、新居はU研究室の2階に増築した所で、先生のお宅のすぐ隣だったため、私はよく奥様と一緒に訪ねて行きました。先生のお孫さんが生まれた時、墨で足形を採る儀式に私もちょうど居合わせました。先生は「これがこの子の第一歩の足跡だ」とおっしゃったのが印象的でした。このような日本の生活儀礼や風俗習慣についても、先生と奥様から教えていただきました。奥様も私にとってもう一人の先生でした。

吉阪先生はスキーが大好きで、毎年冬になると研究室の先輩たちを連れてスキー旅行に出かけていました。しかし、私にとってスキーは高級な遊びで行くことはなかなかできませんでした。先生が亡くなる前年の冬、私はアルバイトで貯めたお金でついに参加することができました。私は初めてのスキーであったため、先生が基本動作から教えてくれました。ゲレンデを滑り降りる時も、私を先導しながら丁寧に師範していただいたことや先輩たちとの楽しいスキー旅行の幸福な一時は、今でも忘れられません。

私が吉阪研に入った頃、ちょうどNHKで連続テレビ小説「鳩子の海」が放送されていました。先生も毎朝大学に来る前に見ていたらしく、その年の新入生歓迎会での酒宴中に先輩たちと一緒に鳩子の歌を唄いました。「ニッポンよニッポン、愛するニッポン、緑のニッポン、……」あの歌詞と歌声が今も忘れられません。

ある朝一番の講義に出席するため大学に行った時、研究室に到着すると既にドアが開いていて、一番先に到着した先生が流し台の前で前日、皆が使い残した山ほどのコップを一人で洗っていました。あまりにショックな光景でしたので、研究室の先輩たちに話し、のちに皆自分の物を洗うようにしました。儒教で言う「身教勝於言教」の教えでした。

先生が聖路加病院に入院中、私が奥様と一緒にお見舞いに行った時のこと、先生が細く目を開け私を見た途端、怒った声で「早く帰って論文を書きなさい」とおっしゃいました。しかし、私が論文を書く間もなく先生は先に逝ってしまいました。

先生のいなくなった研究室は、一年後に解散となりました。行く先の無くなった私は、奥様からの助言をいただき、台湾に一時帰国しました。帰国後まもなく、宜蘭県庁から県の重要河川である冬山河の全体計画の仕事を手伝って欲しいとの話をいただきました。日本に戻った時、この件について奥様に相

吉阪先生の背中を見て　郭　中端

談したところ、「一本の川の全体計画」なんて日本ではなかなかできない仕事なので、博士論文より価値があると言われました。また、奥様のすすめで吉阪研の大先輩である象設計集団の樋口裕康さんに相談し、象設計集団の全面的な参加をいただくことになりました。その後の冬山河の計画と設計の仕事での経験は、私の仕事の基礎となり、軸となっています。

あとがき　嶋田幸男

　吉阪隆正の63年の生涯を考えると、圧倒的なスピードと集中力で膨大な著作や論考を残していますが、改めて触れると勇気や示唆を与えてくれるたくさんの言葉に出会います。その言葉を骨組みとして、「ひげから地球」に至る時空のスケールが織りなす壮大な物語を実現し、この不安定な時代にこそ吉阪の活動を「パノラみる」ことで各自が平和や相互理解の糸口を探し出し、次の世代に繋いでゆく機会にしたいと考えました。

　本書はアルキテクトとして、齊藤祐子、嶋田幸男、吉江俊と写真家 北田英治が編集構成をおこないました。北田は建築作品の写真と併せて、U研究室が模型や現場を撮影したフィルムやプリントを見直し、画像を修復して構成しました。

　そして、たくさんの方々から助言や協力、励ましをいただきながら、多岐にわたる吉阪の活動を辿り、旅を巡るような物語を目指しました。

　〈吉阪隆正集〉の構成を軸に組み立てることを提案いただいた鈴木恂様。吉阪思想を具体的に表現する〈メビウスの輪〉にアンデスの神話〈宇為火タチノオハナシ〉の製作を提案していただいた樋口裕康様。早稲田大学の吉阪研究室の活動について語って

いただき貴重な資料の提供をいただいた、戸沼幸市様、寺門征男様、田中滋夫様、井上隆様、重村力様、藤井敏信様、幡谷純一様、富田宏様。そして早稲田大学の後藤春彦先生、中谷礼仁先生、ル・コルビュジエ財団と白石哲雄様、〈パタパタ・スケッチ〉を構成いただいた内木博喜様、企画段階から応援いただいた吉阪正邦様には大変お世話になりました。

　また書籍の出版に合わせて開催された「吉阪隆正展」はコロナ禍の影響で1年半遅れの開催となりましたが、展覧会に対する私たちの思いは変わらず、その実現に向けて駆け抜けてきました。展覧会の展示構成、会場の計画も、アルキテクトと北田が担当いたしました。展覧会「吉阪隆正展　ひげから地球へ、パノラみる」2022年3月19年－6月19日を開催いただいた、東京都現代美術館には感謝申し上げます。

　そして執筆と編集にご協力いただきました皆様。編集デザインを担当いただいたpaper studio春井裕様、Echelle-1下田泰也様、高取万里子様、日向麻梨子様、本当にありがとうございました。

2022年4月　アルキテクト

執筆者

磯 達雄 (いそ・たつお)

建築ジャーナリスト、桑沢デザイン研究所非常勤講師、武蔵野美術大学非常勤講師。1963年埼玉県生まれ。1988年名古屋大学工学部建築学科卒業。1988～99年『日経アーキテクチュア』編集部勤務。2002～20年編集事務所フリックスタジオ共同主宰、2020年からOffice Bunga共同主宰。主な共著書に『昭和モダン建築巡礼』、『ポストモダン建築巡礼』、『菊竹清訓巡礼』、『ぼくらが夢見た未来都市』など。

浦 環 (うら・たまき)

東京大学名誉教授。1956年小学一年生で凧川の家に住み始める。1961年灘中学校入学、1967年東京大学理科一類入学、凧川の家を出る。1969年建築学科に進学を志望したが果たせず降年、翌年船舶工学科進学。1977年博士課程修了、工学博士、東京大学に奉職。1984年自律型海中ロボットの研究開発に乗り出す。2017年浦太郎の死去により凧川の家を相続。2019年五島市に移住。主要な公職として、高等海難審判庁参審員、総合海洋政策本部参与。

大谷映芳 (おおたに・えいほう)

NPO法人 EARTYH WORKS SOCIETYおよびNGOドルポ基金代表。1947年神奈川県生まれ。早稲田大学山岳部を経て、1979年にラカポシ北稜（7,788m）、1981年にはK2西壁（8,611m）、壁の初登攀を果たす。テレビ朝日ディレクターとして、ギアナ高地・パタゴニア・チベット・ブータンなど数多くの世界の秘境や山岳番組を制作。15度も訪れているネパール・ドルポ地方に診療所・公民館を建設すると同時に奨学支援をしている。主な著書に『辺境へ』、『ドルポ　ネパールヒマラヤ最奥の聖地』など。

郭 中端 (かく・ちゅうたん　GUO Zhongduan)

中冶環境造形顧問公司代表。台湾台北市生まれ。1974年早稲田大学吉阪研究室に入る。1992年台湾帰国後、環境および景観の設計活動に従事。象設計集団と共同の「冬山河親水公園」から始まり、「明池森林遊楽区」、「卑南文化公園」、「新竹護城河」、「北投温泉親水公園」、「金瓜石黄金博物館」、「中都湿地公園」、「陽明山前山及後山公園」、「八田與一紀念園区」、「新竹南寮漁港」などの計画・設計を手がけてきた。2021年第22屆「国家文芸獎」受賞。

北田英治 (きただ・えいじ)

写真家。1950年鳥取県生まれ。1970年東京写真短期大学（現東京工芸大学）技術科卒業。建築雑誌等を活動の場としながら、1980年代から人の暮らしの場所を求めて世界を旅する。主な著書に『サレジオ』、『ル・コルビュジエのインド』、『DISCONT：不連続統一体』、『象設計集団：空間に恋して』など。主な写真展に「エッジを歩く・東チベット紀行」など多数。夏目坂写真塾塾長、「ぐるぐるつくる大学セミナー・ハウス」実行委員。

後藤春彦 (ごとう・はるひこ)

早稲田大学常任理事・教授。1957年富山市生まれ。1980年早稲田大学理工学部卒業、同大学院修了、工学博士。三重大学工学部助教授、早稲田大学理工学部助教授を経て、1998年より早稲田大学理工学部教授。これまでに、早稲田大学創造理工学部長、日本都市計画学会会長、日本生活学会会長、日本建築学会副会長、世界居住学会副会長ほか歴任。日本建築学会賞（論文）、土地活用モデル大賞・国土交通大臣賞、日本都市計画学会賞（計画設計賞）ほか受賞。

齊藤祐子 (さいとう・ゆうこ)

1954年埼玉県生まれ。1977年早稲田大学理工学部建築学科卒業後、U研究室入室、〈大学セミナー・ハウス、国際セミナー館〉屋根の絵、農村公園、住宅などを担当。1984年七月工房、1989年空間工房101を共同で設立、1995年サイトー級建築士事務所設立。作品に〈大学セミナー・ハウス やまゆり〉ほか住宅多数。主な著書に『吉阪隆正の方法』、『集まって住む終の住処』ほか。「ぐるぐるつくる大学セミナー・ハウス」実行委員。「アルキテクト」事務局として、吉阪隆正の関連書籍編集、展覧会企画協力などを行う。

嶋田幸男 (しまだ・さちお)

七月工房代表取締役。1948年東京生まれ。1972日本大学理工学部建築学科卒業、U研究室入室。1985年より七月工房設立（齊藤祐子と共同）。主な建築作品に〈石打関山神社歌舞伎舞台〉、〈世田谷区立ねこじゃらし公園〉、〈東京都隅田清掃工場基本デザイン〉、〈大学セミナーハウス食堂棟「やまゆり」〉（SITEと協働）など。

鈴木恂 (すずき・まこと)

早稲田大学名誉教授。北海道生まれ。1959～62年早稲田大学大学院吉阪隆正研究室。1964年鈴木恂建築研究所開設、1980～2006年早稲田大学教授。主な建築作品に〈住宅〉、〈GAギャラリー〉、〈雲洞庵仏舎利堂〉、〈スタジオ・エビス〉、〈三春中郷学校〉、〈早大理工学総合研究センター〉、〈都幾川文化センター〉など。主な著書に『木の民家』（共著）、『メキシコ・スケッチ』、『風景の狩人』、写真集『回廊』など。

田中茂 (たなか・しげる)

「ぐるぐるつくる大学セミナー・ハウス」実行委員。1972年静岡市清水生まれ。2003年早稲田大学芸術学校建築設計科卒業。2021年より放送大学教養学部情報コース在学中。都市再開発コンサルタントなどを経て、2016年からはゼネコンに在籍しBIM関連の業務に従事。2004年吉阪隆正展「頭と手」で1/50セミナー・ハウス油土模型製作に参加。2006年より「ぐるぐるつくる大学セミナー・ハウス」実行委員として活動中。

富田玲子 (とみた・れいこ)

1938年東京生まれ。1963年東京大学工学部建築学科修士課程修了。同年U研究室入室、〈大学セミナーハウス 長期館〉を担当。1971年大竹康一、樋口裕康、有村桂子、重村力と象設計集団を設立。

内木博喜 (ないき・ひろき)

AMS Architects代表取締役、早稲田大学芸術学校非常勤講師。1959年岐阜県生まれ。1982年名城大学卒業後、早稲田大学芸術学校に入学。1985年卒業後AMS Architects（旧鈴木恂建築研究所）入所、現在、代表取締役。2003年早稲田大学大学院修了。主な担当作品に〈三春町中郷学校〉、〈大宮市総合研修センター〉、〈早稲田大学理工学総合研究センター〉、〈東京家政大学教育会館・小講堂・8号館〉、〈住宅URH〉、〈集合住宅LiF〉など。

内藤 廣 (ないとう・ひろし)

建築家・東京大学名誉教授。早稲田大学大学院にて吉阪隆正に師事。フェルナンド・イゲーラス建築設計事務所、菊竹清訓建築設計事務所を経て、内藤廣建築設計事務所を設立。2001〜11年東京大学大学院にて教授、副学長を歴任。代表作に〈海の博物館〉、〈牧野富太郎記念館〉、〈島根県芸術文化センター〉、〈静岡県草薙総合運動場体育館〉、〈とらや赤坂店〉、〈高田松原津波復興祈念公園 国立 追悼・祈念施設〉、〈東京メトロ銀座線渋谷駅〉、〈京都鳩居堂〉、〈紀尾井清堂〉など。

中谷礼仁 (なかたに・のりひと)

早稲田大学教授。1965年生まれ。1987年早稲田大学理工学部建築学科卒業、同大学大学院後期博士課程満期退学、大阪市立大学工学部建築学科専任講師を経て、2007年より早稲田大学理工学術院建築学科准教授。2012年より同大学教授。専門は建築史・歴史工学・生環境構築史。主な著書に『未来のコミューン 家、家族、共存のかたち』、『動く大地、住まいのかたち プレート境界を旅する』、『セヴェラルネス＋事物連鎖と都市・建築・人間』など。日本建築学会著作賞、日本生活学会今和次郎賞など受賞。

樋口裕康 (ひぐち・ひろやす)

建築士、パタパタ絵巻士。1939年静岡市生まれ。1964年U研究室入室。吉阪隆正、大竹十一に学ぶ。1971年象設計集団設立。場所の発見、潜在資源の発掘等、場所にこだわった地域、建築の有様を発表。沖縄県恩納村基本構想、名護市庁舎、埼玉県宮代町進修館等を発表。1991年北海道音更町、元チンネル小学校に事務所を移転。夏冬のワークショップ。夏は森の中で、冬は厳冬期の然別湖、湖上、雪氷の空間。主な著書に『空間に恋して』、『好きなことはやらずにはいられない。吉阪隆正との対話』。主な展覧会に「パタパタ絵巻村」展、樋口裕康絵の展覧会「村まであと何歩？」、樋口裕康絵展「何も要らない!？」。

藤森照信 (ふじもり・てるのぶ)

東京大学名誉教授、工学院大学特任教授、東京都江戸東京博物館館長。1946年長野県生まれ。主な著書に『日本の近代建築 上・下』、『建築探偵の冒険 東京篇』、『丹下健三』など多数。代表作に〈神長官守矢史料館〉、〈近江八幡ラ・コリーナ草屋根〉、〈多治見市モザイクタイルミュージアム〉など。近年は世界各地にフリースタイルの茶室を制作している。

梅干野成央 (ほやの・しげお)

信州大学学術研究院（工学系）准教授。1979年東京都生まれ。博士（工学）。日本建築史学が専門。フィールドワークに基づき、歴史的な建造物や町並みの保存・活用に取り組んでいる。2007年から山小屋などの山岳建築に関する調査・研究も進めており、著書に『山岳に生きる建築——日本の近代登山と山小屋の建築史（山岳科学ブックレットNo.10）』など。

松隈 洋 (まつくま・ひろし)

京都工芸繊維大学教授。1957年兵庫県生まれ。1980年京都大学工学部建築学科卒業、前川國男建築設計事務所入所。2000年4月京都工芸繊維大学助教授を経て、2008年10月より同教授、現在に至る。工学博士（東京大学）。専門は近代建築史、建築設計論。主な著書に、『建築の前夜 前川國男論』（日本建築学会論文賞）、『ル・コルビュジエから遠く離れて』、『モダニズム建築紀行』、『近代建築を記憶する』、『坂倉準三とはだれか』、『残すべき建築』など。

丸田 誠 (まるた・まこと)

静岡理工科大学教授。1958年山梨県生まれ。千葉大学工学部建築学科卒業、同大学大学院修了後、鹿島建設株式会社に入社。建築設計本部、技術研究所を経て、島根大学大学院総合理工学研究科建築・生産設計領域教授、2016年より現職。2006年・2007年、日本コンクリート工学会技術賞受賞。主な著書（共著）に、『プレストレストコンクリート造建築物の性能評価型設計施工指針（案）・同解説』、『基礎からマスターできる建築構造力学』など。

マンフレッド・シュパイデル

1938年生まれ。シュトゥットゥガルト大学卒業。1966〜71年早稲田大学吉阪隆正研究室在室。博士課程修了、工学博士。1975〜2003年アーヘン工科大学教授（建築理論・ヨーロッパとアジアにおける伝統建築史と現代建築史）。1988年よりブルーノ・タウトの作品研究および全著作集の編集、日本とドイツにおける展窰会企画を行う。欧州弓道連盟元会長。主な著書に『Team ZOO』（1991年）など。

村上 慧 (むらかみ・さとし)

東京都生まれ。2011年に武蔵野美術大学造形学部建築学科を卒業し、アーティストとして活動を開始。私（わたくし）と公（おおやけ）の関係に着目し、個人の生活が社会に与える影響を考察している。近年の主な展覧会に「村上慧 移住を生活する」、「高松コンテンポラリーアート・アニュアル vol.08」など。主な著書に『家をせおって歩く かんぜん版』、『家をせおって歩いた』、『村上慧 移住を生活する』など。

本橋 仁 (もとはし・じん)

文化庁在外芸術家研修員、博士（工学）。メグロ建築研究所取締役、早稲田大学建築学科助手、京都国立近代美術館特定研究員を経て無職。現在、文化庁在外芸術家研修員としてCanadian Centre for Architecture（CCA）に滞在中。主な作品に〈旧本庄商業銀行煉瓦倉庫〉（改修）、主な共編著に『ホルツ・バウ 近代初期ドイツ木造建築』、『クリティカル・ワード 現代建築』など。

山本雅夫 (やまもと・まさお)

1961年島根県江津市生まれ。国立松江高専土木工学科卒業。若築建設（株）入社、九州支店勤務の後、江津市役所入庁。都市計画課長、建築住宅課長を歴任し現在、建設部門参事兼建築主事。江津市都市計画マスタープラン、住宅マスタープラン、中心市街地活性化基本計画、景観計画、立地適正化計画、江津市庁舎改修整備基本計画等の策定に従事。島根県建築士会江津支部副支部長、島根県ヘリテージマネージャーとして石州赤瓦の街並み保全と創出にも取り組む。

吉江 俊 (よしえ・しゅん)

早稲田大学建築学科講師、博士（工学）。専門は都市論・都市計画論。消費社会の都市の変容を追う「欲望の地理学」で博士学位を取得。自治体・

住民と協働した地方市町村のまちづくり、民間企業と協働の都市再生や「迂回する経済」の実践研究まで幅広く行う。近年は早稲田大学キャンパスマスタープラン作成に従事。共著に『クリティカルワード　現代建築』、『コミュニティシップ』ほか。単著『住宅をめぐる〈欲望〉の都市論』が近刊予定。

余　飛 （よ・ひ YU Fei）

蘇州大学建築学院講師。1990年生まれ、2012年合肥工業大学建築系卒業、2016年北京大学修士課程修了、同年9月より中国国家建設高水準大学公費派遣奨学生として早稲田大学創造理工学研究科中谷礼仁研究室に入学。2021年7月に工学博士。早稲田大学建築学科助手を経て、現在、蘇州大学建築学院講師。近代建築史研究、伝統集落と民家研究などを専門とする。主な著書に『勒・柯布西耶的80個公共建築』、Le Corbusier Public Buildingsなど。

装丁／第1章構成・デザイン

春井 裕 （はるい・ゆたか）

ビジュアルデザイナー。1953年生まれ。武蔵野美術大学造形学部商業デザイン学科卒業。1980年ペーパースタジオ設立。出版物の編集・制作、施設の展示・サイン計画・設計・制作、環境デザインを中心に手がける。主な仕事として『東京路上博物誌』（藤森照信・荒俣宏との共著）、『想像力博物館』（荒俣宏・鈴木一誌との共著）、「世田谷区公共サイン計画」、「藤沢市湘南台文化センターこども館展示・サイン計画」、「津山洋学資料館展示・サイン計画」など。

オーラル・ヒストリーでお話を伺った方

戸沼幸市 （とぬま・こういち）

早稲田大学名誉教授。1933年生まれ、早稲田大学建築学科を卒業後助手、初期吉阪研究室、U研究室に在籍。1966年から都市計画専修コース着任、2004年まで同大学教授を務める。「二十一世紀の日本研究会」メンバーとして「二十一世紀の日本」コンペ総理府総合賞受賞に貢献。作品に、中新田町立成瀬小学校、日本海拠点館あじがさわほか。著書に『人間尺度論』など。

寺門征男 （てらかど・ゆきお）

千葉大学名誉教授。1939年生まれ、1964-80年吉阪研究室。NPI OIKOS代表。著書に『都市化と居住環境の変容』、論文に「集落空間の組織化と構成原理について」など。

田中滋夫 （たなか・しげお）

株式会社都市デザイン代表。1943年生まれ、1966-68, 69-71年吉阪研究室。1968年ダムダン創設、1979年都市デザイン設立。主な仕事として、仙台市一番町四丁目第一地区市街地再開発事業、泉市中心市街地地区実施計画など。

幡谷純一 （はたや・じゅんいち）

元・（株）漁村計画研究所代表取締役。1944年生まれ、1968-75年吉阪研究室。漁村計画研究所や漁村研究会など、漁村の生活改善や環境改善の活動に関する取り組みを行う。共著に『日本漁業の構造分析』など。

重村 力 （しげむら・つとむ）

神戸大学名誉教授・神奈川大学客員教授。1946年生まれ、1969-78年吉阪研究室。神戸大学講師、助教授を経て、1995年より神戸大学教授。1971年に象設計集団設立に参加、1981年よりTeam ZOO いるか設計集団顧問。作品に、脇町立図書館、出石町立弘道小学校ほか。著書に『地域主義（共著）』など。

藤井敏信 （ふじい・としのぶ）

東洋大学名誉教授。1946年生まれ、1970-80年吉阪研究室。十文字学園助教授、教授を経て、1997年より東洋大学国際地域学科教授。著書に『圏域的計画論（共著）』『美しい景観形成のために（共著）』『環境共生社会学（編著）』など。

井上 隆 （いのうえ・たかし）

（株）首都圏総合計画研究所取締役会長。1949年生まれ、1971-74年吉阪研究室。1974年に首都圏総合計画研究所入社後、国土交通省大学校非常勤講師、広島大学非常勤講師などを歴任。著書に『居住環境整備の手法（共著）』『狭あい道路と生活道路の整備方策（監修・著）』など。

富田 宏 （とみた・ひろし）

（株）漁村計画代表取締役。1955年生まれ、1980年早稲田大学建築学科卒業。1982年（株）漁村計画研究所入社。2000年同取締役所長。2009年（株）漁村計画を設立。2011年度国交省東日本大震災からの市街地復興手法検討委員会委員。

模型製作

諏佐遙也 （すさ・はるや）

1991年東京生まれ。2017年早稲田大学創造理工学部建築学科卒業。同年ZOUZUO MODEL開設。建築模型を独立した作品と捉え、複製的視点に依らない表現を目指して制作をしている。これまでのおもな出展に「第14回、第15回ヴェネチア・ビエンナーレ国際建築展」、「分離派建築会100年建築は芸術か？」、「丹下健三1938–1970 戦前からオリンピック・万博まで」など。

村上幸成 （むらかみ・ゆきなり）

村上建築工房代表取締役。1970年長崎市生まれ。早稲田大学理工学部建築学科卒業。丸山欣也先生に強く影響を受け、左官の久住章氏のワークショップ授業に参加。卒業後は、淡路島で社寺・数奇屋建築を手がける江戸保親方の下で、伝統的な大工技術を習得する。1998年に千葉県館山市で独立・創業。

黒沢池ヒュッテ模型製作

村上幸成、稲吉三太郎、筒井元気、伊東繭子、高柳鉄平

メビウスの輪　宇為火製作

樋口康康、荒木康洋、岩田英来、大亀直子、前田陽子、羽渕雅己、山田晶子、橋本祐紀、高澤京子、荒木美紀、松延紀子、小田徹、松延剛

写真

アルキテクト	下記以外の写真
北田英治	pp3, 8, 9, 11, 61, 67, 70, 71, 83 〜 85, 93〜96, 99〜103, 106〜109, 114〜117, 122, 123, 126, 128, 129, 139, 145, 147, 150, 152〜154, 156〜159, 163〜166, 168, 169, 171 〜 173, 178 〜 183, 185, 202, 203, 251
鈴木 恂	表紙, p.179
小松義夫	pp. 61, 186
小松原和夫	pp.75,82
浦 太郎	p. 97
瀬脇 武	pp. 98, 122, 130〜137, 174, 175
丸山尚一	pp. 104, 105
村井 修	p.144
大学セミナーハウス	p. 165

図面、関係資料

文化庁 国立近現代建築資料館	下記以外の図面所蔵
アルキテクト	pp. 3, 67, 93, 139, 128, 202, 203
早稲田大学建築学教室本庄アーカイブズ	pp. 128, 144, 190, 191, 203
早稲田大学會津八一記念博物館	pp. 194, 195, 198〜201, 240, 242, 243
早稲田大学建築学科	pp. 72, 73
島根県江津市	pp. 144, 145

出典

『有形学へ』吉阪隆正集 第13巻、勁草書房、1985年
　　　　　　p. 207
東京都首都整備局地域計画部『東京 まちのすがたの提案』
1976年
　　　　　　pp. 208, 240〜243
宇野政雄, 吉阪隆正『21世紀の日本 下 ピラミッドから網の目へ』
紀伊國屋書店、1972年
　　　　　　pp. 214, 217（左）
早稲田大学「21世紀の日本」研究会
『日本の未来設計―Ⅱ ピラミッドからあみの目へ』1971年
　　　　　　pp. 215, 216, 217（右）, 218
アーハウス編集部『Ahaus 今和次郎と吉阪隆正』2008年
　　　　　　pp. 79, 220〜223
早稲田大学吉阪研究室＋仙台デベロッパー委員会
「杜の都 仙台のすがた――その将来像を計画する」1973年
　　　　　　pp. 224〜231
早稲田大学韓国集落調査隊「韓国集落調査研究報告書」1976年
　　　　　　pp. 235, 236（上）, 237, 238（下）, 239

掲載協力

文化庁 国立近現代建築資料館
早稲田大学建築学教室本庄アーカイブズ
早稲田大学會津八一記念博物館
早稲田大学建築学科
島根県江津市
ル・コルビュジエ財団
東京都現代美術館

学校法人 アテネ・フランセ
学校法人 海星学園
国際交流基金
公益財団法人 石橋財団
公益財団法人 大学セミナーハウス
公益社団法人 日本雪氷学会
涸沢ヒュッテ
黒沢池ヒュッテ
野沢温泉ロッジ
雷鳥沢ヒュッテ
立山黒部貫光株式会社

浦 環
遠藤二郎
小林銀一
小松原芳彦
篠田爽子
鈴木京香
丸山瑞木
三澤 至
村井久美
山口 孝
吉阪正邦
渡邊太郎

凡例

- 図面のキャプションに関しては以下の通り。
図面名称、縮尺、作成年月日、製図者、素材・技法、サイズ［縦×横(mm)］
※不明のものは「-」と表記。
- 第3〜4章の作品名称の前にある番号は、創設年1954年を0として、設計を始めた年と順番を示した全作品に付けられた作品番号。例えば「404 日仏会館」は1958年4番目に設計を始めた作品ということになる。例外として「101 吉阪自邸」は竣工年。
- 記名なき文章の文責は、アルキテクト。

吉阪隆正 パノラみる 新訂版

2022年5月26日　初版発行
2022年12月5日　新訂版発行

監修	齊藤祐子
編著者	北田英治、齊藤祐子、嶋田幸男、吉江 俊
執筆者	樋口裕康、藤森照信、内藤 廣、中谷礼人、磯 達雄、後藤春彦、余 飛、松隈 洋、浦 環、本橋 仁、山本雅夫、丸田 誠、田中 茂、村上 慧、富田玲子、梅干野成央、大谷映芳、鈴木 恂、内木博喜、マンフレッド・シュパイデル、郭 中端（掲載順）
編集・制作	下田泰也(Echelle-1)、春井 裕、春井知佐子(paper studio)、髙取万里子
編集協力	瀬脇 武(Echelle-1)
装丁／第1章構成・デザイン	春井 裕(paper studio)
デザイン	日向麻梨子(オフィスヒューガ)、山原麻子(マップス)
DTP	株式会社マップス
翻訳	福田 能梨繪

発行人	下田泰也
発行所	株式会社Echelle -1
	〒162-0822　東京都新宿区下宮比町2-14 飯田橋KSビル
	Tel. 03-3513-5826　https://echelle-1.com
発売	株式会社建築資料研究社
	〒171-0014　東京都豊島区池袋2-38-1 日建学院ビル3F
	Tel. 03-3986-3239　https://www.kskpub.com
印刷所	図書印刷株式会社

ISBN978-4-86358-838-7

改訂情報は、右記のQRコードより、下記のURLをご確認ください。
https://echelle-1.com/yosizaka/